ENTRENAMIENTO G
LA SERIE

MW00851895

Nuestra misión es

ESTABLECER A LAS PERSONAS EN LA PALABRA DE DIOS

En Ministerios Precepto creemos que la única respuesta verdadera para impactar a nuestro tan necesitado mundo es *una vida transformada* por la poderosa Palabra de Dios. Con esto en mente, nos estamos movilizando para alcanzar al mundo hispano con el fin de que aprenda a "usar bien la Palabra de Verdad". Para ello, actualmente estamos ofreciendo **entrenamiento gratuito** en las destrezas necesarias para el Estudio Bíblico Inductivo.

¡Únetenos en esta maravillosa experiencia de conocer la metodología inductiva y de aprender a usar nuestra serie de "40 Minutos"!

Puedes comunicarte con nosotros:

Llamándonos al 1-866-255-5942
O enviarnos un email a nuestra dirección: wcasimiro@precept.org

También puedes escribirnos solicitando más información a:
Precept Ministries International
Spanish Ministry
P.O. BOX 182218
Chattanooga, TN 37422
O visitar nuestra página WEB: www.precept.org

Estamos a tu completa disposición, pues estamos convencidos que existimos para cooperar juntamente con la iglesia local con el fin de ver a nuestro pueblo viviendo como ejemplares seguidores de Jesucristo, que estudian la Biblia inductivamente, miran al mundo bíblicamente, hacen discípulos intencionalmente y sirven fielmente a la iglesia en el poder del Espíritu Santo.

Señor, Sana Mis Heridas

Señor, Sana Mis Heridas

Un Estudio Devocional Acerca Del Cuidado Y La Sanidad Que Provienen De Dios

Kay Arthur y Ministerio Precepto Internacional

SEÑOR, SANA MIS HERIDAS
PUBLICADO EN INGLÉS POR WATERBROOK PRESS
12265 Oracle Boulevard, Suite 200
Colorado Springs, Colorado 80921
Una división de Random House Inc.

Todas las citas bíblicas han sido tomadas de la *Nueva Biblia Latinoamericana de Hoy*; texto basado en *La Biblia de las Américas*®. © Copyright 1986, 1995, 1997 por la Fundación Lockman.
Usadas con permiso (www.lockman.org).

ISBN 978-1-62119-027-1

2012— Edición Estados Unidos

Contenido

Sáname, oh SEÑOR,

y seré sanado;

Sálvame y seré salvado,

Porque Tú eres mi alabanza.

JEREMÍAS 17:14

INTRODUCCIÓN

En medio del sufrimiento nos sentimos abatidos y dolidos a causa de profundas heridas que parecieran nunca cerrarse. El recuerdo de las cosas que nos hicieron o que hicimos impide nuestro crecimiento, nos incapacita en nuestro andar, contamina nuestras relaciones, y nos hace creer que siempre viviremos de esa manera. Que nunca nos sentiremos completos y que jamás seremos lo que podríamos haber sido si no nos hubieran lastimado de esa forma.

Posiblemente has ido de consejero en consejero, pero las heridas internas siguen lastimándote y derramando su veneno hacia las profundidades de tu ser. Aquel terrible veneno que afecta tu pensamiento, que afecta tu mente. Vives repitiéndote a ti mismo: "Si tan solo..." "y si...", y codicias con ansias las vidas de otros quienes no han recorrido los escabrosos caminos que tú has andado.

¿Es que nunca habrá alivio? ¿Acaso las cicatrices continuarán desfigurando la belleza que podría haber habido? ¿Las relaciones con otros serán siempre tergiversadas debido a dónde has estado o lo que te han hecho?

¡Esto no tiene que ser así!, pues el nombre de Dios es Yejová-Rafá—Él es Dios el Señor que sana. Y a través de este estudio devocional, Él puede enviar Su Palabra y sanarte de todas tus dolencias. Ya lo ha hecho en la vida de miles de personas que han aprendido estos preceptos y que han ordenado sus vidas en la forma debida... ¡y también quiere hacerlo en ti! Para esto fue escrito este estudio devocional que ha resistido la prueba del tiempo trayendo sanidad aún en las peores situaciones— por medio de lo que Su Palabra dice acerca de nuestras heridas. Estamos ansiosos por ver y oír lo que Dios nuevamente hará cuando tú clames: "Sáname, oh Señor, y seré sanado... Sálvame, oh Dios, y seré salvo". Porque Su oído está abierto a nuestro clamor, Su brazo poderoso está listo para rescatarnos,

Sus manos de alfarero están listas para moldearnos y hacer de nuestras cicatrices parte de Su diseño perfecto—de Su hermoso diseño.

Este es un estudio que *debes* realizar, y no simplemente otro libro más para leer. Y únicamente funcionará con tu práctica y participación; con tu firme determinación de que Su Palabra sanadora se arraigue en tu mente y corazón. Así que estúdialo bien, con devoción y con esperanza. Entonces verás la sanidad que viene conforme crees en tu Dios y haces lo que Él dice.

Este estudio puedes realizarlo solo—de hecho, *Señor, Sana Mis Heridas* casi siempre es el libro recomendado por los consejeros cristianos como parte de su consejería. Pero también puede estudiarse en grupos; es más, podría convertirse para ti en un ministerio, si deseas alcanzar y ver sanados a quienes están en aflicción en este mundo. De existir la posibilidad que lo utilices con un grupo de estudio, del cual podrías ser su facilitador, deberás leer "Lineamientos Para Uso en Grupo" en la sección "Herramientas de Estudio"; y en la parte posterior de este libro, también encontrarás otras valiosas herramientas que te ayudarán a mejorar su estudio.

Finalmente, permítenos que compartamos nuestra visión— que consiste en innovadores principios para una eficaz manera de ministrar...

Un método innovador —
Una manera de Ministrar —
Una manera de vivir —

Estas tres cosas las consideramos como sumamente importantes para ti y para nosotros. Aún hay mucho por aprender, conocer, experimentar y hacer—y no debemos perder esto de vista; pues si lo hiciéramos, nos perderíamos lo que Dios tiene para nosotros. Y también disminuiría el tremendo potencial existente en nuestras vidas—un potencial que es nuestro porque somos de Él, porque somos hijos del Creador del universo, porque tenemos Su Espíritu Santo morando en nosotros y porque somos poseedores de la mente de Cristo. Tú y yo, somos hechura de Dios, dotados por Su Espíritu y creados en Cristo Jesús para buenas obras, las cuales asombrarían nuestras mentes si pudiésemos verlas antes de que sucedan.

¿Y qué es lo que Dios ha puesto en tus manos? ¿Qué es lo que estás sosteniendo y leyendo ahora mismo? ¿Será acaso un accidente? ¿Una coincidencia? ¡No! Estás sosteniendo un estudio devocional que principalmente, y por sobre todo, será el inicio de un nuevo nivel de entendimiento acerca de la profunda sanidad divina; la cual se encuentra disponible para cualquier herida que alguna vez hayamos sufrido.

Dios te hablará porque a través de este libro llegarás a estar cara a cara con Su Palabra viva—la Palabra que no solamente discierne los pensamientos y las intenciones de tu corazón, sino que iluminará con Su luz la dirección que tu vida está tomando, para que puedas saber con absoluta certeza hacia dónde vas. Si escuchas lo que Él dice—y, si ordenas tu vida de la forma debida—incorporarás un innovador método que te traerá gran entendimiento y propósito. Entonces habrás alcanzado un nuevo nivel en tu tarea de buscar ser hecho a semejanza de Cristo. Y dirás, al igual que Pablo, sino que sigo adelante, a fin de poder alcanzar aquello para lo cual también fui alcanzado por Cristo Jesús.

Lo anterior nos conduce a nuestro siguiente punto—una manera de Ministrar.

Dios desea que compartas todo lo que has aprendido; y nosotros tenemos una visión, de la cual tú eres parte fundamental. La gran comisión de nuestro Dios en Mateo 28 fue que hiciéramos discípulos a todas las naciones—que les enseñáramos a guardar todo lo que Él nos ha ordenado. Hechos 1 nos dice que cuando somos salvos, y recibimos el Espíritu Santo, nos convertimos entonces en Sus testigos—pero la pregunta frecuentes es: "¿Cómo?"

He aquí el cómo... Este libro de la Serie "Señor" contiene verdades que todo ser humano necesita conocer y aplicar a su vida. Estos son preceptos para la vida; a través de los cuales adquiriremos entendimiento y, como dice el salmista, "aborrezco todo camino de mentira" (Salmo 119:104). Lo aborreceremos por ser falso en lugar de verdadero; y la verdad es la que nos aparta y nos hace libres.

Así que, ¿cuál es nuestra visión para ti? Nuestra visión es que vayas al Señor en oración y le pidas que te guíe por lo menos hacia una persona—preferiblemente a diez o más—para estudiar este libro juntos. Tú podrías ser el maestro o capacitador del grupo. También puedes usar las preguntas que se encuentran al final de cada capítulo para estimular la discusión entre quienes el Señor hubiere traído como respuesta a tu oración. Todos ellos serán parte de tu corona de gozo en la presencia de nuestro Señor Jesucristo. Cuando los veas aprender y crecer en el conocimiento de Dios y de Su Palabra, experimentarás el humilde gozo de saber que has sido usado por Él; que lo que has hecho tiene valor eterno; que tu vida y los dones que Dios te ha dado no se han desperdiciado; que tu trabajo perdurará—que Dios no derramó en vano Su gracia sobre ti, pues has trabajado en el poder de Su gracia.

Y mientras guías a tu grupo en el uso de este libro, debes animarles a que hagan lo mismo que tú has hecho—tomar lo que han aprendido e impartirlo a otros, tal como tú hiciste con ellos. ¡Piensa en la gran multiplicación que se dará! ¿Te das cuenta, que en esta forma podremos alcanzar a nuestros vecinos, nuestras comunidades, nuestra nación y aún más allá? Piensa en la transformación que se llevará a cabo entre aquellas personas que están interesadas en "lo espiritual", pero que no se acercan a una iglesia. ¡Vamos, imagina lo que sucederá!

¡Ahora es el momento!... El tiempo es corto. Detente un instante y ora a Dios preguntándole lo que Él quiere que hagas. Él te lo mostrará, pues Él es Dios y esa oración es de acuerdo a Su voluntad. Cuando decidas dar el primer paso, debes saber que al hacerlo con fe, Dios te abrirá un camino para el ministerio persona a persona o grupo por grupo; lo cual no solamente asombrará tu mente en gran manera, sino que deleitará también tu alma.

Estamos a la expectativa de ver y escuchar lo que Dios hará en ti, y a través de ti.

El Equipo de Ministerios
Precepto Internacional

¿POR QUÉ ME SIENTO DOLIDO?

— PRIMER DÍA —

Kay nos cuenta,

"**M**i anillo de bodas de platino rodó por el piso de la sala como haciendo burla de lo que estaba sucediendo. Tom estaba en el suelo buscando a tientas, entre las sombras de las lámparas de mesa, mi anillo de compromiso de diamante. Mientras estaba de pie en una esquina de la habitación observando la escena como una espectadora indiferente, mis labios se pusieron muy tensos. Ya no había llanto, ni más sollozos histéricos. Esto había llegado muy lejos, y por mi parte todo había terminado.

El anillo de bodas dejó de girar, y yacía inerte—igual que nuestro matrimonio. Tom aún buscaba el anillo de compromiso que yo le había lanzado junto con el anillo de bodas. Él murmuraba continuamente sobre lo costoso que era aquel anillo… ¡Y eso me enfermaba!

Yo pensaba, *¡te preocupas más por ese costoso y estúpido anillo de diamante que por mí! ¿Acaso no entiendes lo que ha sucedido? ¡Me he quitado el anillo de bodas, el que habías mandado a grabar con las palabras: "Nuestro Amor es Eterno"! ¿No te das cuenta— no se te ha ocurrido pensar, Tom Goetz—que nunca me quité el anillo desde el día de nuestra boda?*

La pelea había comenzado en nuestro dormitorio; y no quise volver allí, por eso me quedé en la planta baja. Por primera vez, en nuestros seis años de matrimonio, Tom me había abofeteado. Yo lo había herido con mis palabras; lo cual fue demasiado para él, y no pudiendo soportarlo perdió entonces el control. Conforme la tibia y salada sangre que salía de mi nariz tocaba mis labios, le dije a Tom que todo había terminado, ¡que todo había acabado! Él me siguió hasta la planta baja suplicándome perdón, y después fue a acostarse solo.

Si durmió o no aquella noche, no lo sé. Lo único que sé es que al día siguiente llamamos a nuestro sacerdote, quien fue muy cortante y árido pues pensaba que debíamos separarnos. Yo me llevaría a nuestros pequeños hijos, Tom y Mark, y volvería a Arlington- (Virginia) donde tenía algunos amigos. Todo sería así de fácil—por fuera. Sin embargo, por dentro, una invisible pero muy real herida comenzó a supurar. Su veneno empezó a penetrar lentamente dentro de mi alma. Probablemente, esto no hubiera sido tan terrible si yo hubiera sido la única que habría resultado tan herida; pero no sabía cuán heridos estaban los niños... quienes nunca lloraron delante de mí".

¿Alguna vez has considerado el divorcio?

¿Alguna vez has querido alejarte de una relación diciendo: "¡Olvídalo, no vale la pena!"?

¿Te has sentido tan lastimado que pensaste que el dolor nunca pasaría y que lo mejor sería morir?

O ¿has sido herido de una manera tan terrible que deseaste, o hasta oraste pidiendo que la persona que te había lastimado muriera?

¿Estás herido... emocional, espiritual o psicológicamente? O ¿tienes un compañero, hijo, familiar o amigo que lo esté?

¿Cuál es la respuesta, cuál es la solución? ¿Acaso existe alguna? ¿Será que hay personas condenadas a estar heridas para siempre? ¿Existirán personas que tienen heridas tan grandes que nunca podrán ser sanadas? O ¿hay sanidad para el dolor... no importando que tan grande sea éste?

¡Sí, sí la hay! Y lo creas o no, eres amado por Dios, y Él desea tu integridad y sanidad. Hace aproximadamente unos dos mil quinientos años, Dios hizo que el profeta Jeremías escribiera sobre el tremendo peso que sentía por Su pueblo que se encontraba herido.

Presta atención a la angustia del corazón de Jeremías: "Por el quebrantamiento de la hija de mi pueblo estoy quebrantado; Ando enlutado, el espanto se ha apoderado de mí" (Jeremías 8:21).

¿Por qué la angustia? ¿Sería acaso por la magnitud de sus heridas? Pues no, amigo. La razón de la angustia era porque existía una cura para sus heridas y ellos no lo sabían; o porque aún sabiendo a dónde recurrir, por alguna u otra razón rehusaban hacerlo.

Escucha el desalentado clamor de Jeremías: "¿No hay bálsamo en Galaad? ¿No médico hay allí? ¿Por qué, pues, no se ha restablecido la salud de la hija de mi pueblo?" (Jeremías 8:22).

Un bálsamo en Galaad... un médico allí... y sanidad para cada herida de tu alma. Es de esto que se trata este estudio devocional.

Y nos sentimos ansiosos por ver y escuchar lo que Dios hará a través de este estudio acerca de cómo sanar tus heridas. Por favor, estudia diligentemente y te sentirás maravillado por lo que Dios hará cuando tú creas Su Palabra y vivas en la forma debida. De esto estamos plenamente convencidos, pues nosotros mismos hemos sido sanados al igual que otros muchos más.

¿Podemos sugerirte algo? Busca en tu Biblia el libro de Jeremías. Y si no sabes dónde está, encontrarás un índice al principio de la Biblia. Busca en los libros del Antiguo Testamento hasta que encuentres Jeremías junto al número de página donde empieza ese libro. Ahora bien, por qué no lees uno o dos capítulos pidiéndole a Dios que te dé entendimiento con respecto a Su pueblo (allí llamado Judá), lo que estaban experimentando y el por qué de ello. Si antes no has estudiado la Biblia, no permitas que esta primera lectura te abrume. Notarás que aprendes más y más acerca de la Biblia, conforme progreses en tu búsqueda de sanidad.

— *SEGUNDO DÍA* —

Kay nos sigue contando,

"Nunca pensé que sufriría un divorcio. Siempre hubo una sola cosa que quise en la vida, y era el estar felizmente casada para siempre... así como mamá y papá.

Quería estar locamente enamorada... igual que en las películas. Tener un esposo que amara a su esposa y a sus hijos; que viviéramos felices para siempre. Hubiera estado muy contenta siendo la esposa de un exitoso hombre de negocios, quedándome en casa para criar a nuestros hijos; y salir los fines de semana a bailar en sus brazos, riéndonos y disfrutando de la compañía de nuestros amigos.

Ahora, después de seis años de matrimonio, el sueño había terminado. Mi sueño se había convertido en una pesadilla, y me dolía. Todo había fracasado. Lo único que siempre había querido—estar con un hombre felizmente casada hasta que la muerte nos separara a una edad avanzada—se había terminado. Había venido y se había ido; y apenas tenía yo veintiséis años.

Esto dolía terriblemente. ¡Pero no tanto como dolería después! Yo me encontraba tan centrada en mí misma, tan empeñada en lograr mi propia felicidad, que nunca alcancé a comprender cuánto había dañado a Tom. Él realmente no quería divorciarse; sólo habíamos seguido un mal consejo dado por alguien con una investidura eclesiástica. Y una vez separados, el divorcio parecía lo normal.

Tom odiaba vivir solo y cierta vez me llamó para decirme que iría a un psiquiatra. Al preguntarle el por qué, me dijo que no podía olvidar las horribles cosas que yo le había dicho.

Algunas veces –cuando hablábamos– me decía que se iba a suicidar pensando que yo le diría que no lo hiciera; pero yo le decía: "¡Vamos, hazlo! Pero hazlo bien para que yo me quede con tu dinero". Así, su dolor se convirtió en una herida—una herida que se haría más profunda cada vez que hablábamos por teléfono y con cada carta que le enviaba. Fue tan profunda su herida, que terminó poniéndose una soga al cuello. Y de esta manera, murió con una herida que nunca sanó. Jamás pudo escuchar mi clamor que decía: "¡Lo siento, si tan sólo hubiera sabido…!"

La historia para mí sería diferente. Un día yo clamaría: "¡Sáname, oh Señor, y seré sana!; ¡Sálvame, Oh Señor, y seré salva!" descubriendo que había un bálsamo en Galaad que podía sanar el alma enferma de pecado. ¡Cómo hubiera deseado poder compartir con Tom lo que aprendí!

Todo mi dolor—al vivir con el recuerdo del suicidio de Tom, y con la culpa por haber fallado a mis hijos al divorciarme de su padre y exponerlos a mi subsiguiente inmoralidad—sería sanado por este mismo bálsamo y por mi Gran Médico a quien llegaría a conocer como Abba Padre".

Tenemos un mensaje para ti, amigo lector. Un mensaje de esperanza, de vida, de paz. No es un mensaje nuestro, ni de la psicología, ¡sino de Dios! Cualquiera fuera tu herida y dolor—

sea que la hayas causado tú mismo (como yo), o que alguien te la haya causado—la Palabra de Dios dice que hay un bálsamo en Galaad; que hay un Gran Médico esperando por ti. Y debido a que esto es verdad, tú también puedes clamar: "Sáname, oh SEÑOR, y seré sanado; Sálvame y seré salvado, Porque Tú eres mi alabanza" (Jeremías 17:14).

Estamos plenamente convencidos que todo hijo de Dios puede ser sanado de las más profundas y horrendas heridas si tan solo aprende tres cosas: Cómo aplicar el bálsamo de Galaad, cómo seguir las instrucciones del Gran Médico, y cómo dar el tiempo necesario para que la medicina actúe. De todo esto tratará nuestro estudio; y en los próximos días, el término *bálsamo de Galaad* tomará un profundo significado al aprender cómo se usó esta frase en los días del Antiguo Testamento.

Te sugerimos que hoy tomes un tiempo a solas con el Señor y que le pidas te muestre si hay en tu vida heridas pasadas o presentes por las que necesites sanidad. Escríbelas a medida que Dios te las vaya mostrando. En caso de sentirte bien—si no hay heridas pasadas o presentes—entonces escribe las posibles heridas de tu cónyuge o amigo.

Al escribir, no te preocupes por lo que otros pudieran pensar; éste es tu libro de trabajo que te permite definir mejor tus pensamientos al ponerlos por escrito. Cuando se te instruya escribir algo, encontrarás que el hacerlo te será de mucha utilidad. Siempre tendremos una razón para pedirte que hagas algo, y estamos seguros que esto te será de gran ayuda.

Cuando termines de escribir tus pensamientos, busca Jeremías 17:14, y escríbelo a continuación para luego memorizarlo. Hemos descubierto que la forma más fácil de memorizar algo es leyéndolo en voz alta tres veces seguidas; en la mañana, al medio día y en la noche. ¡Haz la prueba!

— TERCER DÍA —

"Mi tristeza no tiene remedio, Mi corazón desfallece *en mí*" (Jeremías 8:18). ¿Estas palabras de Jeremías fueron escritas sólo para describir su angustia, cuando se lamentaba por la devastación del pecado en la vida de su pueblo? ¡No!, pues como dice Romanos 15:4: "Porque todo lo que fue escrito en tiempos pasados, para nuestra enseñanza se escribió, a fin de que por medio de la paciencia (perseverancia) y del consuelo de las Escrituras tengamos esperanza".

Después de haber visto las heridas en tu vida o en la vida de tu cónyuge o amigo, ¿sientes tal remordimiento que crees que superan cualquier sanidad? ¿Sientes que una completa restauración es imposible? ¿Sientes que la sanidad es un milagro que nunca sucederá?

¿Las palabras de Jeremías 8:18 son también tus palabras? ¿Las podrías haber escrito tú? ¿Alguna vez te has preguntado, cómo seguir adelante si la vida fuera mucho más que sobrevivir día a día? O ¿hay veces que preferirías morir, si no tuvieras que provocar tu propia muerte o si pudieras estar seguro que realmente es más dulce o tolerable que el vivir?

Lo entendemos, pues la mayoría de las veces nosotros mismos causamos las heridas. Y ya sea que nos las hubiéramos causado a nosotros mismos –por nuestra desobediencia egoísta a los preceptos de Dios– o porque alguien más las hubiera causado nuestras heridas duelen.

Aunque la causa de nuestro dolor no sea la misma, hemos podido sostener en nuestros brazos a un sinnúmero de personas heridas, golpeadas y lastimadas. Hemos orado y llorado con personas que fueron abusadas emocional y físicamente a tal punto que, de no haber conocido el poder sanador de la Palabra de Dios, les hubiéramos dicho: "¡No hay esperanza!" Y cuando hemos leído algunas cartas, el dolor que encontramos en ellas es tan grande, que a veces hemos sentido como si se rompiera nuestro corazón.

No hay nada nuevo bajo el sol. Algunas heridas pueden ser más profundas y más grandes que otras; pero dolor es dolor, herida es herida—y todas duelen.

Las heridas que otros han compartido con nosotros abarcan toda la gama del dolor—desde pensamientos de desprecio y desesperanza, hasta el sentirse sucios, usados y desechados. Algunos han sido tan abusados sexual, física y emocionalmente que son atormentados por los recuerdos—son acosados por cualquier cosa que traiga a sus mentes las imágenes de los incidentes vividos. El horror de los incidentes del pasado, la incapacidad para enfrentarlos, los sentimientos de jamás ser lo suficientemente buenos los abruma e incapacita tremendamente. Ellos viven pensando "si tan solo..."—"si tan solo no me hubiera casado con él o ella... si tan solo no hubiera permitido tal cosa... si tan solo hubiera respondido de otra manera... si tan solo... si tan solo...".

Nosotros lo entendemos. ¿Y qué hay de ti? ¿También has permitido a tu mente que recapitule el pasado preguntándote qué hubiera sucedido "si tan solo..."? ¿Verdad que es un infierno? Es un constante tormento conforme lo repasas una y otra vez en tu mente. Lo sabemos, pues también hemos pasado por eso; sin embargo, en medio de todo hemos podido encontrar la sanidad de Dios.

Y a pesar que el compartir lo sucedido con Tom revive el dolor y trae lágrimas a mis ojos, he podido seguir adelante. Puedo vivir como más que vencedora, y tú también puedes hacerlo mi amigo. Dios tiene una salida, y juntos la encontraremos.

Acude hoy mismo al Señor en oración, y hazle saber exactamente cómo te sientes con respecto a Su habilidad de sanarte. Y el escribir tus pensamientos, nuevamente te será de ayuda. No te avergüences, pues Dios ya conoce tus pensamientos; pero desea que te dirijas directamente a Él, diciéndole con sinceridad lo que piensas y lo que sientes, produciéndose así una comunicación abierta que puede mantenerse con la manera que Dios diseñó: La oración.

— CUARTO DÍA —

En los días de Jeremías, la gente del reino del sur de Judá se encontraba en un grave estado de angustia. Ellos estaban quebrantados por los estragos del pecado, que al igual que en nuestros días, había ocasionado su devastador efecto; llegando a todos los niveles de la sociedad, desde el plebeyo hasta el sacerdote, el profeta y el rey. Judá era una nación muy quebrantada, con gente herida a causa de su pecado y debido a sus efectos en la sociedad.

Algunos proclamaban "paz, paz", pero no había paz. Buscaban la sanidad, pero ella los eludía. ¿Cuál era el problema? Observémoslo, porque al hacerlo veremos también la respuesta dada por Dios. Y la solución ofrecida en los días de Jeremías es la misma que Dios ofrece en todas las épocas.

Antes que empieces a leer Jeremías, permítenos compartir el trasfondo histórico del libro. Hasta la muerte de Salomón, el hijo de David, la nación de Israel había sido un reino con Jerusalén como su capital. Luego, cuando el hijo de Salomón, Rehoboam, subió al poder, el reino se dividió en el reino del norte y el reino del sur. Bajo Jeroboam, diez tribus formaban el reino del norte con Samaria como su capital. Este reino del norte, que tomó el nombre de Israel, ya no tuvo más acceso al templo en Jerusalén. Entonces, ellos se hicieron dos becerros de oro, construyeron un altar y establecieron su propio sistema de adoración. Su idolatría continuó hasta aproximadamente el 722 a.C. cuando Dios envió a los asirios para tomarlos cautivos.

El reino del sur de Judá estaba compuesto por las dos tribus de Judá y Benjamín. Aunque Judá vio el juicio de Dios sobre su hermana Israel, no aprendió de sus errores. Durante los últimos días de Jeremías, Dios permitió que los babilonios (caldeos) tomaran cautivo a Judá en el 586 a.C. El libro de Jeremías describe el terrible quebrantamiento de esta nación, el llamado de Dios al arrepentimiento a través de Jeremías y la final destrucción de Judá por no haber querido escuchar ni ser sanada.

A la luz de esta breve historia, lee los primeros dos capítulos de Jeremías. Observa cómo Dios le habla a Judá, recordándole el tiempo en que Él había sido Su Dios (que fue, por su puesto, cuando Israel se convirtió en un reino antes de haberse dividido).

Después que leas estos dos capítulos, busca los siguientes versículos en Jeremías y haz un resumen de lo que aprendas sobre la situación de Judá en el tiempo de Jeremías. Mientras anotas tus observaciones, mira si hay alguna similitud con nuestros días. Escribe las similitudes con un color diferente para que puedas distinguirlas con más facilidad.

1. Jeremías 2:1-8

2. Jeremías 2:13 (Observa las comparaciones o contrastes de este versículo).

3. Jeremías 2:17-19

4. Jeremías 2:20-25

— QUINTO DÍA —

Antes de ver la solución dada para las heridas de Judá, deseamos que leas un poco más en Jeremías. Si hay un libro que los cristianos necesitamos estudiar en este tiempo, es Jeremías; si lo lees con la intención de ver cómo se asemeja la situación de Judá con la de tu nación, te asombrarás con todas las similitudes que hallarás. Y de todo corazón esperamos que estés determinado a no responder a la Palabra de Dios de la forma en que lo hicieron ellos.

Lee Jeremías 3-5, capítulos que luego estudiaremos juntos. Por favor, no permitas que la extensión del texto te agobie; ¡créenos! no deseamos que te desanimes de manera alguna. Nuestro mayor deseo es que no te pierdas la sanidad que será tuya con tan sólo perseverar durante estas trece semanas.

Nuestro estudio será todo un proceso, pues no encontrarás alivio instantáneo como en "un, dos por tres, y ¡ya estás sanado!" Estamos muy convencidos que hay cruciales y fundamentales verdades que deben ser la firme base de tu sanidad, si deseas que ésta penetre más allá de lo superficial. Así que, ¡sigue adelante!

Vamos ahora al libro de Jeremías, examinándolo punto por punto.

1. En Jeremías 3, Dios nos muestra cómo Su esposa "la infiel Israel" se había prostituido.
   a. Lee Jeremías 3:1-13.
   b. Haz una lista de lo que aprendes sobre el comportamiento de Israel en los siguientes versículos:
      (1) 3:1

      (2) 3:6,13 (Las paganas prácticas de adoración en aquellos días a menudo incluían rendir culto a los árboles cortados en forma de símbolos fálicos [sexuales]).

2. En Jeremías 4:19-22, casi pueden oírse los gemidos de angustia cuando él ve acercarse el juicio de Dios por medio de la guerra y la cautividad. Lee estos versículos y escribe lo que observes acerca del pueblo.

3. En Jeremías 5:7 Dios hace una pregunta muy válida: "¿Por qué he de perdonarte?" Por esto existían innumerables razones por las que Él no debería hacerlo; algunas de ellas se presentan en el capítulo 5. Lee el capítulo y enumera las razones, y los versículos en los que se encuentran. Luego, en la segunda columna, haz una lista de las similitudes con nuestros días.

RAZONES PARA EL   SIMILITUDES CON
JUICIO DE DIOS   NUESTROS DÍAS

Dios no quería juzgar a Israel, a pesar de tener muchas razones para hacerlo. A través del libro de Jeremías, Dios llama al pueblo a escucharlo y volverse a Él: "Ve y proclama estas palabras al norte, y di: 'Regresa, infiel Israel,' declara el SEÑOR, 'no te miraré con ira, Porque soy misericordioso,' declara el SEÑOR; 'no guardaré rencor para siempre. 'Sólo reconoce tu iniquidad, Pues contra el SEÑOR tu Dios te has rebelado, Has repartido tus favores a los extraños bajo todo árbol frondoso, Y no has obedecido Mi voz,' declara el SEÑOR" (Jeremías 3:12-13).

Conforme estudies Jeremías, de seguro te identificarás con la infiel Israel; puesto que no has amado a Dios como debieras, o porque no has vivido para Él. Y si aún no has reconocido tu pecado, mi amigo, quiero que sepas que Dios está lleno de misericordia, esperando a que clames con fe "Sáname, oh SEÑOR, y seré sanado; Sálvame y seré salvado" (Jeremías 17:14).

Vuélvete a Él y busca esos brazos abiertos llenos del amor del Calvario. Y Él te sanará.

— SEXTO DÍA —

¿Alguna vez te has preguntado por qué algunas personas pueden ser tan fuera de lo normal? ¿Cómo es posible que algunos padres les den vida a sus hijos, para después maltratarlos o abusarlos? ¿Cómo pueden abusar verbalmente de unos seres tan pequeños? ¿Cómo puede un padre rechazar a un hijo? ¿Ser malo? ¿Abandonarlo?

¿Cómo pueden los padres abusar sexualmente de sus hijas menores? Todo esto es difícil de entender, y hasta desearíamos ni siquiera pensar en esto por lo detestable que es; sin embargo, sucede mucho más de lo que la gente se imagina.

¿Por qué algunos padres azotan a sus hijos y los abusan

emocionalmente? ¿Por qué los tratan con brutalidad, desquitando sus enojos y frustraciones con alguien que es más débil y pequeño que ellos? ¿Qué ocasiona que un padre llegue a estar tan emocionalmente enfermo, como para hacerle algo así a su hijo, abandonándolo? ¿Te has preguntado esto alguna vez, lo has pensado?

¿Por qué algunas personas fracasan en la vida? ¿Por qué no son constantes en una relación? ¿Por qué se vuelven drogadictos, alcohólicos, prostitutas, homosexuales o lesbianas? ¿Por qué las personas se sienten atraídas hacia las prácticas ocultas?

¿Por qué algunas personas arruinan su vida y las vidas de otros? ¿Acaso era esto lo que querían de sus vidas cuando fueran adultos?

Estamos plenamente conscientes que las respuestas se remontan al problema del pecado inherente, y sabemos que Jesús es la única persona quien nació sin pecado (Romanos 5:12). Sin embargo, las personas anhelan reflejar cosas celestiales, y no infernales, en sus vidas.

Cuando las personas no escuchan la Palabra del Señor, esto afecta a las familias; que a su vez afectan a la sociedad, a las naciones, y al mundo. A lo largo de Jeremías leemos la frase: "Y no escucharon ni inclinaron su oído." De esto puede deducirse que el origen de nuestros problemas está en que alguien no quiso escuchar a Dios; no quiso escucharlo para creerle y obedecerle.

Ahora bien, lo anterior podría parecerte muy simplista, pero si lees cuidadosamente la Palabra de Dios descubrirás que es la pura verdad. El pecado entró originalmente en el mundo porque Adán y Eva no escucharon a Dios. Eva escuchó a Satanás, en lugar de Dios, y creyó una mentira; y lo que hicieron afectó a todas las generaciones futuras.
Kay dice:

"Cuando pienso en mi primer matrimonio, me doy cuenta que sufrí nuestro divorcio y el suicidio de Tom porque no escuché a Dios. Porque no hice lo que Él me decía que hiciera como esposa y madre. Porque hice todo a mi manera. Y sé que podrías decirme: '¡Bueno, Tom tampoco era perfecto! Si él hubiera satisfecho tus necesidades, entonces…'

Y yo te diría: 'Pero Tom tenía heridas causadas por su familia…' Llegando así al hecho de que los padres de Tom no escucharon a Dios, y que él en sus pruebas tampoco escuchó a Dios. Ninguno de nosotros escuchó a Dios; sin embargo, ¡todos tuvimos la oportunidad de hacerlo!"

Detente unos minutos y piensa en tus propias heridas, en las penas que has sufrido. ¿Por qué sucedieron? Piénsalo y escríbelo.

Al escribir este libro *Señor, Sana Mis Heridas*, hemos estado pensando en ti. Probablemente no sepas mucho de la Palabra de Dios; y puede que la Biblia haya sido un libro difícil y aburrido para ti, al igual que lo era para nosotros. O tal vez ni siquiera la has leído nunca. Tal vez tomaste este libro tan solo porque estás herido y desesperado por conseguir alivio. Como fuere, ¡nos sentimos muy contentos que el Señor nos haya reunido! Y si verdaderamente estás buscando a Dios, ten por seguro que no te vas a desilusionar.

En caso que la Biblia sea algo nuevo para ti, queremos definir la palabra "pecado". El pecado comenzó en el huerto del Edén, cuando el primer hombre y la primera mujer desobedecieron a Dios. Él les dijo que no comieran del fruto del árbol del conocimiento del bien y del mal, y también les dijo cuáles serían las consecuencias si desobedecían. Sin embargo, en vez de creer y obedecer a Dios, ellos escucharon a la serpiente antigua, al diablo.

La desobediencia es pecado. Saber qué es lo bueno y no hacerlo es pecado (Santiago 4:17). Todo lo que no viene de fe es pecado (Romanos 14:23). Por lo tanto, la incredulidad también es pecado. El pecado es trasgresión de la ley (1 Juan 3:4). El pecado es querer ir por nuestro propio camino; Isaías 53:6 dice: "Todos nosotros nos descarriamos como ovejas, Nos apartamos cada cual por su camino; Pero el SEÑOR hizo que cayera sobre El La iniquidad de todos nosotros."

Ahora bien, continuemos a través de libro de Jeremías, revisando los capítulos 6, 7 y 8. ¡Estamos a punto de encontrar la solución de Jeremías para las heridas de su pueblo!

Mencionaremos esa solución, al final de nuestra lectura del pasaje de hoy; pero aún no la explicaremos. A medida que avancemos a través de los capítulos 6, 7 y 8, toma la información que obtuviste antes y escríbela en el siguiente cuadro. Esto te será muy útil si estás llevando este estudio con un grupo de discusión.

1. Si tienes algo de tiempo, lee todo Jeremías 6. Si no, lee por lo menos los versículos 6 al 19. Luego, escribe lo que aprendes sobre el pueblo de Dios en los versículos 7, 10, 13, 14 y 19. Escribe tus observaciones en el cuadro.
2. Lee Jeremías 7. Cuando termines, busca los versículos 8-10, 13, 18, 23-28, 30, 31 y anota tus observaciones en el cuadro.

3. ¿Notaste en Jeremías 7:1-7 que Dios les dio la oportunidad de arrepentirse? Arrepentirse significa tener un cambio de mente. Y un cambio de pensar respecto a la manera en que estaban viviendo, hubiera resultado en un cambio de sus vidas, ¿no es verdad?

4. Por último, llegamos al capítulo 8 de Jeremías. Una vez más, te será beneficioso leer el capítulo completo. Cuando termines, busca Jeremías 8:5-7,9-12 y anota tus observaciones en el cuadro.

5. Muy bien, ¿cuál es la solución a sus problemas? O para decirlo de otra manera, ¿por qué está consternado Jeremías? Lee Jeremías 8:21-22 y anota tus observaciones. Como antes mencionamos, puede que no entiendas el significado de la terminología usada por Jeremías en estos versículos; pero de seguro podrás entenderlo más adelante.

EN LOS DÍAS DE JEREMÍAS

LOS PROBLEMAS	LA ACTITUD DEL PUEBLO

QUÉ NECESITAN PARA SANAR

— *SÉPTIMO DÍA* —

Debido a que muchos han compartido sus heridas con nosotros, hemos podido entender cómo se sintió Jeremías cuando exclamó: "Por el quebrantamiento de la hija de mi pueblo estoy quebrantado; Ando enlutado, el espanto se ha apoderado de mí. ¿No hay bálsamo en Galaad? ¿No médico hay allí? ¿Por qué, pues, no se ha restablecido la salud de la hija de mi pueblo?" (Jeremías 8:21-22).

¿Percibes la angustia de Jeremías? ¿Sientes acaso que algo de su desesperación se relaciona con el hecho de saber que había cura, pero que el pueblo no quería escucharla?

¡Sí!, existe la sanidad completa. Sí hay manera de ser sanado, de ser íntegro y queremos que lo sepas. El pueblo de los días de Jeremías no tenía que vivir en desesperación y derrota. Y tú tampoco tienes que vivir limitado por el trauma de tu pasado, como vivieron los hijos de Judá.

Estamos plenamente seguros que no hay trauma de tu pasado, herida en tu mente, emociones, corazón o alma, que esté más allá del poder sanador de Dios. ¿Por qué? Porque hay un bálsamo en Galaad. Porque hay un Gran Médico allí.

Nuestro estudio de la siguiente semana te ayudará a descubrir por ti mismo quién es en realidad ese Gran Médico. Luego, veremos detalladamente el bálsamo de Galaad. Después de esto, continuaremos examinando las heridas específicas y sabremos cómo deben ser tratadas para que haya una genuina sanidad.

Cuando Jeremías miró el quebrantamiento del pueblo se llenó de consternación, porque el pueblo pensaba que estaban destinados a una vida de total desesperación (¡tal vez puedas identificarte con ellos!) El pueblo había olvidado que tenía un Dios cuyo nombre era Yejová-Rafá, el Dios que sana. Por eso, Jeremías viendo el terrible estado del pueblo clamó: "¿No hay bálsamo en Galaad? ¿No hay médico allí?" Y la obvia respuesta era un resonante "¡SÍ!" Lo cual podemos afirmarlo por la manera en que Jeremías hizo su siguiente pregunta: "¿Por qué, pues, no se ha restablecido la salud de la hija de mi pueblo?" (Jeremías 8:22).

La máxima fuente para tu total sanidad—o de cualquier persona—será el Gran Médico y el bálsamo que Él ha preparado. Por lo tanto, no termines esta semana sin escribir una oración dirigida a Dios con respecto a tu sanidad, la de tu cónyuge o de un amigo. Acércate a Dios en fe; y si tu fe es débil, díselo a Dios. Si piensas que tu sanidad está más allá de Su amor, cuidado, capacidad o poder, díselo sinceramente. Sólo comunícate e incorpora el versículo de Jeremías 17:14 a tu vida de oración.

VERSÍCULO PARA MEMORIZAR

"Sáname, oh SEÑOR, y seré sanado; Sálvame y seré salvado, Porque Tú eres mi alabanza".

JEREMÍAS 17:14

PREGUNTAS PARA LA DISCUSIÓN EN GRUPOS PEQUEÑOS

1. Esta semana, al leer los pasajes en Jeremías, viste al pueblo quebrantado y herido. ¿Por qué se encontraba en ese estado?
2. ¿Cuáles son algunas de las heridas que hay en tu vida, en la vida de tu familia y en la de tus amigos?
3. ¿Qué similitud hay entre los días en que vivió Jeremías y el tiempo en que vivimos nosotros?
4. ¿Cuál crees que sea la razón de esas heridas y de los horrores que vemos en nuestro mundo diariamente?

5. Cuando hacemos las cosas a nuestra manera y no a la manera de Dios, ¿qué estamos haciendo?

6. En Jeremías 7:1-7, vemos el corazón de Dios para con el pueblo cuando les ofrece la oportunidad de hacer algo, ¿qué era aquello?

7. Al haber meditado en tus heridas, en las de otras personas, y en la condición de nuestro mundo, ¿te unes a Jeremías en el clamor que encontramos en el versículo 8:18 "Mi tristeza no tiene remedio, Mi corazón desfallece en mí"? ¿Cuál es la respuesta de Dios a este clamor? ¿Cuál es la solución al problema de los días de Jeremías y de nuestros días?

8. ¿Qué aprendiste de este estudio que puedas aplicar a tu vida?

9. ¿Qué preguntas trajo esta lección a tu mente?

BUSCA A TU
GRAN MÉDICO

— *PRIMER DÍA* —

¿Estás pasando por un tiempo de angustia? Permítenos hablarte de Yejová-Rafá, el Señor que sana eliminando la aflicción y trayendo gracia.

Estudiemos este nombre de Dios que lo presenta como Aquel que sana. En la Escritura, la primera vez que se menciona el nombre *Yejová-Rafá* es durante el relato de Moisés, referente al éxodo de Egipto de los israelitas. Los hijos de Israel acababan de cruzar el Mar Rojo y Moisés había cantado su cántico de victoria: "Al caballo y a su jinete ha arrojado al mar" (Éxodo 15:1). Los israelitas habían llegado a Mara, pero no podían calmar su sed porque las aguas de ese lugar eran amargas.

Ahora que ya conoces el contexto, veamos más detalladamente Éxodo 15:22-26.

> Moisés hizo partir a Israel del Mar Rojo, y salieron hacia el desierto de Shur. Anduvieron tres días en el desierto y no encontraron agua. Cuando llegaron a Mara no pudieron beber las aguas de Mara porque eran amargas. Por tanto *al lugar* le pusieron el nombre de Mara (Amargura). El pueblo murmuró contra Moisés diciendo: "¿Qué beberemos?"
> Entonces Moisés clamó al SEÑOR, y el SEÑOR le mostró un árbol. El *lo* echó en las aguas, y las aguas se volvieron

dulces. Y *Dios* les dio allí un estatuto y una ordenanza, y allí los puso a prueba. Y *Dios les* dijo: "Si escuchas atentamente la voz del SEÑOR tu Dios, y haces lo que es recto ante Sus ojos, y escuchas Sus mandamientos, y guardas todos Sus estatutos, no te enviaré ninguna de las enfermedades que envié sobre los Egipcios. Porque Yo, el SEÑOR, soy tu sanador."

Dios les dijo: "Yo soy Yejová-Rafá—tu sanador". ¿Alguna vez habías considerado a Dios desde este punto de vista?

Como muchas personas en la actualidad, los hijos de Israel se encontraban bebiendo aguas amargas; sin saber que se trataba de una prueba. ¿Notaste la palabra *"prueba"*? Regresa a ese punto y subráyala, o haz un pequeño dibujo a su alrededor.

Dios quería que los hijos de Israel aprendieran un importante principio: Cuando las cosas son difíciles, debes buscar a Dios; pues el escucharle y obedecerle te traerá sanidad. Dios puede transformar lo amargo en afable, porque Él es nuestro sanador.

Compara la situación de ellos con la tuya. Cuando te has encontrado bebiendo aguas amargas, ¿qué has hecho? ¿A quién te has vuelto? Toma unos minutos y haz una lista de los diferentes caminos que has seguido para sanarte. Determina si dieron resultado o no, y por qué.

— *SEGUNDO DÍA* —

El médico a quien Jeremías se refería era Dios, porque Su nombre es Yejová-Rafá. Yejová es el nombre que revela a Dios como El que existe por Sí mismo. ¡Este nombre es de mucha importancia al tratar de entender a Dios como Quien puede sanarte! Debido a que Él es el Sanador que existe por Sí mismo, tu sanidad realmente no depende de nadie sino solo de Dios.

Al permitir que esa verdad penetre en ti, sentirás un gran alivio puesto que no hay otros factores que deban intervenir para que recibas tu sanidad. ¡Dios es el único factor! Él es el que sana (Deuteronomio 32:39).

Hace poco recibimos la carta de una mujer quien obviamente estaba muy herida. Ella escribió:

"El viernes pasado, en la noche, usted (Kay) usó en su charla, una ilustración acerca de una mujer corpulenta que comenzó a correr por el pasillo durante uno de sus mensajes sobre el perdón.

Ella no podía perdonar a su padre por el abuso sexual al que la había sometido. ¿Podría, por favor, compartir conmigo lo que compartió con ella? Yo me siento en gran manera identificada con esa mujer. Aunque nunca quedé embarazada, la ira y la falta de perdón todavía están en mí.

Todo esto se extiende también a mis relaciones con los hombres, ya que no puedo establecer una relación amistosa con ninguno de ellos. Tengo treinta y siete años, y aún no he podido superarlo. Pero lo más importante es que esto causa serios problemas en mi relación con el Señor. Odio y detesto la palabra "*padre*"; y al tratar de orar, me veo de pie frente al Señor tal como me veía de pie frente a mi padre. Estoy consciente de mi problema, pero no sé cómo superarlo. Amo al Señor, pero no puedo confiar en Él. ¿Cómo puedo llegar a confiar y lograr que todas esas gruesas y altas barreras se derrumben?"

Esta carta pudo ser escrita por cualquiera de entre miles de mujeres. ¿Cómo pueden empezar a sanar cuando el daño ha sido tan grande? ¿Cómo podrán alguna vez confiar en Dios, cuando la imagen de padre ha sido tan pervertida y deformada por sus propios padres?

Algunos dirían que estas mujeres nunca serán completamente sanadas. Otros dirían que la sanidad sería imposible sin años de consejería profesional. Pero, ¿es esto cierto?

¡No, no lo es…! porque el nombre de Dios es Yejová-Rafá—el Dios que sana. Y el mismo Dios que está en proceso de sanar aquella mujer abusada por su padre, es el mismo que puede sanarte.

¡Medita en esto!

— *TERCER DÍA* —

En el idioma hebreo[1], la palabra *rafá* significa "curar, remediar", y se traduce como "sanar, reparar, reparar por completo, totalmente". En Génesis 50:2, esta palabra es traducida como *médicos*: "José ordenó a sus siervos médicos que embalsamaran a su padre, y los médicos embalsamaron a Israel."

Algunas veces pensamos en la sanidad sólo en el sentido físico. Pero, ¿sana Dios únicamente las enfermedades físicas? y en lugar de simplemente decirte que "no", haciendo que creas lo que yo digo, preferimos que escudriñes la Palabra de Dios por ti mismo.

Nuestro símbolo de Ministerios Precepto Internacional, a quien representamos, es una plomada. Una plomada es un instrumento por medio del cual disciernes lo que está recto. Y la Palabra de Dios es nuestra plomada. Si lo que nosotros pensamos o creemos, no está de acuerdo con la Palabra de Dios, entonces sabemos que estamos fuera del camino de la verdad. La Palabra de Dios es verdad (Juan 17:17).

Busca ahora las siguientes referencias y anota qué o a quiénes sana el Señor. En algunos casos necesitarás revisar el contexto del versículo (el contexto está formado por los versículos que lo rodean).

1. Deuteronomio 32:39

2. Isaías 19:22

3. Isaías 57:17-18

4. Salmo 147:3

5. Isaías 30:26

6. Isaías 53:5 y 1 Pedro 2:24-25

7. Génesis 20: 17

8. Hechos 10:38

A la luz de lo que has observado en la Palabra de Dios, ¿piensas que hay algo fuera de la esfera del poder sanador de Dios? Si es así, sé honesto y anótalo. Luego, en los próximos días, veremos lo que Dios dice al respecto.

— CUARTO DÍA —

Repasemos lo que has aprendido acerca del Gran Médico. Si el nombre de Dios es Yejová-Rafá, el Dios que sana, entonces eso es precisamente lo que hace: Él sana, y puede sanarte. El nombre de Dios es tan valioso como Su misma persona, y Su nombre permanece porque Él nunca cambia. "Dios es el mismo ayer, hoy, y por los siglos" (Hebreos 13:8). Él siempre ha sido y será Yejová-Rafá.

¿A quién has acudido para sanidad? Siempre debes

asegurarte de recibir consejería cristiana—fundamentada en la Palabra de Dios, que te guíe a Dios y a todo lo que Él es—en lugar de una consejería que te aparte de Él y Sus preceptos de vida. Por favor, no pienses que solo tu parte espiritual le pertenece a Dios, y que por eso puede ser sanada por Él, mientras que tu parte psicológica únicamente podría ser sanada a través de la sabiduría humana. Esto no es así, puesto que Quien te creó y te formó—cuerpo, alma y espíritu—no sólo es tu Creador, sino también tu Sustentador.

1. Escribe Jeremías 17:5-6.

2. Ahora escribe Jeremías 17:7-8.

3. Para reforzar este contraste entre los bendecidos y los maldecidos, dibuja un cuadro mostrando las diferencias entre ellos o haz una lista de sus diferencias.

LOS MALDECIDOS   LOS BENDECIDOS

Hemos hablado con muchas personas que han consultado consejeros profesionales, y que en el proceso han gastado mucho tiempo y dinero; pero que aún están viviendo como un arbusto totalmente seco en el desierto. Sus consejeros nunca los guiaron a la Palabra de Dios para encontrar la solución. Recibieron consejos de un hombre, pero esto no resolvió su conflicto porque los hombres sólo pueden tratar el problema desde la perspectiva humana.

Pero nosotros tuvimos la oportunidad de guiarlos a la Palabra de Dios, de enseñarles sobre el carácter y los caminos de Dios y ayudarles a ver la necesidad de rendirse totalmente a Jesucristo como Señor. Y en el proceso de empaparlos en las verdades de la Palabra de Dios, hemos visto que han sido sanados. Aleluya significa "alabado sea el Señor o Ye-Jová"...y nosotros decimos "¡Alelu-YA!"

— QUINTO DÍA —

Al examinar cuidadosamente Jeremías 8, podemos ver que el profeta estaba consternado por el quebrantamiento del pueblo de Dios. Había un bálsamo en Galaad, había un Médico allí, pero su pueblo había fallado en aprovecharlos. Su herida era curable, pero no querían aceptar la sanidad de Dios. En sus tribulaciones y pruebas acudían a cualquiera cosa o ídolo excepto a Dios; por lo tanto, sus heridas solo eran superficialmente sanadas.

Ellos escuchaban a cualquier profeta que viniera proclamando sus sueños y visiones, pero no prestaban atención a los mandamientos de Dios. Una frase que se repite en Jeremías es: "Pero no escucharon". Debido a que no escucharon a Dios, no encontraron el bálsamo de Galaad.

En Galaad producían un ungüento conocido por sus propiedades curativas y cosméticas. "El bálsamo de Galaad" llegó a convertirse en una frase proverbial, sinónimo de sanidad. Y fue en esos términos que el Señor habló por medio de Jeremías diciendo: "Sube a Galaad y consigue bálsamo, Virgen, hija de Egipto. En vano has multiplicado los remedios; No hay curación para ti" (Jeremías 46:11). El pueblo de Judá había actuado de la misma manera que el mundo tratando de encontrar sanidad por sí mismos; pero tal sanidad no es posible lejos de Dios.

¡Qué paralelo! Muchos han buscado a Egipto—un cuadro del mundo y de todo lo que ofrece. Allí trataban de encontrar sanidad para sus almas heridas cuando debieron haber acudido a Dios como su Yejová-Rafá; cuando debieron escoger el consejo y la cura de Dios para sus heridas. ¡Pero no lo hicieron! Era más fácil escuchar a los hombres a quienes podían ver, que escuchar a Dios a quien no podían ver; Quien parecía estar muy lejos de los seres humanos y de sus necesidades.

En los días de Jeremías, la Palabra de Dios había llegado a convertirse en un reproche para Su pueblo (Jeremías 29:19; 42:13; 43:4; 44:16-17.) Toda la nación, en su mayoría, estaba enferma desde la coronilla hasta la planta de los pies. No había sanidad para ellos, porque "Desde el profeta hasta el sacerdote Todos practican el engaño. Curan a la ligera el quebranto de la hija de Mi pueblo, Diciendo: 'Paz, paz,' Pero no hay paz" (Jeremías 8:10-11).

Los profetas profetizaron falsamente. Los sacerdotes gobernaron en su propia autoridad, y al pueblo de Dios le gustaba todo eso (Jeremías 5:31). Y el resultado fue horrible; el pueblo nunca fue sanado.

Para describir su condición casi sin esperanza, Dios en una forma metafórica le dice a Su pueblo que han abandonado el agua viva de la Palabra de Dios por las aguas sucias del Nilo. En vez de ir a Galaad donde podían encontrar refugio y los recursos de Dios para su sanidad, fueron a Asiria y bebieron las aguas del Éufrates (Jeremías 2:14-19).

En nuestra época, nosotros hemos repetido lo que ellos hicieron en época de Jeremías. Muchas personas han bebido las aguas de la psicología, filosofía y psiquiatría, en vez de beber el Agua de Vida. Hemos corrido a hombres y mujeres entrenados en la sabiduría del mundo, pero no hemos corrido en oración al niño que ha nacido, al hijo que nos fue dado, cuyo nombre es "Admirable, Consejero, Dios Poderoso, Padre eterno, Príncipe de paz" (Isaías 9:6).

Con esto no queremos decir que no debamos recurrir a otros por ayuda, sino que debemos evitar fallar al no acudir a Dios. Y cuando buscamos a otros, ¿qué tan real y duradera es la ayuda que pueden darnos, si sus consejos son contrarios a la Palabra de Dios?

Detente y piensa en esto. ¿A dónde acudes en primer lugar en tiempos de sufrimiento, necesidad o duda? Escribe tu respuesta.

Si escribiste "a Dios", te preguntamos entonces: ¿Qué haces cuando acudes a Él? ¿Esperas en Él para ver qué pondrá en tu corazón? ¿Lo buscas a través del consejo de Su Palabra?

Dios nos ministra a través de Su Palabra. Cuando la leas diariamente, verás que habla en maneras increíbles; proveyendo en forma milagrosa, exactamente lo que necesitas para ese tiempo específico—o recordándote algo que ya habías leído.

Sin embargo, si escribiste que acudes al alcohol, pastillas, drogas o promiscuidad, permítenos decirte que nada de eso te ayudará; solamente te llevarán a tratar de olvidar, conduciéndote a la esclavitud del pecado… a la esclavitud y destrucción.

¡Busca a tu Yejová-Rafá!

— *S E X T O D Í A* —

Cuando hablamos acerca de buscar los brazos de carne en nuestras aflicciones, y en nuestros tiempos de necesidad, no podemos evitar pensar en Asa, el rey de Judá.

Lee 2 Crónicas 14. Cuando termines, responde las siguientes preguntas:

1. ¿Cómo era la relación de Asa con el Señor?

2. Cuando los etíopes vinieron contra Asa, ¿qué hizo él?

3. ¿Qué hizo Dios?

Lee 2 Crónicas 15 (No queremos que te canses, pero sigue leyendo porque esto realmente es muy valioso).

4. ¿Cuál fue la advertencia de Dios a Asa?

5. ¿Cómo respondió Asa?

Por último, lee 2 Crónicas 16.

6. Cuando Asa se ve confrontado por el rey de Israel, ¿qué hace?

7. ¿Cómo se sintió Dios respecto a esto? ¿Cómo lo sabes?

8. ¿Qué clase de hombre o mujer busca Dios? ¿Cuáles serán los beneficios para esa clase de hombre o mujer?

Al igual que el rey Asa de Judá, muchos tienen doctores en lugar de tener al Señor (2 Crónicas 16:12). Y por eso no están siendo sanados—o solo están siendo tratados superficialmente con vendajes.

¿De quién es la culpa?

— SÉPTIMO DÍA —

¿Eres víctima de algún abuso? ¿Los hombres o mujeres se han aprovechado de ti tantas veces que ahora eres una imagen deformada de lo que Dios deseaba? ¿Fue ultrajada la inocencia de tu niñez?

¿Te sientes atrapado en una red de pecado tejida por los hilos del rechazo, enojo, temor y amargura? ¿Te han dicho que nunca serás libre—que es imposible que vuelvas a ser la misma persona?

¿Te han dicho que estarás lisiado de por vida, que siempre serás un inválido emocional, jamás recuperado por completo?

No escuches a la finita sabiduría del hombre, mi amigo o amiga. El hombre no es sino hombre—está limitado por su humanidad. Sus días son pasajeros. ¿Y qué sabe el hombre? Todo lo que podría llegar a hacer nunca llegará a la altura de lo que Dios puede hacer.

Escucha al Dios que dijo:

"Clama a Mí, y Yo te responderé y te revelaré cosas grandes e inaccesibles, que tú no conoces."

Jeremías 33:3

"Yo soy el SEÑOR, el Dios de toda carne, ¿habrá algo imposible para Mí?"

Jeremías 32:27

"Vuélvanse a Mí y sean salvos, todos los términos de la tierra; Porque Yo soy Dios, y no hay ningún otro".

Isaías 45:22

Al decir todo esto, no podemos evitar compartir contigo la porción de una carta que recibimos de una mujer que había sido víctima de incesto desde su infancia. Ella escribió:

"En un libro que estoy leyendo, la autora escribió sobre su experiencia personal con el incesto y cuánto la ha ayudado su caminar con Dios. Lo único que desaprobé fue su analogía de la amputación—diciendo que es una víctima, perdiendo algo que nunca podrá ser reemplazado. Hace algunos días vi un programa cristiano sobre niños que fueron abusados y ellos expresaron la misma opinión. Debo admitir que fue un duro golpe al principio. Sentí que mi luz, esperanza, y fe se alejaban de mí por un momento, hasta que recordé lo que había leído en la Palabra de Dios acerca de nacer de nuevo, ser una nueva criatura, y que todas las cosas viejas pasaron.

Aprendí de todo esto que poco a poco estoy siendo moldeada a ser como Jesús. Yo tengo Su mente; y lo único que se interpone entre Dios, para llegar a ser una persona completa, soy yo misma. Yo soy el problema.

Puedes corregirme si estoy equivocada, pero me encuentro aferrada a todas las promesas de Dios. No voy a conformarme sólo con aprender cómo adaptarme, enfrentar el problema y funcionar. Me estoy aferrando a la promesa de la vida abundante. Creo que Dios puede sanar totalmente, y tengo fe y esperanza que llegaré a ese punto. Esa es mi meta—ser todo lo que Jesucristo dice que puedo ser y lo que Él quiere que yo sea. Sin esa meta, si creyera lo que dijeron esas otras dos fuentes, dejaría de crecer. Me estancaría debido a que no habría ninguna esperanza si para siempre estaría lisiada. Le dije que me corrigiera si estoy equivocada, pero no necesita hacerlo en este caso porque sé que tengo la razón".

¿Corregirla? No nos atrevemos, porque de acuerdo a la Palabra de Dios, ella tiene plenamente la razón. Por favor, toma ahora unos minutos para escribir una oración a tu Dios y derramar tu corazón ante Él.

¿Tienes miedo de confiar en Él, de llamarlo? ¿Sientes miedo que te falle? Díselo y te ayudará. O si deseas confiar en Él, y aprender a buscarlo en primer lugar, si quieres que tu corazón sea de Él por completo, díselo también. Ponlo por escrito, y cuando termines lee tu oración a Dios en voz alta. Ésta no tiene que ser rebuscada o elocuente, sólo procedente de un sincero corazón.

VERSÍCULO PARA MEMORIZAR

"Yo soy el SEÑOR, el Dios de toda carne, ¿habrá algo imposible para Mí?"

JEREMÍAS 32:27

Preguntas Para La Discusión En Grupos Pequeños

La primera semana vimos el horrible estado del pueblo en los días de Jeremías, y hablamos sobre la condición del mundo, nuestras heridas y las heridas de otras personas que conocemos.

Al final de esa lección vimos el clamor de Jeremías en el capítulo 8:21-22: "Por el quebrantamiento de la hija de mi pueblo estoy quebrantado; Ando enlutado, el espanto se ha apoderado de mí. ¿No hay bálsamo en Galaad? ¿No hay médico allí? ¿Por qué, pues, no se ha restablecido la salud de la hija de mi pueblo? "

Al empezar la lección de esta semana, repasemos Romanos 15:4 que nos dice que estas lecciones del Antiguo Testamento también son para nosotros: "Porque todo lo que fue escrito en tiempos pasados, para nuestra enseñanza se escribió, a fin de que por medio de la paciencia (perseverancia) y del consuelo de las Escrituras tengamos esperanza."

Todo lo que aprendemos de este estudio de Jeremías y de otros pasajes del Antiguo Testamento es para nosotros—¡Para hoy mismo!

1. ¿Cuál era la raíz de la angustia de Jeremías cuando clamaba por su pueblo?
2. ¿Cómo sabes que había una sanidad disponible para las personas por las cuales clamaba Jeremías?
3. Uno de los nombres de Dios lo presenta claramente como el Gran Médico. ¿Cuál es ese nombre de Dios que aprendiste esta semana? ¿Qué significa?
4. ¿Cuáles fueron los eventos que sucedieron cuando este nombre de Dios fue usado por primera vez en la Escritura? ¿Qué estaba tratando de enseñar Dios a Su pueblo en esa situación?

5. Aunque Dios quería sanar las heridas del pueblo que vivió en los días de Jeremías, ¿qué hicieron ellos en lugar de acudir a Él para ser sanados?

6. Repasa brevemente el relato de la vida del rey Asa en 2 Crónicas 14-16.

    a. Describe los dos eventos que le dieron a Asa la oportunidad para buscar al Señor. ¿Cómo respondió a cada uno de ellos?

    b. ¿Cómo vio Dios sus respuestas en cada ocasión?

    c. ¿Qué observaciones obtuviste de la vida de Asa, que puedas aplicar a tu vida?

7. ¿Sana Dios solamente las enfermedades físicas? ¿Qué o a quiénes viste sanados por Dios, en las Escrituras que buscaste esta semana?

8. El mismo Dios que permanecía dispuesto y deseaba sanar al pueblo de Jeremías permanece dispuesto para sanarte a ti, tu familia, amigos y nación. Pero, ¿es Él a quien la gente corre cuando necesita sanidad?

    a. ¿Cuáles son algunos de los lugares a donde corren las personas en busca de ayuda y por qué piensas que corren a esas fuentes?

    b. ¿Por qué crees que para algunas personas es difícil correr hacia Dios?

9. ¿Qué ha significado esta lección para ti?

10. La próxima vez que estés dolido o angustiado, ¿a dónde acudirás? ¿Por qué?

HAY UN BÁLSAMO, LA PALABRA DE DIOS

— PRIMER DÍA —

Esta semana queremos estudiar la metáfora "el bálsamo de Galaad", para ver por qué se convirtió en un símbolo de la sanidad de Dios. No te impacientes durante nuestro estudio, pues a veces el dolor es tan grande que uno cree no poder sobrevivir si algo no cambia inmediatamente. Tal vez aún no puedas verlo, pero Dios usará todo lo que estás aprendiendo semana tras semana, para finalmente traer sanidad a tu vida. Sé paciente, dale tiempo a Dios. Todo lo que estás aprendiendo es esencial para tu sanidad, así que no te preocupes, ni desmayes... ¡no te rindas!

Ahora vayamos a Galaad, un territorio ocupado por las tribus de Gad, Rubén, y por la mitad de la tribu de Manasés. Geográficamente, Galaad era la región montañosa y boscosa ubicada al norte de una línea imaginaria trazada desde el oeste de Hesbón hasta el extremo norte del Mar Muerto. Se extendía al norte hacia el actual río Wadi Yarmuk, convirtiéndose en planicies desde unos veintinueve kilómetros al sur del Yarmuk[1]. En esta región se producía un bálsamo que era muy conocido, no sólo por sus propiedades curativas, sino también por sus beneficios cosméticos.

La combinación de propiedades curativas y cosméticas en un bálsamo resulta ser algo interesante ¿verdad? Detente y piensa en esto por un momento, ¿conoces alguna persona que haya experimentado sanidad, y que como resultado se haya vuelto más hermosa? Es que una vez sea quitada la amargura, el resentimiento, la ansiedad o el dolor, entonces vendrá una nueva suavidad y una serenidad que producirán una nueva belleza.

Nuevamente queremos conducirte a la Palabra de Dios, ya que ella es parte fundamental del proceso de sanidad. Más aún, ¡es crucial! Y mientras buscas los siguientes versículos, anota lo que aprendas en lo concerniente a este bálsamo o de dónde proviene.

1. Génesis 37:25

2. Jeremías 46:11

Galaad correspondería a la totalidad o parte de las tierras de Transjordania, ocupadas por las tribus antes mencionadas. Sin embargo, Galaad no sólo era conocida por el bálsamo que producía, sino también por ser un lugar hacia donde la gente huía cuando se encontraba en dificultades. Jacob huyó allí de Labán, su suegro (Génesis 31:21-55). Los israelitas huyeron allí cuando eran perseguidos por los filisteos (1 Samuel 13:7). Y David huyó allí cuando era perseguido por Absalón (2 Samuel 17:22- 29). En días de Moisés fue declarada como una ciudad de refugio.

3. Busca Josué 20:1-9 y anota lo que aprendes acerca del propósito de una ciudad de refugio. Escribe el nombre de la ciudad, en Galaad, que servía como ciudad de refugio.

Como hijo de Dios, ¿a dónde acudes en tiempos de dificultad? ¿Cuál es tu ciudad de refugio? ¿Dónde está tu Galaad?

— *SEGUNDO DÍA* —

Ayer te preguntamos a dónde acudes en los tiempos de dificultad, en la hora de necesidad. También preguntamos qué o quién ha sido tu refugio en el pasado. Con mucha frecuencia tenemos la tendencia de volvernos hacia el "brazo de otro ser humano", en vez de a nuestro Dios. Rápidamente corremos a consejeros, psicólogos, psiquiatras o al razonamiento humano, pudiendo así perdernos lo que Dios tiene para nosotros.

¿Hacia dónde Dios quiere que acudas en tiempos de dificultad o necesidad?

¿Recuerdas cuando examinamos Jeremías 8? Jeremías estaba consternado porque las heridas de su pueblo eran curables, pero ellos no querían aceptar la cura de Dios. Escuchaban a todos los profetas que venían por el camino proclamando sus sueños y visiones, pero no escuchaban a Dios ni prestaban atención a Su Palabra, el bálsamo de Galaad.

Continuemos con algo más del testimonio de nuestra amada Kay:

"Recuerdo la noche cuando me dirigí a Dios en oración después de haber leído el pasaje en Jeremías 8. Yo estaba en Dallas, Texas, y era sábado por la noche. Una amiga me había acomodado en una de sus habitaciones para huéspedes, me trajo una taza de té caliente y me dejó para que estuviera a solas con el Señor. Yo realmente necesitaba esa quietud. Estaba desesperada por tener un tiempo con mi Padre—escuchar Su voz, aprender de Él. Mientras derramaba mi necesidad delante de Dios en oración, Él puso el libro de Jeremías en mi corazón. Desde ahí, usando mi concordancia, Dios me guió al Salmo 107. Allí encontré un versículo que es paralelo al uso de la metáfora del "bálsamo de Galaad". Y con ese pasaje vino a mí enseñanza tras enseñanza de cómo puede usarse el bálsamo de Galaad para sanar el quebrantamiento de Su pueblo. Aquel día, Dios me dio las semillas de este libro.

¡Oh, cuánto ha hecho Dios desde entonces; Él me ha permitido enseñar estas verdades a miles alrededor del país! Mis ojos realmente han visto a nuestro Padre sanando heridas que los seres humanos pensaban jamás sanarían. Pero, ¿acaso no es así como actúa el Dios de lo imposible—el que dijo:

'Clama a Mí, y Yo te responderé y te revelaré cosas grandes e inaccesibles, que tú no conoces?' (Jeremías 33:3)".

Lee el Salmo 107.

1. Colorea o marca, de manera que resalte, cada repetición de la frase "En su angustia clamaron al SEÑOR Y El los libró de sus aflicciones". *(Puede que las frases no las encuentres escritas literalmente de la misma manera, pero marca todas las que esencialmente digan lo mismo).

2. Hay otra frase clave repetida en este salmo. Encuéntrala y márcala de manera distinta a la frase anteriormente marcada.

3. Ahora, haz una lista de las diferentes aflicciones que el pueblo de Dios enfrentó, según es relatado en ese salmo.

4. ¿En el Salmo 107, qué versículo te muestra que la sanidad viene de la Palabra de Dios? Escribe ese versículo en el siguiente espacio.

Una y otra vez, el salmista describe los diferentes estados de aflicción en los que se encontraba el pueblo de Dios. A medida que lo leas, notarás que la tensión aumenta; y que se alivia solamente por las palabras: "En su angustia clamaron al SEÑOR Y El los libró de sus aflicciones" (Salmo 107:13).

* Ve a la pagina 305 para ver una sección de cómo marcar tu Biblia

Esta frase la encontramos dos veces, y luego llegamos al versículo 17: "Por causa de sus caminos rebeldes, Y por causa de sus iniquidades, los insensatos fueron afligidos. Su alma aborreció todo alimento, Y se acercaron hasta las puertas de la muerte. Entonces en su angustia clamaron al SEÑOR Y El los salvó de sus aflicciones. El ENVIÓ SU PALABRA Y LOS SANÓ Y LOS LIBRÓ DE LA MUERTE" (Salmos 107:17-20, mayúsculas añadidas).

¡Ahí lo tienes! La Palabra de Dios puede sanar el alma. Tú—o cualquier otra persona—puede ser liberada de su pozo de desesperación porque... ¡hay un bálsamo en Galaad, y hay un Gran Médico allí!

Oramos para que te envuelvas completamente con el manto de seguridad de esta verdad. A primera vista, todo esto podría parecerte muy simple. Tal vez seas tentado a rechazarlo pensando que somos muy ingenuos, y lo entendemos.

Sin embargo, estamos plenamente convencidos que si prestas atención, Dios puede usar estas verdades para transformar tu vida así como Él ha transformado la nuestra.

— TERCER DÍA —

En Juan 6:63 Jesús declaró enfáticamente de que las palabras que Él habló "son espíritu y son vida". A diferencia de las palabras de un ser humano, las Escrituras son un regalo de vida porque literalmente son la Palabra de Dios; la cual no se originó en ningún hombre: "ninguna profecía de la Escritura es *asunto* de interpretación personal, pues ninguna profecía fue dada jamás por un acto de voluntad humana..." (2 Pedro 1:20-21). Cuando lees la Palabra de Dios, no estás leyendo un análisis humano de Dios, Satanás, el hombre, la creación, historia, salvación, vida, muerte, el futuro, etc. La Biblia es el libro de Dios, dado a nosotros por medio de hombres que "inspirados por el Espíritu Santo hablaron de parte de Dios" (2 Pedro 1:21).

En 2 Timoteo 3:16 leemos: "Toda la Escritura es inspirada por Dios". La palabra griega para *inspirada* es *dseópneustos*; y esta es la única vez que se usa en el Nuevo Testamento. *Dseópneustos* significa "divinamente soplado, inspirado". Por lo tanto, la Palabra de Dios es única. Es el único libro sobrenatural y divino en su origen. Esa es la razón por la que es viva—Sus palabras se originaron en Dios, y por lo tanto, las palabras de Dios son exactamente lo que Jesús dijo que eran espíritu y vida. Entonces, ¡no hay duda que realmente pueden sanar!

1. Lee 2 Timoteo 3: 16-17 y luego haz una lista de las cosas para las que es útil la Palabra de Dios.

   a.

   b.

   c.

   d.

2. De acuerdo a 2 Timoteo 3:17, ¿qué se logra con la Palabra de Dios?

— *CUARTO DÍA* —

Ya que la Palabra es el aliento de Dios, entonces es útil para la doctrina. La doctrina es lo que las personas creen, a lo que se adhieren, las normas o verdades por las que viven.

Si queremos saber qué es bueno y qué es malo, qué es verdad y qué es mentira, entonces debemos conocer lo que la Palabra de Dios dice sobre ello; sea con palabras específicas, principios o preceptos. Jesús oró al Padre pidiéndole que nos santificara en la verdad, y luego hizo esta declaración: "Tu Palabra es verdad" (Juan 17:17).

Cada vez que encuentres algo que contradiga la Palabra de Dios, inmediatamente sabrás que no es la verdad. Quienquiera que lo haya escrito, dicho, o enseñado, estaba equivocado. Te engañas si crees en algo contrario a la Palabra de Dios, o que en principio o precepto contradice la Biblia. Si aceptas cualquier cosa que contradiga o que sea contraria a la Palabra de Dios, habrás elegido creer al hombre antes que a Dios. ¡Habrás hecho una elección equivocada! No importa lo que haya logrado en ti o en otros, tampoco importa la supuesta prueba que tengas de que la Palabra de Dios esté equivocada; simplemente permíteme decirte que has sido engañado. La Palabra de Dios es lo que Dios dice que es, o entonces todo es una mentira.

La Biblia es el único libro que en su totalidad está compuesto de palabras de vida; de los preceptos de Dios. Y si alguna vez vas a ser sanado, si alguna vez vas a ser íntegro, entonces debes tener el bálsamo de Galaad, la Palabra de Dios.

Pero la Biblia no solamente es la verdad—la doctrina o enseñanza conforme a la cual tenemos que vivir—también es útil para *redargüir*. La Biblia nos redarguye porque nos muestra en qué estamos equivocados, dónde perdimos el camino.

La Palabra de Dios es la plomada con la cual tenemos que medir todo lo que oímos, creemos y vivimos. En caso que no sepas qué es una plomada, permíteme describírtela. Una plomada es un cordón con un plomo pesado en el extremo, el cual le da peso al cordón permitiendo que ésta caiga en línea recta. Si quisieras levantar una pared y asegurarte que está recta, entonces debes dejar caer la plomada. Para revisar lo recto de una puerta, por ejemplo, un carpintero cuelga la plomada al extremo de la cuerda. Cuando la plomada deja de moverse, el carpintero revisa lo recto de la puerta, siguiendo la línea de la plomada en vez de seguir la línea de la puerta. Aunque la puerta pueda parecer recta, si no coincide con la plomada, él sabe que está fuera de lugar.

¿Cómo se aplica esto a la sanidad de tus heridas? Si estás herido, habrá alguien que pueda decirte que debes hacer "tal o cual cosa".

Tal vez te digan que si fuiste herido por tus padres, que si sientes ira reprimida, entonces debes estar a solas e imaginarte que una almohada es tu padre o tu madre, y descargar tus frustraciones golpeándola a ella.

Tal vez puedan decir que si te sientes rechazado, necesitas volver al vientre de tu madre y revivir todo cuanto recuerdes a partir de ese punto.

Sin embargo, la Palabra de Dios es tu plomada, así que si el consejo que recibes no está de acuerdo con ella, ya sea con una enseñanza específica o un principio, entonces ese consejo no es correcto. Puede que tus consejeros sean personas encantadoras, muy queridas y bien intencionadas. Tal vez tengan impresionantes títulos y entrenamiento profesional. Quizás hayan ayudado a otros, pero sus consejos no provienen de Dios si de alguna manera no están de acuerdo con Su Palabra.

Es vital que conozcas la Palabra de Dios y que permitas que more abundantemente en ti. Necesitamos conocerla para que nos proteja del consejo equivocado, el cual puede llevarnos a un razonamiento y a un comportamiento antibíblico.

Hoy terminaremos con una pregunta: ¿Qué prioridad tiene la Biblia en tu vida? ¿Te has dedicado a estudiar con diligencia sus preceptos?

— QUINTO DÍA —

De acuerdo con 2 Timoteo 3:16, la Palabra de Dios no sólo es útil para enseñar y reargüir, sino también para corregir. Es en el área de la corrección donde a menudo ocurre el proceso curativo. Corregir es saber cómo tomar lo que está incorrecto y hacerlo correcto. Con frecuencia, cuando las personas son heridas por otros, albergan en su corazón un dolor y una amargura que alimentan en lugar de eliminarlos.

No saben que la amargura y la falta de perdón les impedirán ser sanados. ¡Cuán a menudo he visto personas en esa situación! No saben cómo deshacerse de su amargura, y se preguntan cómo podrán perdonar alguna vez.

La Palabra de Dios es tan profunda, que no sólo nos da la verdad y nos muestra dónde estamos equivocados, sino que también nos muestra cómo tomar lo que está equivocado y hacerlo correcto.

Eso es lo que aprenderás a hacer en este libro. Y, ¿sabes una cosa? Si haces lo que Dios dice, entonces dará resultado. Tú *puedes* ser sanado. Sin embargo, cuando decimos *sanado* no queremos decir que nunca más experimentarás dolor. Tampoco queremos decir que el pasado desaparecerá y que será olvidado. Queremos decir que podrás tratar con tu herida de tal manera que "vivirás como más que vencedor". Que tendrás la respuesta de Dios sobre cómo tratar con tu herida para que no te dañe, sino que te ayude para bien.

Tienes a Dios como tu Gran Médico, y tienes la Palabra de Dios que sana. Ahora, todo lo que necesitas es fe para obedecer. Y si no tienes esta clase de fe puedes orar diciendo: "Señor, creo. Ayúdame en mi incredulidad", y Él lo hará.

De acuerdo con 2 Timoteo 3:16, la Palabra de Dios también es útil para instruir en justicia. Vivir en justicia simplemente es vivir de acuerdo a la Palabra de Dios. Y ahí, una vez más, es donde comienza la sanidad—hacer lo que Dios dice que hagas sin importar cómo te sientas al respecto o lo que pienses. Eso es fe, y "sin fe es imposible agradar *a Dios*. Porque es necesario que el que se acerca a Dios crea que El existe, y que recompensa a los que Lo buscan" (Hebreos 11:6). ¡No puedes dejar de confiar en Dios!

La hermana Kay nos cuenta:
"Nunca olvidaré a una mujer que vino a verme hace años, perturbada porque su esposo tenía una aventura con otra mujer. La situación la había derribado de tal manera que comenzó a ver un psiquiatra, y él le dijo que llevaría dos años de terapia antes que ella pudiera ser sanada. Recuerdo que estaba sentada con ella en la casa donde yo enseñaba una clase bíblica semanal. Sentada en la orilla de la cama, en la habitación de huéspedes, miraba su cara, su larga cabellera color castaño oscuro, y sus hermosos pero tristes ojos; yo me preguntaba cómo un hombre podía distanciarse de alguien que estaba tan enamorada de él. Después que la escuché, al mismo tiempo que oraba pidiendo sabiduría, extendí mis manos, tomé las suyas en las mías y le dije: 'Querida, puedes ser sanada hoy mismo si tan sólo crees en Dios y le obedeces'.

Generalmente no digo a las personas que pueden ser sanadas 'ese mismo día', porque a menudo la sanidad es un proceso. Pero sí digo: 'Puedes ser sanado si tan sólo crees en Dios y le obedeces'. De eso hablaremos más en unos minutos, pero déjame regresar a la historia de mi amiga.

Ella fue sanada ese día. Esa sanidad ha durado todos estos años—ayudándola a superar otras pruebas. Cuando mi amiga me dijo que quería ser sanada, le compartí la Palabra de Dios y cómo se relacionaba con su situación. Cuando terminé, nos sentamos en la suave alfombra azul. El sol tibio comenzó a caer a nuestras espaldas como un toque del Padre al arrodillarnos y clamar a nuestro Yejová-Rafá. Y Él escuchó. Allí nos abrazamos, secamos nuestras lágrimas, y nos levantamos. Ya todo estaba bien. Ella sabía que Dios estaba en control de cualquier cosa que sucediera. Mi nueva amiga iba a hacer lo que Dios decía.

Ella fue a casa, llamó a su psiquiatra y le dijo que no lo necesitaba más. Y realmente no volvió a necesitarlo; pude asegurarme de eso varias semanas más tarde, cuando vino a verme después de nuestra clase de Biblia de los miércoles y me dijo: 'Kay, necesito que ores por mí. No quiero a esa mujer como debiera quererla'. Lo que pude ver en mi amiga era un deseo de ser como Jesús, ¡y no hay nada más sano o saludable que eso! Ella estaba dispuesta a tratar a esa mujer adúltera como Jesucristo lo hizo—con amor".

Su nombre es Yejová-Rafá, el Dios que sana. Él es el Médico de Galaad y tú puedes clamar: 'Sáname, oh Señor, y seré sanado; Sálvame y seré salvado' (Jeremías 17:14). Él va a sanar, Él va a salvar. Lo sé—porque lo he visto en mi propia vida, y lo he visto una y otra vez en la vida de otros. Su Palabra es verdad. "El nombre del Señor es torre fuerte, A ella corre el justo y está a salvo" (Proverbios 18:10).

— *SEXTO DÍA* —

En 2 Timoteo 3:17, hay otra verdad que debemos revisar. El propósito por el cual la Palabra de Dios es útil para enseñar, redargüir, corregir e instruir en justicia es que tú y nosotros "seamos perfectos (aptos), equipados para toda buena obra". Marvin Vincent, un erudito griego de renombre, dice que la idea de completo o adecuado es de "un ajuste mutuo y simétrico de todo lo que contribuye a la formación de un hombre: Una combinación armoniosa de diferentes cualidades y facultades".[2]

¿Notas lo que está diciendo Dios? La Palabra de Dios puede hacer "ajustes" en todos los aspectos de nuestra vida. Avancemos un poco, y luego juntaremos todo esto. La transliteración en inglés de la palabra griega para *adecuado* es *ártios* que significa "perfecto o completo". Esta palabra, y la palabra griega para *preparado*, son un juego de palabras. Preparado es *exartízo* y significa "equipar por completo, lograr, terminar por completo". Con esto, Dios está diciéndonos que Su Palabra es todo cuanto tú y nosotros necesitamos para ser lo que debemos ser.

La Palabra de Dios tiene las respuestas prácticas para todas las necesidades de la vida. Te equipará por completo para toda buena obra. Vincent, al comentar las palabras "para toda clase de bien" o "para toda buena obra", dice: "Debe notarse que la prueba de la inspiración divina de la Escritura es presentada aquí en su utilidad práctica."[3]

¿Ves ahora el por qué la Palabra de Dios realmente puede sanarte? Es porque Su Palabra es diferente a la de los hombres. La Palabra de Dios es verdad, y es viva. Puede sanarte si la aceptas en fe y caminas en la forma debida.

Si Dios puede salvar al ser humano de sí mismo, de su pecado y del infierno, y hacer de una persona una nueva criatura en Cristo Jesús, todo por medio de la fe en Su Palabra, acaso ¿no podrá Dios capacitarnos para vivir por encima de nuestras heridas, si confiamos en Él y Su Palabra?

Que Dios envíe Su Palabra, te sane y te libre de tu ruina. En el Salmo 107:20 "muerte" también puede traducirse como "¡pozo!" Entonces, si tu vida está en el pozo, ¡la Palabra puede sacarte de allí!

Escribe y memoriza 2 Timoteo 3:16-17.

— SÉPTIMO DÍA —

Para los hijos de Dios todas las cosas ayudan a bien. Esta verdad es real porque Dios es el Gran Redentor. Él redime todo tu pasado y lo usa para conformarte a la imagen de Su Hijo. Él está contigo, no contra ti. Y si Él está contigo, ¿quién puede estar contra ti? Ni la muerte, ni la vida, ni ángeles, ni principados, ni lo presente, ni lo por venir, ni lo alto, ni lo profundo, ni ninguna otra cosa creada nos podrá separar del amor de Dios, que es en Cristo Jesús Señor nuestro (Romanos 8:28-39, selección de versículos).

El amor de Dios es un amor incondicional, eterno y transformador. Un amor demostrado y recibido en el Calvario. Y es en el Calvario que tú, amado de Dios, encontrarás tu Galaad—tu ciudad de refugio, tu lugar de sanidad.

Cuando Jeremías preguntó si había un bálsamo en Galaad y un médico allí, él esperaba recibir un sí como respuesta. Él había hecho esa pregunta porque quería que su pueblo recordara que Dios era el único que podía satisfacer todas sus necesidades, sanar todas sus heridas y proveerles todo lo que necesitaban para la vida y santidad.

Como viste en tu primera semana de estudio, el pueblo de Dios había cometido dos maldades en los días de Jeremías. Primero, habían abandonado a Dios, la fuente de agua viva. Segundo, habían hecho cisternas rotas que no podían retener agua (Jeremías 2:13). En otras palabras, se habían apartado de Dios y de Su camino hacia la carne y sus caminos. No obtuvieron de Él lo esencial para la vida — el agua viva.

¡Qué tremendo parecido con nuestro cristianismo! Hemos necesitado sanidad, pero en lugar de correr a nuestro Padre y preguntarle qué hacer, nos hemos vuelto a la psicología y filosofía humana, a nuestra versión humanista del cristianismo o a nuestro propio entendimiento. Como los israelitas en el pasado, nos hemos apartado del manantial de la toda suficiencia de Dios para ir a la cisterna del razonamiento humano.

Una cisterna es simplemente un lugar en donde se almacena algo, que por lo general es agua. Lo que pones dentro de una cisterna será lo que saques de ella. En contraste, un manantial tiene una fuente invisible de la que uno puede extraer. El pueblo de los días de Jeremías había cambiado la fuente de agua viva por cisternas agrietadas que ¡ni siquiera podían retener agua! Nosotros hacemos lo mismo cuando nos apartamos de la Palabra de Dios y buscamos el consejo y la sabiduría del hombre para sanar nuestras heridas.

No sabemos cómo llegó este libro a tus manos, pero sabemos que Dios en Su soberanía lo dispuso así; pues Él tiene una forma de sanar tus heridas o las de aquellos que amas.

Puedes ser sanado, sanado a la manera de Dios, si te acercas al Calvario; a tu ciudad de refugio.

Recuerda, hay un bálsamo en Galaad y hay un Médico allí. Puedes clamar: "¡Sáname, Oh SEÑOR y seré sanado!" Aprenderemos cómo hacerlo en las próximas semanas.

Versículo Para Memorizar

"Toda Escritura es inspirada por Dios y útil para enseñar, para reprender, para corregir, para instruir en justicia".

2 Timoteo 3:16

Preguntas Para La Discusión En Grupos Pequeños

En la segunda semana vimos que uno de los nombres de Dios es Yejová-Rafá, y que Su deseo es que busquemos de Él en tiempos de angustia para que nos pueda sanar y restaurar—no sólo físicamente, sino también en todas las áreas de nuestra vida.

En esa lección vimos el primer uso del nombre de Yejová-Rafá, y en ese relato vimos que el plan de Dios era que Su pueblo viniera a Él en tiempo de necesidad. También estudiamos la vida del rey Asa, y cómo Dios se entristeció porque no quiso acudir a Él cuando necesitó sanidad.

1. Cuando vimos el clamor de Jeremías en 8:22, notamos que preguntaba si había o no dos cosas en Galaad. Una de ellas era un Gran Médico, que aprendimos que era Dios. ¿Cuál era la segunda cosa que el pueblo necesitaba para su restauración?
2. Según el Salmo 107, ¿qué usará Dios para traer tu sanidad?
3. De tu estudio del Salmo 107, ¿qué viste que tenga similitud con la metáfora del "bálsamo de Galaad"?
   Esta semana estudiaste una ciudad llamada Galaad. ¿Cuáles eran las dos cosas por las que esa ciudad era reconocida?
4. Según tu estudio de 2 Timoteo 3:16-17 sobre la Palabra de Dios...

    a. ¿Para qué es útil la Palabra de Dios?

    b. ¿Qué se obtiene por la Palabra de Dios?

5. Discute brevemente el significado de cada una de las siguientes palabras:

    a. enseñar

    b. reprender

    c. corregir

    d. instruir en justicia

6. ¿Qué significa estar "equipado para toda buena obra"?

7. ¿De qué manera es diferente la Palabra de Dios de las palabras del hombre?

    ¿Ves alguna similitud entre lo que has aprendido sobre la Palabra de Dios y las dos cosas por las cuales Galaad era conocida?

8. A la luz del estudio de esta semana, ¿crees que la Palabra de Dios tiene las respuestas para las heridas de tu familia, amigos. . . y para tus heridas? ¿Por qué sí o por qué no?

9. Si todo lo que hemos hablado en esta semana es verdad, y la Palabra de Dios es útil para enseñar, reprender, corregir e instruir en justicia, a fin de que el hombre o la mujer de Dios sea perfecto y equipado para toda buena obra, entonces, ¿cuál debe ser tu actitud hacia la Palabra de Dios?

10. ¿Qué ha significado para ti la lección de esta semana? ¿Qué cambiarás en tu vida como resultado de esta lección?

EL AMOR DEL CALVARIO...
ES ANGUSTIA, ES SANIDAD

— *PRIMER DÍA* —

La hermana Kay nos comparte el siguiente testimonio:

"**D**esde el momento en que supo que había concebido, ella amó a su hijo con todo su ser. Y ahora ese mismo hijo, ya adulto, repentinamente había levantado una pared entre ellos. Él ya no la abrazaba, ni venía más a su casa; les separaba una gran pared, tan impenetrable que no podía ser derribada.

El dolor era enorme, y le impedía a ella pensar en otra cosa. Él sentía que su madre le había fallado; y sí le había fallado, aunque no había sido su intención hacerlo... pero, ¿era esto tan grave como él creía? ¿Estas faltas eran irremediables? ¿Tan irremediables que perjudicarían sus relaciones para siempre?

Ahora, el dolor era cada vez más agudo. La meta de toda su vida fue el ser una buena madre y esposa. Como madre no había alcanzado su meta, y ya no habría otra oportunidad. Este terrible pensamiento la devastó por completo.

Entonces, empezó a revivir su pasado analizando lo que podría haber hecho diferente; aumentando con esto su desesperación, pues no podía deshacer el pasado. Todo lo que había deseado era que sus hijos y su esposo se levantaran y estuvieran orgullosos de ella; nada más quería oír a Dios decir: 'Bien hecho, sierva buena y fiel'.

Mi corazón estaba entristecido por ella. Yo podía comprender el anhelo de su corazón, puesto que yo también amaba a mis hijos, y había deseado lo mismo que ella deseaba.

Me dijo que el dolor que experimentaba le recordaba lo que había oído acerca de los ataques al corazón—sentía un dolor fuerte, pesado e incesante; como si tuviere una enorme piedra sobre su pecho. Su corazón había sido ultrajado y despojado del amor de su hijo. El dolor la paralizaba... hasta que acudió en oración a su Dios y Padre, a su Yejová-Rafá.

Fue cuando Dios le recordó que Él realmente la entendía. Que Él entendía su deseo de intimidad con su hijo; pues algunos de Sus hijos se habían distanciado, habían dejado de pasar tiempo con Él, e incluso sentían como si Él les había fallado. Ante esto, ella le dijo a Dios, casi gritando 'Pero Padre, tú no fallaste'— ¡yo sí!

Y luego, en respuesta a su paralizante angustia, esa apacible, esa suave voz de Dios vino a su mente: 'Yo sé que no fallé, y sé que tú no eres perfecta. Pero recuerda que Yo soy más grande que tus fracasos. Yo soy Dios, y te he prometido a ti—y a tu hijo, sea que él lo crea o no—que todas las cosas ayudan a bien.'

'Él es mío, y voy a usar esta situación para moldearlo a la imagen de mi Hijo. Ahora bien, ¿cuáles son mis promesas? ¡Créelas y vive por ellas! Haz lo que te he enseñado hacer. Sin importar cómo responda tu hijo, ¡créeme y obedéceme! Tú no puedes redimir el pasado, pero Yo si puedo, así que camina en fe. O mi Palabra es verdad o no lo es; y tú sabes que es verdad'.

Mientras mi amiga comenzaba a luchar con la duda sobre si estos pensamientos simplemente eran lo que ella quería oír, o si provenían del Espíritu Santo, me dijo con una mirada avergonzada que por fin se rendía. Ella sabía que lo que había venido a su corazón estaba de acuerdo con la Palabra y el carácter de Dios. La lucha había terminado, la fe había vencido y ella se hallaba derrotada.

¡Cuánto gozo experimenté! Y aunque su situación no cambió durante un largo tiempo, ella ya no estaba incapacitada por el dolor. Había encontrado su refugio, su Galaad, y allí habita por fe."

En esta semana queremos ver lo que llamaremos el Galaad del cristiano—un lugar de refugio a donde todo hijo de Dios puede correr y clamar: "Sáname, oh SEÑOR, y seré sanado; Sálvame y seré salvado, Porque Tú eres mi alabanza" (Jeremías 17:14).

— *SEGUNDO DÍA* —

¿Dónde está la ciudad de refugio para los cristianos? ¿Hacia dónde podemos dirigirnos? ¿En dónde encontraremos todo cuanto necesitamos?

¡En la cruz del Calvario! Allí es donde recibimos todo lo que Dios planeó para nosotros por medio de la muerte y resurrección de nuestro Señor. En la cruz encontramos a Jesús como nuestro Yejová-Rafá, el Señor que sana. En la cruz encontramos a Jesús como el que ha experimentado el mismo dolor y el infierno que nosotros hemos soportado.

Por medio de la cruz, tú y yo tenemos un representante en el cielo que puede interceder a favor nuestro. En la cruz, Jesucristo experimentó a plenitud los estragos del pecado, el dolor y el sufrimiento. No existe nada que tú hubieres vivido, que Jesús no lo haya también soportado. Por ti, Él se hizo pecado; y ese es el amor del Calvario... su sanidad. Tu refugio es la cruz del Calvario, y no hay herida que el Calvario no pueda sanar.

Permíteme mostrarte por qué te digo que nuestro Galaad es la cruz del Calvario. Recordemos que el significado de la palabra *rafá* es "sanar, curar, reparar completamente, hacer íntegro." Y esa palabra se usa en Isaías 53:5.

Busca Isaías 53:5 y escríbelo en el siguiente espacio.

Isaías 53 claramente se refiere a la persona de Jesucristo, y muchos judíos prefieren ignorar el estudio de este capítulo porque lo encuentran difícil de explicar; pues señala claramente a una persona cargando con sus iniquidades.

La profecía de Isaías 53 empieza en Isaías 52:13; y tu tarea de hoy será una gran bendición para tu vida. Lee en voz alta desde Isaías 52:13 hasta 53:12. Mientras lo hagas, cada vez que encuentres un pronombre personal como "nosotros" "nuestro" (o cualquier variante pronominal parecida), sustitúyelo usando tu nombre.

Cuando termines de leer el capítulo, y hayas puesto tu nombre en lugar de esos pronombres, escribe la oración que brote de tu corazón a la luz de este capítulo.

◑ ISAÍAS 52:13 - 53:12

13 Oigan esto: Mi siervo prosperará, Será enaltecido, levantado y en gran manera exaltado.

14 De la manera que muchos se asombraron de ti, *pueblo Mío*, Así fue desfigurada Su apariencia más que la de *cualquier* hombre, Y Su aspecto más que el de los hijos de los hombres.

15 Ciertamente El asombrará a muchas naciones, Los reyes cerrarán la boca ante El. Porque lo que no les habían contado verán, Y lo que no habían oído entenderán.

1 ¿Quién ha creído a nuestro mensaje? ¿A quién se ha revelado el brazo del SEÑOR?

2 Creció delante de El como renuevo tierno, Como raíz de tierra seca. No tiene aspecto *hermoso* ni majestad Para que Lo miremos, Ni apariencia para que Lo deseemos.

3 Fue despreciado y desechado de los hombres, Varón de dolores y experimentado en aflicción; Y como uno de quien *los hombres* esconden el rostro, Fue despreciado, y no Lo estimamos.

4 Ciertamente El llevó nuestras enfermedades, Y cargó con nuestros dolores. Con todo, nosotros Lo tuvimos por azotado, Por herido de Dios y afligido.

5 Pero El fue herido (traspasado) por nuestras transgresiones, Molido por nuestras iniquidades. El castigo, por nuestra paz, *cayó* sobre El, Y por Sus heridas (llagas) hemos sido sanados.

6 Todos nosotros nos descarriamos como ovejas, Nos apartamos cada cual por su camino; Pero el SEÑOR hizo que cayera sobre El La iniquidad de todos nosotros.

7 Fue oprimido y afligido, Pero no abrió Su boca. Como cordero que es llevado al matadero, Y como oveja que ante sus trasquiladores permanece muda, El no abrió Su boca.

8 Por opresión y juicio fue quitado; Y en cuanto a Su generación, ¿quién tuvo en cuenta Que El fuera cortado de

la tierra de los vivientes Por la transgresión de mi pueblo, a quien *correspondía* la herida?

9 Se dispuso con los impíos Su sepultura, Pero con el rico fue en Su muerte, Aunque no había hecho violencia, Ni había engaño en Su boca.

10 Pero quiso el SEÑOR Quebrantarlo, sometiéndo*lo* a padecimiento. Cuando El se entregue a sí mismo *como* ofrenda de expiación, Verá a *Su* descendencia, Prolongará *Sus* días, Y la voluntad del SEÑOR en Su mano prosperará.

11 Debido a la angustia de Su alma, El *lo* verá *y* quedará satisfecho. Por Su conocimiento, el Justo, Mi Siervo, justificará a muchos, Y cargará las iniquidades de ellos.

12 Por tanto, Yo Le daré parte con los grandes Y con los fuertes repartirá despojos, Porque derramó Su alma hasta la muerte Y con los transgresores fue contado; Llevó el pecado de muchos, E intercedió por los transgresores.

Escribe aquí la oración que brote de tu corazón como resultado de la lectura de este capítulo.

— TERCER DÍA —

Jesús no sólo sanó por medio de Su vida, sino también por medio de Su muerte; y ahora sana a través de Su ministerio de intercesión. Antes que continuemos con nuestro estudio, deseamos que veas y entiendas cómo Él lleva a cabo nuestra sanidad con estos tres medios.

Tal vez estés preguntándote cuándo enfrentaremos directamente las heridas que te causaron las distintas clases de abuso (emocional, físico, sexual), los fracasos del pasado, las palabras que dejaron cicatrices aparentemente permanentes, el rechazo, etc. Pero, ¡no te angusties!

Juntos veremos cómo pueden sanar cada una de estas heridas, pero toda sanidad encuentra su base en la cruz del Calvario. Es por medio del Calvario que tienes acceso a tu Gran Médico, a Jesús. Sólo Él es Dios, y Él es el Dios que sana todas nuestras heridas. Así que es en el Calvario donde debemos centrar nuestra atención durante algunos días.

Busquemos Isaías 53:4, donde vemos cómo sanó Jesús por medio de Su vida. En Isaías 53:4 leemos: "Ciertamente El llevó nuestras enfermedades, Y cargó con nuestros dolores".

El mejor intérprete de la Escritura es la Escritura misma. La explicación que un versículo nos da, en lo referente a otro versículo, es la interpretación a la que debemos remitirnos. En Mateo 8:17 encontramos una explicación de Isaías 53:4.

Como verás, Mateo 8:5-17 nos habla del ministerio de Jesús en Capernaúm (ciudad donde vivía el apóstol Pedro, y en la que predominaban los gentiles). Cuando leas este pasaje responde las siguientes preguntas:

1. ¿Qué hacía Jesús en Capernaúm? ¿Cuál es el enfoque de Su ministerio en este relato?

2. Explica cómo se relaciona Isaías 53:4 con este pasaje.

3. De acuerdo a lo que has aprendido, ¿cuándo y cómo se cumplió Isaías 53:4?

O MATEO 8:5-17

5 Al entrar Jesús en Capernaúm, se acercó un centurión y Le suplicó:

6 "Señor, mi criado está postrado en casa, paralítico, sufriendo mucho."

7 Y Jesús le dijo: "Yo iré y lo sanaré."

8 Pero el centurión respondió: "Señor, no soy digno de que Tú entres bajo mi techo; solamente di la palabra y mi criado quedará sano.

9 "Porque yo también soy hombre bajo autoridad, con soldados a mis órdenes; y digo a éste: 'Ve,' y va; y al otro: 'Ven,' y viene; y a mi siervo: 'Haz esto,' y *lo* hace."

10 Al oír*lo* Jesús, se maravilló y dijo a los que *Lo* seguían: "En verdad les digo que en Israel no he hallado en nadie una fe tan grande.

11 "Y les digo que vendrán muchos del oriente y del occidente, y se sentarán *a la mesa* con Abraham, Isaac y Jacob en el reino de los cielos.

12 "Pero los hijos del reino serán arrojados a las tinieblas de afuera; allí será el llanto y el crujir de dientes."

13 Entonces Jesús dijo al centurión: "Vete; así como has creído, te sea hecho." Y el criado fue sanado en esa *misma* hora.

14 Cuando Jesús llegó a casa de Pedro, vio a la suegra de éste que estaba en cama con fiebre.

15 Le tocó la mano, y la fiebre la dejó; y ella se levantó y Le servía.

16 Y al atardecer, Le trajeron muchos endemoniados; y expulsó a los espíritus con *Su* palabra, y sanó a todos los que estaban enfermos,

17 para que se cumpliera lo que fue dicho por medio del profeta Isaías cuando dijo: "EL TOMO NUESTRAS FLAQUEZAS Y LLEVO NUESTRAS ENFERMEDADES."

Mañana veremos en Isaías 53:5-6 cómo sanó Jesús por medio de Su muerte. Aún hay mucho por aprender, que será sorprendentemente beneficioso para tu diario vivir. Esperamos ansiosos por compartir todo esto contigo. ¡Hay esperanza!, así que no te angusties por tu vida ni por los seres que amas.

— C U A R T O D Í A —

Como mencionamos con anterioridad, todas las heridas tienen su raíz en el pecado. Hemos herido a otros, o ellos a nosotros; y de un modo u otro ha sido por el pecado. Elegimos (u otros eligen) vivir independiente de Dios y de Su Palabra. Elegimos no escuchar, no creer, ni obedecer a Dios.

El pecado hiere, estropea, desfigura, destruye, y si no fuera por la cruz del Calvario, la destrucción del pecado sería permanente e irreversible. Mas Dios... ¡Cómo amo esas palabras! "Mas Dios..."

En Isaías 53:5 leemos: "Pero El [Jesús, Dios Hijo] fue herido (traspasado) por nuestras transgresiones, Molido por nuestras iniquidades. El castigo, por nuestra paz, cayó sobre El, Y por Sus heridas (llagas) hemos sido sanados".

¡Sanados! Pero, ¿sanados de qué?

Una vez más, la Escritura debe interpretar la Escritura. Así que escribe 1 Pedro 2:24-25, y al hacerlo, lee los versículos en voz alta. Esto te ayudará a memorizar lo que lees.

Antes de discutir esos versículos, tenemos una pregunta más: ¿Qué similitud, si es que existe alguna, puedes ver entre Isaías 53:6 y 1 Pedro 2:25?

De acuerdo con Isaías 53:5-6 y 1 Pedro 2:24-25, la cruz fue el medio que Dios usó para sanarte de tu pecado, de forma que pudieras vivir una vida justa. El pecado hiere; la cruz sana. La cruz sana porque trata con el pecado; es por medio del poder sanador del Calvario que tú puedes vivir en rectitud.

Vivir una vida de justicia es vivir de acuerdo con lo que Dios dice que es correcto. Y sin importar lo que te haya sucedido, tú puedes vivir sin amargura y odio. Puedes vivir una vida libre de lo que de otra manera te deformaría, desfiguraría o destruiría. La amargura puede desaparecer, y el perdón puede ser dado y recibido. ¡Puedes estar completo nuevamente! ¡Puedes ser sanado! Y la próxima semana estudiaremos por qué es posible todo esto.

¿Sientes que nunca podrás eliminar la amargura o perdonar a quienes te han herido? ¿Crees que la amargura será tu compañera de por vida? Permítenos decirte que entendemos esos sentimientos.

Sin embargo, te animamos a apoyarte en todo cuanto estás aprendiendo. Ve tomándolo con calma, y viviendo un día a la vez. Mantente orando: "Sáname, oh SEÑOR, y seré sanado; Sálvame y seré salvado, Porque Tú eres mi alabanza. "

¿En tu corazón existe alguna amargura o falta de perdón? ¿Contra quién y por qué? Escribe tus pensamientos; y si tienen que ver con algo que para ti resulta difícil de tratar, no es necesario que seas muy específico.

Queremos terminar el estudio de hoy leyendo el Salmo 22. Jesús no sólo pagó por tu pecado, Él se hizo pecado por ti. ¿Cuánto le costó esto? El Salmo 22 nos da una detallada descripción de lo que sucedía cuando una persona era crucificada. Léelo cuidadosamente y con mucha devoción.

Ahora, mientras consideras lo aprendido en esta semana, haz una lista de lo que piensas que Jesús experimentó en la cruz cuando Él se hizo pecado por ti.

— *QUINTO DÍA* —

Si vas a aprender a tratar con tus heridas, según el método de Dios, deberás conocer a Jesucristo como tu refugio.

Al principio de esta semana de estudio dijimos que el Calvario es el Galaad del cristiano. La sanidad viene de Yejová-Rafá—de nuestro Dios, Salvador y Señor.

Cuando Jesús estuvo en la tierra, Él sanó por medio de Su vida a los enfermos y a los poseídos por los demonios. Cuando fue al Calvario nos sanó de nuestros pecados por medio de Su muerte. Antes de continuar, demos otra mirada a esta verdad desde la perspectiva de Colosenses 2:6-15. Mantén en mente lo que estudiamos ayer.

1. Lee cuidadosamente el siguiente pasaje marcando cada referencia a "*ustedes*". Puedes colorearlo o hacer un dibujo como éste— 🕇 —sobre cada una de esas palabras. Cuando termines, al final del texto haz una lista de todo lo que aprendiste acerca de ti con la frase "ustedes".

2. Otra vez lee todo el pasaje, y marca cada uso de cualquiera de estas tres frases: *en Él, por medio de Él, o con Él*. Usa un color diferente, o haz un dibujo como éste en Él sobre la frase. Cuando termines, realiza una lista de todo lo que ocurrió en, por medio de, o con Él, de la misma manera en que hiciste la lista acerca de "ustedes".

○ COLOSENSES 2:6-15

6 Por tanto, de la manera que recibieron a Cristo Jesús el Señor, *así* anden en El;

7 firmemente arraigados y edificados en El y confirmados en su fe, tal como fueron instruidos, rebosando de gratitud (con acción de gracias).

8 Miren que nadie los haga cautivos por medio de *su* filosofía y vanas sutilezas, según la tradición de los hombres, conforme a los principios (las normas) elementales del mundo y no según Cristo.

9 Porque toda la plenitud de la Deidad reside corporalmente en El,

10 y ustedes han sido hechos completos (han alcanzado plenitud) en El, que es la cabeza sobre todo poder y autoridad.

11 También en El ustedes fueron circuncidados con una circuncisión no hecha por manos, al quitar el cuerpo de la carne mediante la circuncisión de Cristo;

12 habiendo sido sepultados con El en el bautismo, en el cual también han resucitado con El por la fe en la acción *del poder* de Dios, que Lo resucitó de entre los muertos.

13 Y cuando ustedes estaban muertos en (por causa de) sus delitos y en la incircuncisión de su carne, Dios les dio vida juntamente con Cristo, habiéndonos perdonado todos los delitos,

14 habiendo cancelado el documento de deuda que consistía en decretos contra nosotros *y* que nos era adverso, y lo ha quitado de en medio, clavándolo en la cruz.

15 *Y* habiendo despojado a (habiéndose desecho de) los poderes y autoridades, hizo de ellos un espectáculo público, triunfando sobre ellos por medio de El.

QUÉ APRENDÍ ACERCA DE MI   QUÉ OCURRIÓ EN,
                                  POR MEDIO DE ÉL, O CON ÉL

3. ¿Cómo se relaciona lo que has observado en Colosenses 2:6-15 con lo que hemos estado estudiando esta semana? ¿Cómo te ha hablado este pasaje?

— *SEXTO DÍA* —

Hasta ahora hemos estudiado cómo sana Jesús por medio de Su vida y Su muerte. Hoy veremos Su tercer forma de sanar: La intercesión.

¿Sabes qué está haciendo Jesús en este mismo instante? La respuesta a esta pregunta vino a nosotros cuando estudiábamos el estudio bíblico de Precepto sobre Precepto de Hebreos. Antes de presentar al público un nuevo estudio de Precepto, primero lo trabajamos aquí en Chattanooga con nuestros fieles estudiantes.

Nunca olvidaremos lo que me dijo Emily Farmer. En aquel tiempo ella era la productora ejecutiva de nuestro programa radial "Cómo Puedo Vivir". Cuando ella se entusiasma con algo, muestra una encantadora sonrisa y sus ojos color café destellan de gozo. Cuando la vi, supe que algo bueno estaba por venir.

Ella dijo, "¿sabes lo que vi cuando estudiaba Hebreos? – continuó sin parar- La obra de Jesús en cuanto a nuestra salvación está completa. Cuando estaba colgando en la cruz, Él dijo: 'Consumado es'. ¡Por lo tanto, de acuerdo a Hebreos, Su ministerio en favor nuestro sencillamente es interceder continuamente por nosotros! ¡Él vive ahora para hacer eso por nosotros! ¿Acaso no es Maravilloso?"

Y sí es maravilloso, y en realidad muy impresionante. Cuanto más pensamos en lo que Emily compartió con nosotros, más nos ministra. Y cuando enseñamos debemos de pensar: *Ahora mismo, Jesús está intercediendo por mí.*

Cuando testifiquemos, y no encontremos palabras para continuar, hemos de pensar: *Jesús está intercediendo por mí.*

Cuando nos encontremos en situaciones difíciles, daremos un suspiro de alivio porque hemos de recordar que *Jesús está intercediendo—que para eso Él vive.*

Si hemos sido heridos, debemos de saber que sí podemos continuar. Porque Jesús lo sabe—y Él está intercediendo por nosotros.

Y sabemos que el Padre escucha y contesta Sus oraciones.

¡Qué divino e incomprensible misterio! ¡Qué maravillosa realidad para ser vivida momento a momento! Oramos continuamente para siempre poder recordar esta verdad. Nunca estamos solos en ninguna situación—ni abandonados en nuestra propia sabiduría, valor, capacidad o resistencia. ¡Jesús está intercediendo! Por esta razón, no hay ninguna situación que escape del alcance de Su conocimiento, control o propósito. Nuestras circunstancias pueden ser duras y difíciles, pero "Por lo cual El también es poderoso para salvar para siempre a los que por medio de El se acercan a Dios, puesto que vive perpetuamente para interceder por ellos" (Hebreos 7:25).

¡Oh Padre, enséñanos a acercarnos a ti constantemente!

Escribe y memoriza Hebreos 7:24-25.

¿Estás herido? Recuerda por favor lo siguiente:

"Teniendo, pues, un gran Sumo Sacerdote que trascendió los cielos, Jesús, el Hijo de Dios, retengamos nuestra fe. Porque no tenemos un Sumo Sacerdote que no pueda compadecerse de nuestras flaquezas, sino Uno que ha sido tentado en todo como *nosotros, pero* sin pecado. Por tanto, acerquémonos con confianza al trono de la gracia para que recibamos misericordia, y hallemos gracia para la ayuda oportuna" (Hebreos 4:14-16).

¡Qué gran refugio tenemos en Jesús, nuestro Señor que sana!

— *SÉPTIMO DÍA* —

Muchos de nosotros, aunque somos salvos por fe, vivimos como si la fe no fuera suficiente para nuestro diario vivir. Nos volvemos a la mentalidad de, "tengo que hacer mi parte para agradar a Dios" o "no puedo confiar solamente en la Biblia. Necesito algo más que sólo la Palabra de Dios para vivir exitosamente."

Esta clase de pensamientos lleva a muchos a creer que necesitan de algo en lugar de la Palabra de Dios, o adicional a ella, para alguna vez ser sanados.

Pero respecto a esta manera de pensar debemos preguntarnos: ¿Qué dice la Palabra de Dios? ¿Qué enseña? ¿Es verdad lo que dice 2 Timoteo 3:16-17? ¿La Biblia es suficiente para que el hijo de Dios pueda ser perfecto, equipado para toda buena obra? ¿La Biblia nos da las respuestas o soluciones necesarias para que el hijo de Dios pueda afrontar adecuadamente cualquier cosa que la vida le presente? La única respuesta correcta a esas preguntas es ¡sí!—y un rotundo ¡sí!

Querido amigo, ¿cuál es tu concepto de la Biblia? ¿Crees que ella es lo que afirma ser: La verdadera Palabra de Dios, el aliento de Dios, sin error y el verdadero pan del que el hijo de Dios tiene que vivir? ¿O crees que está llena de mitos, de historias contadas alrededor de fogatas en los campamentos, transmitidas de generación en generación hasta que fueron registradas de forma exagerada en un libro que dice ser la Palabra de Dios? ¿Crees que la Biblia contiene las palabras de Dios, y que los teólogos eruditos pueden clasificar y declarar las que son o no Sus palabras? ¿O crees que la Biblia es la única Palabra de Dios que te habla en forma personal, o que se relaciona contigo en un sentido espiritual?

¿Qué crees sobre la Palabra de Dios? Escríbelo.

Ahora busca los siguientes versículos para ver qué dice Dios con respecto a Su Palabra, la Biblia. Escribe cada versículo o la esencia de lo que dice. Por un momento dejemos a un lado 2 Timoteo 3:16-17, ya que antes lo revisamos; sin embargo, ¡nunca olvides lo que dice!

1. 2 Pedro 1:20-21

2. Lucas 24:25-27

3. Isaías 8:20

4. Juan 17:17

5. Juan 6:63

¿La palabra de quién vas a aceptar en lo referente a la Palabra de Dios—la palabra del hombre o la de Dios?

Versículo Para Memorizar

"pero Jesús conserva Su sacerdocio inmutable (intransferible) puesto que permanece para siempre. Por lo cual El también es poderoso para salvar para siempre a los que por medio de El se acercan a Dios, puesto que vive perpetuamente para interceder por ellos".

Hebreos 7:24-25

Preguntas Para La Discusión En Grupos Pequeños

En la tercera semana estudiamos el bálsamo de Galaad, y vimos que esta frase era una metáfora usada en el Salmo 107 para referirse a la Palabra de Dios.

Vimos también 2 Timoteo 3:16, y aprendimos para qué es útil la Palabra de Dios y qué se obtiene a través de ella.

Leímos que los afligidos, en el Salmo 107, clamaron al Señor y que Él envió Su Palabra y les sanó. Y que la sanidad proviene a través de conocer y aplicar la Palabra de Dios a nuestras situaciones de la vida.

Además descubrimos que la Palabra de Dios era la plomada con la cual nosotros podemos medir todo.

Y de lo que aprendimos la semana pasada, la conclusión lógica a la que llegamos fue que para vivir una vida santa debemos conocer la Palabra; pues así tendremos un modelo con el cual medir cada situación de la vida.

1. ¿Cuál es el lugar de refugio para el cristiano? ¿Por qué?
2. Esta semana estudiaste las diferentes formas con las que Cristo trajo tu sanidad. ¿Cuáles fueron estas tres formas?
3. Todos nosotros estamos lastimados—o hemos lastimado— de alguna manera. ¿Realmente cuál es la raíz de cualquier herida que tú o yo hayamos sufrido?
4. Hay una maravillosa provisión que fue hecha para sanar la raíz de nuestras heridas. ¿Dónde fue hecha esa provisión? ¿Dónde está basada nuestra sanidad?
5. En Isaías 53:4 leemos: "Ciertamente El llevó nuestras enfermedades, Y cargó con nuestros dolores". Y de acuerdo con lo leído en Mateo 8, ¿cuándo se cumplió la Escritura de Isaías 53:4?
6. ¿Cómo es que la obra de Jesús en el calvario, provee nuestra sanidad?
7. ¿Cuál es el medio por el cual Cristo sigue obrando nuestra sanidad? (Una pista: Aún mientras lees esto, ¡Él está haciendo provisión para tu sanidad de esa forma!).
8. ¿Cuál es la preciosa verdad que nos revela Hebreos 4:14-16 acerca de Jesús, nuestro Sumo Sacerdote? ¿Él te entiende mientras intercede a tu favor?
9. ¿Crees que Jesús verdaderamente puede entender tu situación? Piensa en lo que has estudiado esta semana y en las diferentes cosas que Jesús sufrió por tu salvación y sanidad.
10. A la luz de la lección de la semana pasada, y de todo lo que Cristo tuvo que hacer por ti para que seas sanado, ¿qué harás con tus heridas? ¿Qué compartirás a otras personas heridas, y que piensan que por esas heridas estarán incapacitadas el resto de sus vidas?

¿TIENES LIBERTAD DE ESCOGER?

— *PRIMER DÍA* —

No puede hablarse de la crucifixión, sin hablar de la resurrección. La resurrección corporal de nuestro Señor es un ingrediente esencial del evangelio. Sin ella, todavía estaríamos "muertos en nuestros delitos y pecados". Y si los muertos no resucitan, estamos entonces sin esperanza. Es la resurrección la que nos da nueva vida.

Esta verdad se menciona claramente en Romanos 6. Sin embargo, antes de comenzar nuestro estudio queremos asegurarnos que entiendes el significado de la resurrección, y la manera exacta en que una persona puede ser salva.

La resurrección de Cristo testifica dos verdades vitales. En primer lugar, muestra que Dios fue propiciado o satisfecho con la muerte sustitutiva de Cristo. Fue Jesús quien llevó nuestros pecados, y en Romanos 4:25 leemos: "que fue entregado por causa de nuestras transgresiones y resucitado para nuestra justificación." La frase "resucitado para nuestra justificación" significa que debido a que el pago de Jesucristo por nuestros pecados fue suficiente, Dios pudo declararnos justos; justificados ante Sus ojos. Jesús fue resucitado porque Su muerte satisfizo la justicia de nuestro santo Dios.

En segundo lugar, Su resurrección nos muestra que Jesucristo venció la muerte. La muerte tenía poder sobre el ser humano a causa del pecado. Sin embargo, una vez que el pecado fue pagado, la muerte ya no tuvo ningún poder de posesión. "El aguijón de la muerte es el pecado, y el poder del pecado es la ley" (1 Corintios 15:56). Cristo "nos redimió de la maldición de la Ley, habiéndose hecho maldición por nosotros, porque escrito está: "Maldito Todo El Que Cuelga De Un Madero" (Gálatas 3:13). Su muerte quitó el poder del pecado. Jesús también quitó el aguijón de la muerte al pagar por nuestro pecado. Y debido a que nuestro pecado ha sido pagado por completo, la muerte ya no tiene más poder sobre nosotros.

"Así que, por cuanto los hijos participan de carne y sangre, también Jesús participó de lo mismo, para anular mediante la muerte el poder de aquél que tenía el poder de la muerte, es decir, el diablo, y librar a los que por el temor a la muerte, estaban sujetos a esclavitud durante toda la vida" (Hebreos 2:14-15). Satanás no puede atar a un hijo de Dios con las cadenas de la muerte, porque todo su pecado está cubierto por la sangre de Jesucristo. Por lo tanto, la resurrección es un hecho inevitable. Para un cristiano la muerte es "estar ausentes del cuerpo y habitar (estar presentes) con el Señor" (2 Corintios 5:8). Para un hijo de Dios "El vivir es Cristo, y el morir es ganancia" (Filipenses 1:21).

Si eres un hijo de Dios, puedes estar completamente seguro de nunca temer a la muerte. En el momento en que cierres tus ojos al morir, te encontrarás con Aquel que ama tu alma, el que sana tus heridas, el que dice que eres precioso ante Sus ojos.

No podemos continuar hasta estar seguros que sabes con exactitud cómo estás delante de Dios. ¿Es Él verdaderamente tu Padre celestial? ¿Has creído realmente en el Señor Jesucristo? Estas preguntas te las hacemos no con la intención de hacerte dudar de una verdadera salvación, sino para que te examines a ti mismo y veas si estás realmente en la fe. Porque sin la salvación, nunca sabrás verdaderamente lo que es una

permanente sanidad de tus heridas. Por lo tanto, clamar
"¡Sáname Señor!" resulta inútil sin antes haber clamado
"¡Sálvame Señor!"

La salvación pertenece a los pobres en espíritu. Mateo 5:3
dice: "Bienaventurados (Felices) los pobres en espíritu, pues
de ellos es el reino de los cielos". Si reconoces que estás
espiritualmente desahuciado—totalmente incapacitado para
merecer o ganar la salvación de alguna manera, entonces eres
pobre en espíritu. Cristo Jesús vino al mundo para salvar a los
pecadores (1 Timoteo 1:15). Y los pobres en espíritu entienden
que ellos son pecadores, totalmente incapaces de agradar o
servir a Dios.

La pobreza de espíritu está entretejida con el acto mismo
del arrepentimiento. Y el arrepentimiento es un cambio de
mente. Cuando te arrepientes, te ves a ti mismo como eres
en realidad, y cambias tu mente con respecto a tu relación
con Dios Padre y con Su Hijo, el Señor Jesucristo. El acto de
arrepentimiento te hace ver el pecado como es, y te lleva al
punto en que deseas ser libre de él.

Por supuesto, el ser libre del pecado únicamente sucede por
medio de creer en el Señor Jesucristo. Todo aquel que peca es
esclavo del pecado; sin embargo, si el Hijo te hace libre, serás
verdaderamente libre (Juan 8:34,36).

Los pobres en espíritu ven su impotencia de liberarse por sí
mismos del pecado. Ven que la libertad es únicamente posible
por medio de la muerte sustitutiva de Cristo por nosotros.
Reconocen que la salvación es sólo por gracia.

Piensa en estas cosas. Mañana compartiré contigo cómo
llegué a ser salva.

— *SEGUNDO DÍA* —

¿Alguna vez has sentido que no puedes ser bueno aunque realmente quisieras serlo?

¿Alguna vez has odiado las cosas que has estado haciendo? ¿Has procurado no hacerlas de nuevo, sin poder lograrlo?

Pues te entendemos. Eso es exactamente lo que nos ha pasado a todos antes de ser salvos.

Nuestra hermana Kay nos cuenta algo muy conmovedor al respecto: "Después que abandoné a Tom, anduve con uno y otro hombre, buscando alguien que me amara incondicionalmente. No sabía que la Palabra de Dios decía que pecar me hacía esclava del pecado. Y recién fui salva a los veintinueve años.

Cuando miro hacia atrás, puedo ver las cadenas que me ataban al pecado. Cuando finalmente enfrenté mi inmoralidad, tal como lo que era, vi que ya no podía excusar más mi conducta con la aceptación de la sociedad. Tampoco podía excusar mi inmoralidad porque otros también eran inmorales. 'El que otros lo hagan no significa que sea correcto'-mis padres me habían enseñado eso.

Finalmente reconocí que un día tendría que estar delante de Dios y con justicia escuchar: 'Apártense de mí, al fuego eterno'. Aún a pesar que no me habían enseñado sobre la realidad y la certeza del infierno para quienes no tienen al Hijo de Dios morando en ellos por fe. Ni siquiera tenía temor al infierno. Simplemente sabía que un Dios santo no podría perdonar mi inmoralidad, y por lo tanto, no podría aceptarme en el cielo.

Decidí que dejaría de ser inmoral, que cambiaría mi estilo de vida. Y realmente traté de hacerlo, pero no funcionó. Decía: 'No voy a hacerlo otra vez', ¡Pero volvía hacerlo! Salía y otra vez era inmoral. Así que nuevamente me proponía: 'No voy a hacerlo otra vez', pero lo hacía. ¡Qué poco sabía que un día me iba a identificar con el clamor de Pablo: '¡Miserable de mí! ¿Quién me libertará de este cuerpo de muerte?' (Romanos 7:24).

Yo era esclava del pecado. No era pobre en espíritu, y pensaba que podía librarme por mis propios medios. No sabía que los esclavos no pueden liberarse a sí mismos. Hice determinación tras determinación, pero todas ellas no pudieron romper mis cadenas. Me sentía enferma; y por aquel tiempo trabajaba como enfermera en un equipo de investigación en el Hospital John Hopkins, y recuerdo que pensaba: *'Tengo una enfermedad que nadie puede curar, ¡ojalá estuviera enferma físicamente!'*

Cuando desperté en la mañana del 16 de julio de 1963, pensé: *'No puedo ir a trabajar, estoy demasiado enferma— con una enfermedad que no se puede curar'*. Entonces llamé al doctor para quien trabajaba y le dije que no lo vería hasta el lunes, me arrastré hasta la cocina para hornear un pastel y pensé: *'Voy a llevar a los niños a acampar'*. El acampar con ellos era un medio para lograr un fin: Yo quería que supieran que los amaba, que me importaban y que eran especiales para mí. Anhelaba ser una madre perfecta. Pero hasta en eso había fallado, porque ellos no tenían una familia normal. Las madres no debían estar saliendo con distintos hombres, debían vivir con los padres de sus hijos... pero yo había abandonado a su padre.

Al poner el pastel en el horno, Mark halaba mi delantal, deseoso de recibir el amor de su mamá. Entonces, me incliné, miré sus ojitos preciosos y temblando de emoción le dije: 'Mark, cariño, mami tiene que estar sola por un momento'. ¿Puedes dejarme sola por uno o dos minutos?

Pensé que él podría sentir la urgencia de mi petición cuando su cabecita rubia se movió en señal de afirmación. Pero tenía que estar segura, así que pregunté otra vez: '¿Puedes dejar que mami esté sola por unos minutos?' Con eso salí de la cocina corriendo.

Me tomé de la baranda y subí los escalones de dos en dos. Tenía que estar sola. Cuando entré en mi habitación, apenas esquivé la mesa de noche y caí de rodillas. Tenía que llegar a mi cama antes que mi corazón se desgarrara. Ya no pude contener más mi llanto.

'¡Oh Dios, no me importa qué me hagas!', dije sollozando, al mismo tiempo que le decía las peores cosas que pensaba que podían suceder. 'No me importa si me paralizas del cuello hasta abajo. No me importa si nunca vuelvo a ver a otro hombre mientras viva. No me importa qué hagas con mis dos hijos… si tan sólo me das paz'.

Esto es todo lo que oré. Y allí de rodillas, recibí al Príncipe de paz. No sabía que eso era lo que Dios llama "salvación". Sólo sabía que estaba limpia y que Jesús estaba conmigo. Dondequiera que yo fuera, Él iría conmigo.

En los siguientes días supe que había sido liberada, y mi perspectiva de la vida era diferente.

Estaba hambrienta de la Palabra de Dios y maravillada con la manera en que podía entenderla. Ya no era más una esclava, tenía el poder para decir "no" y vivir de acuerdo a los mandamientos de Dios. Era como si un defensor de la ley hubiera venido a vivir dentro de mí.

Y por supuesto, ¡Él lo hizo! Su nombre era el Señor Jesucristo. No digo que ya no pecaba; sí lo hacía, pero no como antes. Ahora el pecado era un asunto de libre elección y por lo general ¡el pecado no era algo que voluntariamente escogería! Yo quería agradar a mi Dios. Y ahora podía hacerlo porque la Trinidad había venido a habitar dentro de mí (Juan 14:23).

Estaba curada del pecado. Yo, la misma que en un tiempo había pensado que Dios tenía la suerte de tenerme en su equipo trabajando en la iglesia, por fin había visto toda mi pobreza de espíritu. Estaba dispuesta a negarme a mí misma, a tomar mi cruz, y a seguirlo. Y cuando lo hice, encontré mi Galaad al pie de la cruz".

¿Has llegado al punto de negarte a ti mismo? ¿Has comprendido toda tu impotencia e indignidad?

¿Has podido ver tu completa insignificancia separado de Dios? ¿Y ya has visto a Jesús, Dios el Hijo, Quien se hizo carne y sangre para morir por ti y por toda la humanidad?

¿Crees esto? ¿Crees que Él murió en tu lugar? ¿Crees que Él fue hecho pecado por ti para que tú, un incapaz y desesperanzado enemigo de Dios, pudieras tener Su justicia y Su vida? ¿Te has arrepentido—negado a ti mismo—para creer en el Señor Jesucristo? ¿Has sido salvo de tu pecado? Si no lo has hecho. La sanidad nunca podrá ser tuya.

¿Por qué esperar? ¡Ven a Él! Invoca Su nombre y cree en tu corazón que Dios levantó a Jesús de la muerte. Confiesa al Señor Jesucristo y serás salvo, "Porque con el corazón se cree para justicia, y con la boca se confiesa para salvación. Pues la Escritura dice: "TODO EL QUE CREE EN EL NO SERA AVERGONZADO. porque: "TODO AQUEL QUE INVOQUE EL NOMBRE DEL SEÑOR SERA SALVO" (Romanos 10:10-11,13).

¿Cuál es tu respuesta? Anótala.

— TERCER DÍA —

Hay mucho que debes estudiar con respecto a tu libertad de la esclavitud del pecado como hijo de Dios.

Tres de los capítulos más significativos de la Palabra de Dios son los de Romanos 6, 7 y 8. Te imprimimos Romanos 6. Léelo de corrido, rápidamente y sin detenerte. Luego léelo otra vez cuidadosamente, con devoción y en voz alta.

◐ ROMANOS 6

1 ¿Qué diremos, entonces? ¿Continuaremos en pecado para que la gracia abunde?

2 ¡De ningún modo! Nosotros, que hemos muerto al pecado, ¿cómo viviremos aún en él?

3 ¿O no saben ustedes que todos los que hemos sido bautizados en Cristo Jesús, hemos sido bautizados en Su muerte?

4 Por tanto, hemos sido sepultados con El por medio del bautismo para muerte, a fin de que como Cristo resucitó de entre los muertos por la gloria del Padre, así también nosotros andemos en novedad de vida.

5 Porque si hemos sido unidos *a Cristo* en la semejanza de Su muerte, ciertamente lo seremos también *en la semejanza* de Su resurrección.

6 Sabemos esto, que nuestro viejo hombre fue crucificado con *Cristo*, para que nuestro cuerpo de pecado fuera destruido, a fin de que ya no seamos esclavos del pecado;

7 porque el que ha muerto, ha sido libertado del pecado.

8 Y si hemos muerto con Cristo, creemos que también viviremos con El,

9 sabiendo que Cristo, habiendo resucitado de entre los muertos, no volverá a morir; la muerte ya no tiene dominio sobre El.

10 Porque en cuanto a que El murió, murió al pecado de una vez para siempre; pero en cuanto El vive, vive para Dios.

11 Así también ustedes, considérense muertos para el pecado, pero vivos para Dios en Cristo Jesús.

12 Por tanto, no reine el pecado en su cuerpo mortal para que ustedes *no* obedezcan a sus lujurias;

13 ni presenten los miembros de su cuerpo al pecado como instrumentos de iniquidad, sino preséntense ustedes mismos a Dios como vivos de entre los muertos, y sus miembros a Dios *como* instrumentos de justicia.

14 Porque el pecado no tendrá dominio sobre ustedes, pues no están bajo la ley sino bajo la gracia.

15 ¿Entonces qué? ¿Pecaremos porque no estamos bajo la ley, sino bajo la gracia? ¡De ningún modo!

16 ¿No saben ustedes que cuando se presentan *como* esclavos a alguien para obedecerle, son esclavos de aquél a quien obedecen, ya sea del pecado para muerte, o de la obediencia para justicia?

17 Pero gracias a Dios, que *aunque* ustedes eran esclavos del pecado, se hicieron obedientes de corazón a aquella forma de doctrina a la que fueron entregados,

18 y habiendo sido libertados del pecado, ustedes se han hecho siervos de la justicia.

19 Hablo en términos humanos, por causa de la debilidad de su carne. Porque de la manera que ustedes presentaron sus miembros *como* esclavos a la impureza y a la iniquidad, para iniquidad, así ahora presenten sus miembros *como* esclavos a la justicia, para santificación.

20 Porque cuando ustedes eran esclavos del pecado, eran libres en cuanto a la justicia.

21 ¿Qué fruto tenían entonces en aquellas cosas de las cuales ahora se avergüenzan? Porque el fin de esas cosas es muerte.

22 Pero ahora, habiendo sido libertados del pecado y hechos siervos de Dios, tienen por su fruto la santificación, y como resultado la vida eterna.

23 Porque la paga del pecado es muerte, pero la dádiva de Dios es vida eterna en Cristo Jesús Señor nuestro.

Ahora, regresa y marca las siguientes palabras de una manera resaltada y distinta:

a. pecado   b. morir, murió, muerte
c. esclavo(s), esclavitud d. libre (libertado)
e. reino,   f. vida, vivir
g. obedecer, obediencia

Eso es todo lo que tienes que hacer por hoy. Si tienes tiempo, lee varias veces Romanos 6— ¡en voz alta!

— CUARTO DÍA —

Hoy queremos que continúes observando Romanos 6 para que veas exactamente lo que Dios está diciendo.

Podríamos explicártelo todo, pero ¿cómo podrías saber si lo que te decimos es correcto o incorrecto? No lo sabrías, a menos que supieras por ti mismo lo que dice el texto. Aunque es una tarea que toma algo de tiempo, recogerás una cosecha maravillosa. "El labrador que trabaja debe ser el primero en recibir su parte de los frutos (de la cosecha). Considera lo que digo, pues el Señor te dará entendimiento en todo" (2 Timoteo 2:6-7).

Con esa palabra de exhortación, permítenos darte tu tarea. Toma las palabras que marcaste ayer: *Pecado, morir, muerto o muerte, esclavo(s), o esclavitud*, y haz una lista de cada cosa que observaste en el texto acerca de cada una de ellas. Por ejemplo, podrías hacer una lista de todo lo que observaste sobre el pecado, de la siguiente forma:

Pecado:

1. No debemos continuar en él.

2. Moriremos al pecado.

3. _____

Ahora es tu turno. Escribe en el siguiente espacio, pero si no te es suficiente, usa un cuaderno aparte:

Pecado:

Morir, murió, muerte:

Esclavo(s), esclavitud:

¿Cómo te sientes? ¿Todavía estás agobiado por el dolor? ¿Estás tentado a no continuar? ¡No te rindas! Las respuestas vendrán, sólo nos tomará un poco de tiempo.

— QUINTO DÍA —

Cuando te aferres a las verdades de Romanos 6, entenderás la gran victoria de la obra de Dios a favor de ti a través del Calvario. Y esto transformará por completo tu manera de vivir.

Al leer Romanos 6 encontramos la palabra *bautismo*. Los teólogos debaten si esto se refiere al bautismo en agua o a nuestra identificación con Cristo. Sin embargo, ese debate no es útil para el propósito de este libro. Ya sea por agua o por salvación, lo que Pablo simplemente desea que veamos es nuestra identificación con el Señor Jesucristo.

1. Lee otra vez todo el capítulo 6 de Romanos y marca cada frase *con Cristo* o *con Él* usando un color resaltado o un símbolo.

2. Lee ahora Romanos 6:1-11. ¿En qué hemos sido bautizados o unidos? Toma en consideración todas las frases que acabas de marcar. Sé tan específico como lo sea el texto.

3. Escribe qué es lo que te ha traído personalmente tu identificación con Jesucristo. Luego toma un momento y agradece a Dios por lo que ha hecho.

— *SEXTO DÍA* —

Vivir en total obediencia a la verdad, sin importar cómo te sientas, es la clave de la victoria sobre cualquier problema. La aceptación mental no resulta suficiente, tú debes hacer lo que Dios te manda.

No existen atajos para la sanidad. Hay ciertas verdades fundamentales que debemos conocer y tomar; y nuestra identificación con Cristo en Su muerte, sepultura y resurrección es una de esas verdades fundamentales que te traerá sanidad. Es más, nuestra identificación con Cristo nos trae novedad de vida. La próxima semana comenzaremos a entender algunos de los gloriosos beneficios de esta nueva vida, que es nuestra.

Volvamos a Romanos 6. Aún hay más que necesitas ver. Pídele al Padre que quite el velo de esas verdades, y que las grabe en tu corazón de modo que llegues a ser una carta viva conocida y leída por todos los hombres (2 Corintios 3:2).

1. Con el resto de las palabras que marcaste en Romanos 6, haz una lista de todo lo que aprendas sobre estas palabras clave: Libre (libertado), reino, vida, vivir, obedecer, obediencia. Estas verdades pertenecen a todo hijo de Dios. ¡Así que no las olvides!

   Libre (libertado):

Reino:

Vida, vivir:

Obedecer, obediencia:

2. ¿Cuáles son los mandamientos o exhortaciones de Dios para el creyente, en Romanos 6? Enuméralos.

3. En Romanos 6:15-23 Pablo hace un contraste entre dos clases de esclavos. Haz una lista de ellos, y anota lo que aprendas según el texto.

4. ¿En cuál categoría encajas? ¿Cómo lo sabes?

— *SÉPTIMO DÍA* —

Cuando las personas han sido profundamente heridas, a menudo se sienten como si no tuvieran ningún valor como seres humanos. Sentimientos o pensamientos como estos no provienen de Dios. Tienen su origen en Satanás—el padre de mentira, el acusador, el destructor. Como veremos más adelante, el objetivo principal de Satanás es la mente. Por esta razón Efesios 6 nos dice que la armadura del cristiano incluye el yelmo de la salvación.

Cuando entendemos nuestra salvación, vemos nuestro propósito como seres humanos. Fuimos creados a imagen de Dios, aunque esa imagen esté algo estropeada en nosotros. Por medio de la salvación, la obra del Espíritu Santo, y el poder de la Palabra de Dios, irá dándose una transformación gradual conformándonos a la imagen de Su Hijo.

En nuestro último día de estudio de esta semana quiero que te enfoques en la verdad de Juan 15:16.

1. Escribe Juan 15:16.

2. Al observar lo que dice el versículo, y sin leer nada más, ¿qué aprendes acerca de los hijos de Dios? Haz una lista de tus observaciones.

3. De acuerdo con este versículo, ¿como hijo de Dios, tu vida tiene valor y propósito? Al responder esta pregunta, olvida cómo te sientes, lo que pienses de ti mismo, y lo que haya dicho cualquier otra persona de ti.

4. Escribe una oración a Dios. Y en tu oración haz el compromiso de vivir de acuerdo con la verdad que has visto en Su Palabra. Recuerda, los que escuchan la Palabra de Dios y no viven de acuerdo a ella se engañan a sí mismos y pierden la bendición de Dios.

VERSÍCULO PARA MEMORIZAR

"Ustedes no me escogieron a Mí, sino que Yo los escogí a ustedes, y los designé para que vayan y den fruto, y que su fruto permanezca; para que todo lo que pidan al Padre en Mi nombre se lo conceda".

JUAN 15:16

PREGUNTAS PARA LA DISCUSIÓN EN GRUPOS PEQUEÑOS

En la cuarta semana, esta lección nos dio una nueva perspectiva del costo de la provisión para la sanidad de todas nuestras heridas; las cuales son resultado del pecado.

También vimos claramente la manera en que Jesús proveyó nuestra integridad a través de Su vida, Su muerte, y ahora a través de Su actual ministerio de intercesión a favor nuestro.

También aprendimos que Él no es sólo nuestro Sumo Sacerdote, sino que también fue tocado con nuestros sentimientos de debilidad — que Él nos entiende porque también los ha experimentado.

Otra vez hablamos del hecho que toda la provisión está allí; y que nuestra parte es actuar en fe, creer la Palabra de Dios y apropiarnos de ella diariamente.

1. La crucifixión no es la única parte vital del evangelio, sino que hay también otro ingrediente clave. Y sin esa otra parte vital del evangelio, estaríamos muertos en nuestros delitos y pecados. ¿Cuál es la otra parte clave del evangelio?
2. ¿Cuáles son las dos verdades vitales que testifican la resurrección de Cristo?
3. Explica el significado de cada una de las verdades de la pregunta 2.
4. ¿Cuál es la esencia de las verdades que aprendiste en Romanos 6?
5. ¿Cuál es la clave para la victoria sobre algún problema? ¿Es suficiente la aceptación mental de lo que Dios dice, o se requiere más que eso para ser victorioso sobre un pecado o problema?
6. ¿Cuáles son algunos de los mandamientos que Dios da al creyente en Romanos 6?

7. ¿Qué aprendiste del contraste que hace Pablo entre los dos esclavos en Romanos 6?
8. ¿Qué ha hecho verdadera tu identificación con Jesucristo?
9. Ya que pertenecemos a Dios, nuestra vida tiene propósito. ¿Qué maravillosa verdad aprendiste en Juan 15:16?
10. A la luz de esta lección, ¿has creído conceptos equivocados debido a que no comprendías completamente lo que significaba estar "en Cristo"? ¿Cómo piensas enfrentarlos para corregirlos? ¿Cómo planeas avanzar en la verdad?

DIOS ESTA EN CONTROL Y SE INTERESA POR TI

— PRIMER DÍA —

¿Te sientes herido debido a tu pasado? Pues lo comprendemos. Nuestro pasado también nos atormentó hasta que aprendimos las verdades que estamos a punto de compartirte.

La semana pasada viste dos verdades fundamentales para tratar con el pasado. Repasémoslas. Primera verdad: Tú estás identificado (reconocido) con la muerte y resurrección de Jesús. Y este reconocimiento te libera de la esclavitud del pecado, para que puedas ser siervo de la justicia. Segunda verdad: Tú fuiste elegido por Dios; y aunque este misterio puede ser difícil de comprender con nuestras mentes finitas, nosotros no lo escogimos a Él, sino que Él nos eligió a nosotros. Cuando Él nos eligió tenía un plan; y esto se ve claramente cuando Él dice: "Ustedes no me escogieron a Mí, sino que Yo los escogí a ustedes, y los designé para que vayan y den fruto, y que su fruto permanezca; para que todo lo que pidan al Padre en Mi nombre se lo conceda" (Juan 15:16).

El punto crucial de estas dos verdades es éste: Una vez libre de la esclavitud del pecado, tú tienes un propósito en la vida. Tu vida tiene valor eterno, no por lo que tú eres o hayas hecho, sino porque Dios en Su maravillosa gracia te eligió para que le pertenecieras para siempre.

Puede que te estés preguntando: ¿Pero qué de mi pasado? ¿Cómo puede mi vida tener algún valor?

Eso puede ser lo que tú piensas, pero podemos asegurarte que no es lo que Dios piensa. ¿Acaso no te sientes contento al respecto?

Para hoy tienes solamente una tarea. Ora para que Dios quite el velo de tus ojos y te muestre cómo puede redimirte de los traumas destructivos del pasado, usándolos para tu bien y para Su gloria. Escribe tu oración en el siguiente espacio.

— SEGUNDO DÍA —

Romanos 8:28 es muy conocido para muchos cristianos, y nos preguntamos si lo citamos con demasiada ligereza, sin comprender la profundidad de su significado y el contexto en el que se da.

Dios está usando este versículo para sostenerme frente a uno de los traumas más grandes de mi vida. No me siento muy a gusto contándote sobre esta herida, pero te aseguro que no tiene nada que ver con mi precioso esposo o nuestra relación. Simplemente quiero que sepas que vivo gracias a lo que estoy a punto de compartir contigo.

Hemos impreso Romanos 8:28-39. Léelo cuidadosamente.

1. Marca las siguientes palabras clave de una manera resaltada: *Dios*, *Cristo* o *Cristo Jesús*, también marca todos los pronombres que se refieran a la Trinidad.

2. Marca cada pronombre personal o variante verbal que se refiera al hijo de Dios (al creyente)

3. Cuando termines de marcar las palabras clave, haz una lista al final del texto, con todo lo que aprendas acerca de Dios y Jesucristo (mañana usarás el margen derecho). Por hoy, haz únicamente esto.

ROMANOS 8:28–39

28 Y sabemos que para los que aman a Dios, todas las cosas cooperan para bien, *esto es,* para los que son llamados conforme a *Su* propósito.

29 Porque a los que de antemano conoció, también *los* predestinó *a ser* hechos conforme a la imagen de Su Hijo, para que El sea el primogénito entre muchos hermanos.

30 A los que predestinó, a ésos también llamó. A los que llamó, a ésos también justificó. A los que justificó, a ésos también glorificó.

31 Entonces, ¿qué diremos a esto? Si Dios *está* por nosotros, ¿quién *estará* contra nosotros?

32 El que no negó ni a Su propio Hijo, sino que Lo entregó por todos nosotros, ¿cómo no nos dará también junto con El todas las cosas?

33 ¿Quién acusará a los escogidos de Dios? Dios es el que justifica.

34 ¿Quién es el que condena? Cristo Jesús es el que murió, sí, más aún, el que resucitó, el que además está a la diestra de Dios, el que también intercede por nosotros.

35 ¿Quién nos separará del amor de Cristo? ¿Tribulación, o angustia, o persecución, o hambre, o desnudez, o peligro, o espada?

36 Tal como está escrito: "POR CAUSA TUYA SOMOS PUESTOS A MUERTE TODO EL DIA; SOMOS CONSIDERADOS COMO OVEJAS PARA EL MATADERO."

37 Pero en todas estas cosas somos más que vencedores por medio de Aquél que nos amó.

38 Porque estoy convencido de que ni la muerte, ni la vida, ni ángeles, ni principados, ni lo presente, ni lo por venir, ni los poderes,

39 ni lo alto, ni lo profundo, ni ninguna otra cosa creada nos podrá separar del amor de Dios que es en Cristo Jesús Señor nuestro.

— *TERCER DÍA* —

Con frecuencia citamos o leemos Romanos 8:28: "Y sabemos que para los que aman a Dios, todas las cosas cooperan para bien, *esto es*, para los que son llamados conforme a *Su* propósito." Luego nos detenemos allí. Aunque hay un punto y aparte al final del versículo 28, el pensamiento no se detiene sino que continúa. Y nuestra pregunta debería ser, ¿cuál es el bien que Dios promete traer a nuestra vida?

Puedes responder a esa pregunta observando el texto de Romanos 8:28-39.

1. Lee todo el pasaje de Romanos 8 que marcaste ayer.

2. En el margen derecho haz una lista de todo lo que observas al marcar los pronombres personales que se refieren al hijo de Dios. Estas son verdades que te pertenecen si tú perteneces a Dios. Y si aún no le perteneces, debes saber que Dios quiere tenerte en Su familia.

3. Si estás muy herido o si en tu corazón hay mucha amargura y falta de perdón, puede que esta tarea te sea algo difícil de hacer. ¡Lo entendemos! Haz lo mejor que puedas—¡inténtalo! En unas semanas estaremos tratando con la amargura y falta de perdón. Por ahora solo estudia Romanos 8:28-39, y escribe lo bueno que Dios desea llevar a cabo en tu vida por medio de todo lo que te ha sucedido. Usa el siguiente espacio.

4. ¿Qué preguntas vienen a tu mente al leer Romanos 8:28-39? Haz una lista en el siguiente espacio (Por ejemplo: ¿Cómo puede hacer Dios que un incesto me ayude para bien?)

— *CUARTO DÍA* —

¿Cuál es el bien que Dios promete traer a tu vida? La semejanza a Cristo. Dios quiere que cada creyente sea como Su Hijo. Romanos 8:29 nos dice que Dios nos conoció anticipadamente; y al conocernos de antemano, nos predestinó o nos marcó desde antes, para que seamos conformados a la imagen de Su Hijo. El conformarnos a la imagen de Jesucristo, se logra por medio de tres cosas: Nuestra buena relación con Dios, nuestra respuesta a la Palabra de Dios, y el sufrimiento que acompaña la vida de cada hijo de Dios. Estos serán nuestros temas de estudio para el resto de la semana.

Primero demos una mirada a cómo Dios usa Su Palabra para conformarnos a la imagen de Jesucristo. Toma un momento para leer 2 Corintios 3 en tu Biblia. En este capítulo, Pablo está contrastando el Antiguo Pacto que era la ley escrita en tablas de piedra, y el Nuevo Pacto de la gracia que está escrito en nuestro corazón por el Espíritu Santo que habita en nosotros.

En 2 Corintios 3 Pablo explica que cuando una persona viene a Jesucristo se quita un velo. Ese velo es el Antiguo Pacto, un pacto que los judíos no entendieron. Ellos pensaban que podían ser salvos si guardaban la ley; y aunque la salvación siempre había sido por gracia, los judíos no entendieron el propósito de la ley y sentían que manteniéndola podrían ser aceptos a Dios. "Pues desconociendo la justicia de Dios y procurando establecer la suya propia, no se sometieron a la justicia de Dios" (Romanos 10:3). Ellos buscaban la justicia por medio de las obras, y no comprendían su incapacidad de ser justos.

Debido a que les faltaba pobreza de espíritu, ellos no podían ver que Dios nos salva: "no por las obras de justicia que nosotros hubiéramos hecho, sino conforme a Su misericordia, por medio del lavamiento de la regeneración y la renovación por el Espíritu Santo, que El derramó sobre nosotros abundantemente por medio de Jesucristo nuestro Salvador, para que justificados por Su gracia fuéramos hechos herederos según *la* esperanza de la vida eterna" (Tito 3:5-7).

Si piensas que de alguna manera has ganado o merecido la salvación, entonces estás ciego a la verdad. Cuando una persona entiende y acepta que la salvación es por pura gracia—gratuita, un favor inmerecido—que fue dada a los hombres debido a lo que Jesucristo realizó en el Calvario, entonces se quita el velo. Sólo la fe lleva a una persona al reino de Dios.

Pero eso es sólo el comienzo. Dios no sólo te salva sino que también comienza a transformarte, a Su imagen; la que tenía el ser humano cuando Él creó a Adán y Eva, una imagen no estropeada por el pecado. ¿Cómo se puede restaurar esa imagen en ti y en mí, cuando hemos vivido tanto tiempo en pecado? Pues empieza con la salvación, con la morada del

Espíritu Santo, y continúa al estudiar y obedecer la Palabra de Dios.

Busca los siguientes versículos y escribe lo que aprendas sobre cómo somos limpiados y transformados. A propósito, la palabra griega para *transformación* es *metamorfóo*. ¿No es interesante cuando uno se detiene a pensar sobre la metamorfosis que ocurre cuando una oruga se convierte en mariposa?

1. 2 Corintios 3:18

2. Romanos 12:2

3. Efesios 5:25-27 (Mira cuidadosamente lo que Cristo hace por la iglesia. Anota el *cómo* y el *por qué* de todo esto).

Bien, es suficiente por hoy. Mañana daremos una mirada de cómo Dios usa el sufrimiento para transformarnos a la imagen de Su Hijo.

— *QUINTO DÍA* —

El sufrimiento es uno de los principales medios que Dios usa para conformarnos a la imagen de Su Hijo Jesucristo. Como el Dios-hombre, Jesús sufrió; y como hijos de Dios, tambien sufriremos.

Cuando sufrimos siempre es un consuelo saber que no estamos solos, y que todo tiene un propósito. Permítenos darte algunos versículos que te animarán en gran manera, así como nos ayudaron a nosotros.

El autor de Hebreos escribe acerca de Jesús: "Aunque era Hijo, aprendió obediencia por lo que padeció" (Hebreos 5:8).

Filipenses 1:29 declara: "Porque a ustedes se les ha concedido por amor de Cristo, no sólo creer en El, sino también sufrir por El".

Romanos 8:16-18 nos garantiza que: "El Espíritu mismo da testimonio a nuestro espíritu de que somos hijos de Dios. Y si somos hijos, somos también herederos; herederos de Dios y coherederos con Cristo, si en verdad padecemos con *El* a fin de que también seamos glorificados con *El*. Pues considero que los sufrimientos de este tiempo presente no son dignos de ser comparados con la gloria que nos ha de ser revelada."

Sufrimiento y gloria van juntos. No puedes tener uno sin el otro. Por esa razón, Dios compara nuestro sufrimiento con la purificación de la plata y el oro. Ningún metal se encuentra puro en su estado natural, y ambos están mezclados con toda clase de cosas que los hacen impuros.

¿Acaso no es eso lo mismo que ocurre con nosotros? Nacemos con una naturaleza pecaminosa que atrae constantemente toda clase de impurezas: pensamientos, creencias, acciones destructivas y hábitos; y somos influenciados por nuestro ambiente—un ambiente impregnado con el pecado.

La plata y el oro necesitan ser refinados antes que muestren su belleza. ¡También nosotros! El proceso de refinamiento incluye el derretir el metal por medio de fuego, el cual no destruirá el metal, sino que sacará a luz su belleza.

Veamos cómo se purifica la plata. Se tritura la plata en partes pequeñas y luego se la coloca en un crisol. El platero coloca dicho crisol sobre el fuego, el cual ha sido preparado con el apropiado grado de calor, luego observa con cuidado cómo se derrite la plata.

Poco a poco, las impurezas suben a la superficie del crisol y el platero las quita con cuidado. Más tarde se prepara un fuego aún más caliente, y una vez más somete la plata al calor. Ahora, bajo esta nueva intensidad de calor, se libera mayor cantidad de impurezas de distintas clases.

El platero nunca deja la plata desatendida en el fuego, para que ella no se dañe por demasiado calor. Cada vez que aumenta el fuego y remueve las impurezas, el platero se inclina sobre el crisol para ver su rostro reflejado en la plata derretida. Al principio la imagen es borrosa… su rostro apenas se discierne. Sin embargo, con cada tratamiento en el fuego, él distingue más su imagen. Cuando el platero puede verse claramente, a sí mismo, sabe que todas las impurezas desaparecieron y que el refinamiento ha concluido.

Lo mismo pasa contigo. Dios te quebranta y te pone en el crisol del sufrimiento con un sólo propósito—hacerte a Su imagen. Él está preparándote para la gloria. Y sea que lo sepas o no, Dios ha estado allí en cada prueba, dolor y herida. Él ha estado observando cuidadosamente para que no te destruyan, sabiendo que al final todo ayudará para tu bien.

Escucha Sus palabras: "En lo cual ustedes se regocijan grandemente, aunque ahora, por un poco de tiempo si es necesario, sean afligidos con diversas pruebas (tentaciones), para que la prueba de la fe de ustedes, más preciosa que el oro que perece, aunque probado por fuego, sea hallada que resulta en alabanza, gloria y honor en la revelación de Jesucristo; a quien sin haber visto, ustedes *Lo* aman, y a quien ahora no ven, pero creen en El, y se regocijan grandemente con gozo inefable y lleno de gloria" (1 Pedro 1:6-8).

Aprende a ver cada prueba—pasada, presente y futura—como parte del proceso de refinamiento de Dios para hacerte como Jesús.

La pregunta que te confronta es: ¿Cómo responderás al sufrimiento, no sólo al sufrimiento que te espera, sino también al que has soportado en el pasado? ¿Vas a dejar que te amargue o que te transforme? ¿Te aferrarás a la escoria o te dejarás hacer como Jesús?

Cada prueba de la vida es una prueba de tu fe, porque con cada prueba eres llamado a tomar una decisión. La decisión es: ¿Creerás a Dios y por lo tanto responderás como Él dice que respondas; o te aferrarás a la escoria de la desobediencia independiente y por lo tanto pecarás en la incredulidad de la carne?

Permítenos mostrarte 2 Corintios 4:7-12. (Fíjate en la frase "tenemos este tesoro", porque se refiere a la morada del Espíritu Santo en el Nuevo Pacto). Escucha la Palabra de Dios:

◑ 2 CORINTIOS 4:7-12

7 Pero tenemos este tesoro en vasos de barro, para que la extraordinaria grandeza del poder sea de Dios y no de nosotros.

8 Afligidos en todo, pero no agobiados; perplejos, pero no desesperados;

9 perseguidos, pero no abandonados; derribados, pero no destruidos.

10 Llevamos siempre en el cuerpo por todas partes la muerte de Jesús, para que también la vida de Jesús se manifieste en nuestro cuerpo.

11 Porque nosotros que vivimos, constantemente estamos siendo entregados a muerte por causa de Jesús, para que también la vida de Jesús se manifieste en nuestro cuerpo mortal.

12 Así que en nosotros obra la muerte, pero en ustedes, la vida.

1. Marca las siguientes palabras en el pasaje que acabas de leer de 2 Corintios: *Vida, vivimos, muerte.*

2. De acuerdo a 2 Corintios 4:7-12, ¿por qué estamos entregados a la muerte y a situaciones difíciles de la vida?

3. ¿Qué notaste en cada situación calamitosa mencionada aquí? Escribe tus observaciones.

¿Empiezas a ver cómo Dios puede usar todo lo que has soportado para dar esperanza y vida a otros? Si vas a creer en Dios, confía en Él con fe. ¿Puedes ver cómo tu obediencia podría ser usada para ministrar la vida de otros?

¿Y cómo será tu andar, de manera que vivas esto? Pablo te lo continúa diciendo en 2 Corintios 4:16-18.

4. Busca 2 Corintios 4:16-18 y escríbelo.

5. Escribe qué debes hacer para caminar en la victoria de la fe.

Tu sanidad depende únicamente de tu respuesta. Y no decimos esto para desanimarte… ni para que tires este libro con enojo al otro lado de la habitación. Es posible que en este punto tal vez no pienses que puedas hacer lo que estamos diciéndote.

Pero sé paciente. No te desanimes. Hemos progresado mucho hasta aquí. Termina el curso que has comenzado y no permitas que el que te destruye te mantenga cautivo. Recuerda que el diablo es un mentiroso y un homicida (Juan 8:44) que tratará de mantenerte alejado de tu Gran Médico y de Su bálsamo sanador.

— *SEXTO DÍA* —

El sufrimiento o nos refina o nos amarga, nosotros lo decidimos. Algunas veces, cuando sufrimos, pensamos que Dios no se preocupa por nosotros. Si Él realmente se preocupara, ¿por qué lo permitiría? ¿Por qué no haría algo para calmar nuestro dolor?

Nunca olvidaremos a una mujer con quien compartimos el evangelio. ¡Oh, qué herida estaba ella!... nos dolió tremendamente el corazón cuando escuchamos su historia.

La conocimos cuando estábamos evangelizando de casa en casa con algunas personas de nuestra iglesia. Al sentarnos en la sala de su casa para hablar, no pudimos evitar notar las líneas de su rostro que le hacían ver como de mayor edad. Su vida parecía estar en tanto desorden, al igual que lo estaba su casa. La desesperanza podía sentirse en el aire. Y mientras le compartíamos el evangelio, diciéndole de la necesidad del Salvador y del amor de Dios, la amargura brotó de sus labios: "Cuando Dios me devuelva a mi bebé entonces le escucharé".

Lo que estábamos compartiendo fue abruptamente interrumpido, mientras tratábamos de entender lo que ella decía. Su bebé había muerto en un incendio. Y luego de escucharle, le compartimos que Dios le comprendía. Que Él también había perdido a Su Hijo. Pero no pudimos convencerle que, debido a que Dios entregó a Su Hijo, ella algún día podría reunirse con el suyo. El enojo había endurecido su corazón, y ella dejó pasar de largo la sanidad que sólo Dios podía darle. Una mujer amargada nos encaminó directo a la puerta.

Nada puede separarnos del amor de Dios, de acuerdo a Romanos 8:35-39. Las tribulaciones, angustias y persecuciones que vienen a nuestras vidas no tienen el propósito de destruirnos; todas ellas están destinadas a guiarnos a Sus eternos brazos de amor. En Su soberanía, Dios ha permitido el sufrimiento.

Aquel que se sienta en el trono de los tronos reina en forma suprema "Mas El actúa conforme a Su voluntad en el ejército del cielo Y *entre* los habitantes de la tierra" (Daniel 4:35). Él te sostiene en Sus manos omnipotentes.

Dios es amor y te ama con amor eterno. Por lo tanto, todo lo que llega a tu vida debe ser filtrado, a través de Sus dedos de amor. Nadie puede tocarte, hablarte, mirarte o hacerte nada sin Su permiso. Si la adversidad llega a tu vida, es con el permiso de Dios (Isaías 45:7). Y si llega, será para ayudar a tu bien; será usada para conformarte a Su imagen. No te apartará del reino de los cielos.

"A los que predestinó, a ésos también llamó. A los que llamó, a ésos también justificó. A los que justificó, a ésos también glorificó. ¿Quién nos separará del amor de Cristo? ¿Tribulación, o angustia, o persecución, o hambre, o desnudez, o peligro, o espada? Tal como está escrito: "POR CAUSA TUYA SOMOS PUESTOS A MUERTE TODO EL DIA; SOMOS CONSIDERADOS COMO OVEJAS PARA EL MATADERO." Pero en todas estas cosas somos más que vencedores por medio de Aquél que nos amó. Porque estoy convencido de que ni la muerte, ni la vida, ni ángeles, ni principados, ni lo presente, ni lo por venir, ni los poderes, ni lo alto, ni lo profundo, ni ninguna otra cosa creada nos podrá separar del amor de Dios que es en Cristo Jesús Señor nuestro".

Romanos 8:30,35-39

Cualquier cosa que Dios permita que llegue a tu vida puedes estar seguro que no está destinada a amargarte, desfigurarte o destruirte. Ha sido permitida por un Dios amoroso para conformarte a la imagen de Su Hijo Jesucristo.

Como prueba adicional, busca los siguientes versículos y escríbelos. Luego piensa en ellos.

1. Escribe las tres últimas palabras de 1 Juan 4:8. Este es un atributo invariable de Dios. Por lo tanto, Él nunca va a actuar de diferente manera de la que aprendes según este versículo.

2. Daniel 4:34-35

3. Isaías 45:5-7 (La palabra *calamidad* significa *adversidad*).

4. Salmo 103: 19

5. Deuteronomio 32:39

6. Jeremías 29:11 (Lo que Dios dice de Israel, Su pueblo escogido, también lo dice de ti que eres Su escogido).

¡Aférrate por fe a estas verdades!

— *SÉPTIMO DÍA* —

Dios, en Su soberanía, nos escogió y nos ordenó que vayamos y llevemos fruto. Él promete que todas las cosas en nuestra vida ayudarán para bien, y serán usadas para conformarnos a la imagen de Su Hijo.

En nuestro último y breve día de estudio de esta semana queremos ver *cuándo* fuimos elegidos por Dios y el *por qué*; si es que hubo algo que hiciera que Él nos eligiera.

1. Lee Romanos 8:29. De acuerdo con este versículo, ¿para qué nos predestinó Dios?

2. Ahora lee Efesios 1:3-6.

⬤ EFESIOS 1:3-6

3 Bendito *sea* el Dios y Padre de nuestro Señor Jesucristo, que nos ha bendecido con toda bendición espiritual en los *lugares* celestiales en Cristo.

4 Porque Dios nos escogió en Cristo antes de la fundación del mundo, para que fuéramos santos y sin mancha delante de El. En amor

5 nos predestinó para adopción como hijos para sí mediante Jesucristo, conforme a la buena intención de Su voluntad,

6 para alabanza de la gloria de Su gracia que gratuitamente ha impartido sobre nosotros en el Amado.

3. Cada vez que leas la Palabra, haz las seis preguntas básicas: *¿Quién? ¿Qué? ¿Cómo? ¿Cuándo? ¿Dónde? y ¿Por qué?* Para ayudarte a ponerlo en práctica, pregunta y responde esas seis preguntas concernientes a estos versículos. Examínalas desde cualquier posible ángulo. Pregunta: ¿Quién estaba hablando? ¿A quién? ¿Quién bendijo? ¿Quién escogió? Cubre todas las preguntas que puedas, con estos versículos. Escribe tus observaciones en el siguiente espacio.

Si necesitas más espacio, usa una hoja adicional.

4. Resume en una oración lo que aprendiste respecto a cuándo Dios te escogió y cuál fue Su propósito.

5. ¿Cómo se relaciona lo que has visto hoy, con tu pasado y con lo que aprendiste de Romanos 8:28-39? Si no ves ninguna relación, entonces sé honesto... pero no te rindas.

Aún hay mucho más por ver de este tema sobre cómo tratar con nuestro pasado. Creemos que el Señor usará grandemente las verdades que veremos la próxima semana para ministrarte sanidad de una manera muy especial. Y si tú no necesitas sanidad, sabemos que Dios usará estas verdades para ayudarte a ministrar a otros.

Nuestra oración por ti, diligente estudiante, es que Dios te muestre cuán precioso eres a Sus ojos; no por quién o qué seas, sino sencillamente por Quién Él es y gracias al favor inmerecido que ha escogido darte como una vasija llena de Su misericordia.

Al decir todo esto, también debemos mostrarte la otra cara de la moneda. Hay personas que aceptan lo que Dios hace y responden en obediencia a la Palabra; pero hay otras que no lo hacen. Se niegan a abandonar las impurezas de la amargura, odio, enojo, venganza y demás cosas que las heridas pueden acarrear. En vez de despojarse de esas impurezas en fe, se aferran a ellas, aún en medio del fuego del sufrimiento. El resultado es que se convierten en lo que Dios llama "plata rechazada o reprobada".

Eso es lo que pasó en los días de Jeremías, cuando el pueblo rechazó el bálsamo de Dios, la sanidad de Dios. Escucha las palabras de Dios dadas a Jeremías con respecto a ese pueblo: "Te he puesto como observador y como examinador entre Mi pueblo, Para que conozcas y examines su conducta." Todos ellos son rebeldes obstinados Que andan calumniando. *Son* de hierro y bronce; Todos ellos están corrompidos. El fuelle sopla con furor, El plomo es consumido por el fuego; En vano se sigue refinando, Pues los malvados no son separados. Los llaman plata de desecho, Porque el SEÑOR los ha desechado" (Jeremías 6:27-30).

Si no respondemos a las verdades de la Palabra de Dios, y no le permitimos que nos transforme a Su imagen, entonces Dios no puede hacer nada más con nosotros. No permitas que eso te suceda; pues si lo permites, nunca conocerás Su sanidad.

Puedes pasar por todo esto siendo finalmente conformado a la imagen de Jesucristo—gracias a la vida, muerte y resurrección de Él. Y puedes porque Jesús vive para interceder por ti. Recuerda, que Él te entiende "Aunque era Hijo, aprendió obediencia por lo que padeció; y habiendo sido hecho perfecto, vino a ser fuente (autor) de eterna salvación para todos los que Le obedecen" (Hebreos 5:8-9).

VERSÍCULO PARA MEMORIZAR

"Y sabemos que para los que aman a Dios, todas las cosas cooperan para bien, *esto es*, para los que son llamados conforme a *Su* propósito".

ROMANOS 8:28

Preguntas Para La Discusión En Grupos Pequeños

En la quinta semana vimos la importancia de la resurrección. Ese estudio nos dio una gran perspectiva de lo que verdaderamente es nuestro, porque Él fue resucitado de la muerte para que no tuviéramos que vivir en nuestros delitos y pecados, y porque nos identificamos con Él en Su muerte, sepultura y resurrección por la fe en la obra que por Cristo fue completada.

Aprendimos que no sólo somos salvos de la pena del pecado, sino también de su poder. ¡El pecado ya no reina!

También vimos el maravilloso hecho de que fuimos escogidos por Dios—escogidos para ser ¡Sus hijos amados!

1. ¿Cuáles son las dos verdades claves que aprendimos la semana pasada, que son la base para tratar con tu pasado?
2. Esta semana en tu estudio ¿qué fue lo que viste que Dios tiene en control?
3. Puesto que Él está en control de todas las cosas, ¿cómo se aplica esto a ti? ¿Viniste a Dios por ti mismo o tuvo Dios algo que ver con eso?
4. ¿Cuándo fuiste escogido por Dios? ¿Cómo?
5. ¿Cuáles son las verdades que viste en Romanos 8:28-39, que pertenecen al hijo de Dios?
6. Si fuiste escogido desde antes de la fundación del mundo, y si lo que aprendiste en Romanos 8 es verdad, entonces ¿qué es cierto sobre todas las cosas que constituyen tu pasado?
   a. ¿Fueron ellas sorpresivas para Dios?
   b. ¿Puede usar Él todas estas situaciones? ¿Cómo lo sabes?
7. ¿Cuál es el bien que Dios te promete dar, usando todo lo que ha sucedido en tu vida?

8. Según lo que aprendiste en las Escrituras cuando estudiaste la limpieza y la transformación, ¿cómo debes ser transformado y limpiado?

9. ¿Cuál es uno de los medios principales que Dios usa para conformarnos a la imagen de Su Hijo?

10. ¿Qué significan para ti las verdades que has aprendido diariamente en esta semana? ¿Cómo puedes aplicar esas verdades a tu vida, momento a momento?

¡DIOS ESTÁ AHÍ!

— *PRIMER DÍA* —

La hermana Kay nos cuenta:

"**S**olía dolerme tanto el no haber conocido antes a Jesucristo. Pensaba en cómo pudo haber sido todo si hubiera escuchado el evangelio antes que me divorciara de Tom. Pensaba en cómo pudo haber sido para mis hijos, si no hubiera caído en la inmoralidad. Vivía con los fantasmas del "si tan sólo", y me sentía miserable. Hasta que, mediante el poder transformador de la Palabra de Dios, fui hecha libre.

¿Mientras profundizaba en la Biblia, pude ver que Dios me salvó justo cuando Él lo había designado. Vi que fui escogida en Cristo Jesús desde antes de la fundación del mundo para ser adoptada como Su hija. Pero también vi que el momento de mi salvación había sido obra de Dios. En la soberanía de Dios, yo no sería salva sino hasta que tuviera veintinueve años—estando ya divorciada y siendo cautiva de la trampa de la inmoralidad. ¡Dios ya sabía todo esto! Y en Su soberanía, Él planeó que *aún el momento de mi salvación* ayudará para mi bien.

¡Qué maravilloso!

Muchas personas están heridas, al igual que yo lo estuve, por haber vivido en total rebeldía a los claros mandamientos de Dios. Ellas han alzado los puños desafiando al mismo Dios, en lugar de permitir que Su ley les impidiera caer en pecado hasta que vinieran a Jesucristo por la fe; insistieron en hacer lo que bien les parecía, y ¡qué horrible cosecha recogieron! Una cosecha de la cual se avergüenzan cuando conocen al Señor Jesucristo, como dice Romanos 6.

Lloran y viven con el "si tan sólo". Aunque Jesucristo pagó por sus pecados en el Calvario, dejándolo todo a Sus espaldas y no recordándolo más, ellas aún los mantienen presentes.

Llevan el recuerdo de su pasado como un velo negro, como un duelo, impidiendo que otros puedan ver el brillo que trae el perdón de Dios. La tremenda aflicción por los pecados pasados debilita su fortaleza, volviéndolos débiles e impotentes para servir a Dios. Necesitan escuchar, o que se les recuerde, la Palabra de Dios que fue dada a Su pueblo cuando se lamentaba por su pecado: "No se entristezcan, porque la alegría del Señor es la fortaleza de ustedes" (Nehemías 8:10).

¿Hay alguna esperanza para quienes son salvos, pero que aún viven con los fantasmas de los pecados del pasado? ¿Hay esperanza para aquellos quienes se sienten como ciudadanos de segunda clase en el reino de Dios? ¿Hay esperanza para aquellos quienes, por sus pecados pasados, les cuesta ver cómo Dios podría usarlos?

¡Sí la hay!

1. Lee una vez más Efesios 1:3-6, y repasa las 6 preguntas básicas que observaste al estudiar estos versículos la semana pasada.

2. Pablo brevemente se refiere a su conversión en Gálatas 1:11-17. Lee cuidadosamente este pasaje, y escribe lo que aprendes sobre el momento de la salvación de Pablo.

— *SEGUNDO DÍA* —

Nosotros conservamos una nota que fue escrita el 17 de enero de 1986; en ella, los orificios del borde están rasgados como si el papel hubiere sido arrancado de una carpeta de tres anillos. En ella fueron escritas apresuradamente las siguientes palabras:

"La enseñanza esta noche me ha liberado de tal manera que ahora creo que Dios me ha escogido para ser suya desde antes de la fundación del tiempo—aún sabiendo perfectamente bien que mi vida estaría llena de pecado.

Antes que fuera salva, era una adúltera. Había un hombre que vivía al lado de la casa de mis padres y yo se lo robé a su esposa e hijos; tuve un hijo con él fuera del matrimonio, y finalmente logré que se casara conmigo cuando nuestro hijo tenía 2 años. Cuando acepté al Señor, me sentí devastada al darme cuenta del dolor y el sufrimiento que mi pecado había causado a tantas personas; pero en especial, al darme cuenta que había entristecido a mi Señor. Dios ha redimido a muchos del dolor, y en forma milagrosa nos ha traído a una posición de amarnos unos a otros, pero yo sentía como si Él me hubiera dejado entrar por la puerta de atrás, y que nunca podría ser verdaderamente especial para Él.

Pero, ahora sé que Él me escogió con pleno conocimiento de cuán vil sería; y que hoy soy llamada santa y sin culpa por la sangre de mi precioso Jesucristo".

Este es el testimonio de una mujer que llegó a conocer la verdad, y que al conocerla fue hecha libre. ¡Libre porque ella le creyó a Dios!

¡Oh, amigo! ¿Estás creyéndole a Dios?

Al considerar la enseñanza de ayer sobre el momento de

Dios para tu salvación, escribe cómo ayudarías a otras personas a que enfrenten el trauma de su pasado.

Al responder, sé tan específico como puedas.

— TERCER DÍA —

¿Qué pasa con los que están heridos por cosas que no pudieron controlar?

¿Qué pasa con los que fueron abusados mental, emocional, y físicamente por otros; por sus padres o personas en quienes confiaban?

¿Qué pasa con los que están amargados y enojados porque no les gusta quiénes son—su cuerpo o su personalidad? ¿O qué de aquellos que, debido a incapacidades físicas o tendencias a ser demasiado obesos o delgados, han sufrido un sinnúmero de diferentes y dolorosas formas de rechazo?

¿Qué pasa con los que son bulímicos o anoréxicos, que se resisten a ver la realidad que está destruyendo su cuerpo?

¿Qué de aquellos que han sido víctimas trastornadas y sodomizadas por pervertidos, torcidos e impíos pecadores?

¿Es posible que todos ellos sean sanados?

¡Sí, sí, sí!

Hay un bálsamo en Galaad, hay un Gran Médico allí.

Si vas a decir: "No, esas son necesidades psicológicas que sólo la psicología puede ayudar", entonces también deberías decir que Dios no podía tratar con esta clase de heridas antes del surgimiento de la psicología hace aproximadamente unos cien años atras. También tendrías que decir que la Palabra de Dios era impotente bajo el ministerio del Espíritu Santo. Y si sostienes esta premisa, estarías elevando al hombre a la omnisciencia y omnipotencia. Harías retrasar la sanidad emocional hasta el punto en que el hombre por fin evolucionara a tal estado, que en su propia sabiduría pudiera ganar una adecuada perspectiva dentro de la complejidad del alma humana. Y después, tendríamos que preguntarte: ¿Realmente hay sanidad permanente lejos de Dios?

¿Nos es permitido debatir si la Biblia tiene o no las respuestas para todas y cada una de las situaciones de la vida—incluyendo los traumas causados por mano de impíos pecadores? Honestamente, no creemos que podamos hacerlo y que al mismo tiempo mantengamos una fe que sea agradable a Dios. "Y sin fe es imposible agradar *a Dios*. Porque es necesario que el que se acerca a Dios crea que El existe, y que recompensa a los que Lo buscan" (Hebreos 11:6). La Palabra de Dios es plenamente suficiente y tiene la absoluta cura.

Dios es Yejová-Rafá, el Dios que sana.

¿Por dónde comienza uno, en el proceso de sanidad? Uno comienza con un entendimiento del carácter y soberanía de Dios. Sin embargo, allí no acaba todo. Hay muchas personas que no son sanadas, aún cuando podrían serlo, porque no entienden el vigilante cuidado de Dios para traernos a la salvación. Tampoco entienden la profundidad y totalidad de nuestra salvación. Espiritualmente son semejantes a los mendigos; recogen la basura del mundo para sustentar su vida.

Mañana empezaremos a empaparnos de las verdades del

Salmo 139. Por hoy, sigue clamando con fe: "Sáname, oh SEÑOR, y seré sanado", y sabemos que todo lo que pidas en Su nombre, Él lo hará. ¿Qué mejor oración que ésta podrías hacer en el nombre de tu Yejová-Rafá?

Al hablar de nuestra necesidad de orar por sanidad, creemos que te sería provechoso buscar Lucas 11:1-13. Léelo cuidadosamente y responde las siguientes preguntas:

1. ¿Cuál es el tema principal de este pasaje? O dicho de otra manera, ¿cuál es el asunto principal que Jesús está tratando en esos versículos?

2. ¿Cuál es el punto que Jesús está enfatizando con respecto a este tema, en los versículos 5-10? (Pista: *Pidan, busquen y llamen* son verbos que están en tiempo presente en griego, lo cual indica una acción continua o habitual).

3. ¿Qué punto está enfatizando Jesús en los versículos 11-13?

4. ¿Qué puedes aprender de estos versículos, con respecto a orar por sanidad?

— *CUARTO DÍA*—

Uno de los pasajes bíblicos que resulta clave en la sanidad de los traumas mencionados ayer es el Salmo 139. Y lo hemos impreso para ti.

Tu tarea para hoy será doble; por favor, no dejes de hacer exactamente lo que se te pide. Este será el punto de cambio para muchos.

1. Lee el Salmo 139 en voz alta. Concéntrate en lo que estás leyendo, en lo que dice el salmista. Lee este salmo por lo menos tres veces en voz alta; porque cuando lees algo en voz alta, repetidas veces, automáticamente lo irás memorizando. El decirlo y escucharlo hace que tu mente lo retenga.

2. Por cuarta vez lee todo el salmo. Y en esta ocasión marca todos los "*tú*" y "*ti*". Luego, al final de la tarea de hoy, haz una lista de todo cuanto aprendas del uso de los "*tú*" y "*ti*".

❍ SALMO 139

1 Oh SEÑOR, Tú me has escudriñado y conocido.

2 Tú conoces mi sentarme y mi levantarme; Desde lejos comprendes mis pensamientos.

3 Tú escudriñas mi senda y mi descanso, Y conoces bien todos mis caminos.

4 Aun antes de que haya palabra en mi boca, Oh SEÑOR, Tú *ya* la sabes toda.

5 Por detrás y por delante me has cercado, Y Tu mano pusiste sobre mí.

6 *Tal* conocimiento es demasiado maravilloso para mí; Es *muy* elevado, no lo puedo alcanzar.

7 ¿Adónde me iré de Tu Espíritu, O adónde huiré de Tu presencia?

8 Si subo a los cielos, allí estás Tú; Si en el Seol preparo mi lecho, allí Tú estás.

9 *Si* tomo las alas del alba, *Y si* habito en lo más remoto del mar,

10 Aun allí me guiará Tu mano, Y me tomará Tu diestra.

11 Si digo: "Ciertamente las tinieblas me envolverán, Y la luz a mi alrededor será noche;"

12 Ni aun las tinieblas son oscuras para Ti, Y la noche brilla como el día. Las tinieblas y la luz son iguales *para Ti.*

13 Porque Tú formaste mis entrañas; Me hiciste en el seno de mi madre.

14 Te daré gracias, porque asombrosa *y* maravillosamente he sido hecho; Maravillosas son Tus obras, Y mi alma lo sabe muy bien.

15 No estaba oculto de Ti mi cuerpo, Cuando en secreto fui formado, *Y* entretejido en las profundidades de la tierra.

16 Tus ojos vieron mi embrión, Y en Tu libro se escribieron todos Los días que *me* fueron dados, Cuando *no existía* ni uno solo de ellos.

17 ¡Cuán preciosos también son para mí, oh Dios, Tus pensamientos! ¡Cuán inmensa es la suma de ellos!

18 Si los contara, serían más que la arena; Al despertar aún estoy contigo.

19 ¡Oh Dios, si Tú hicieras morir al impío! Por tanto, apártense de mí, hombres sanguinarios.

20 Porque hablan contra Ti perversamente, Y Tus enemigos toman *Tu nombre* en vano.

21 ¿No odio a los que Te aborrecen, SEÑOR? ¿Y no me repugnan los que se levantan contra Ti?

22 Los aborrezco con el más profundo odio; Se han convertido en mis enemigos.

23 Escudríñame, oh Dios, y conoce mi corazón; Pruébame y conoce mis inquietudes.

24 Y ve si hay en mí camino malo, Y guíame en el camino eterno.

— QUINTO DÍA —

Una vez más, pasaremos este día en el Salmo 139. Este salmo será nuestro enfoque durante el resto de esta semana.

Si haces cuidadosa y diligentemente todo cuanto Dios ha puesto en nuestro corazón para ti, estamos seguros que tu relación con el Padre alcanzará una nueva profundidad de intimidad y entendimiento. Por lo tanto, no escribiremos o compartiremos mucho contigo, porque el salmo te hablará por sí mismo.

1. Lee el Salmo 139 otra vez.
    a. Marca cada uso de las palabras *tu, ti o tus*.
    b. En el siguiente espacio haz una lista de las palabras que son modificadas por "*tu*" y "*tus*" (ejemplos: Espíritu, mano, etc.)

c. Al lado de cada expresión que anotaste, escribe lo que aprendas y cómo se relaciona eso de manera personal contigo. Por ejemplo: Y tu mano pusiste sobre mí—eso significa que Dios me conoce personalmente, que ha tocado mi vida. Él no me ha dejado solo.

2. Mientras lees otra vez el Salmo 139, recuerda que dicho salmo fue escrito para ti. Léelo en voz alta tres veces; y no permitas que tu mente divague mientras lo leas. Pídele a Dios que te hable, que te permita ver lo que Él te está diciendo. Finalmente, agradécele por todo cuanto estás descubriendo hoy.

— *SEXTO DÍA* —

En el Salmo 139, Dios revela diferentes aspectos de Su carácter o atributos. Deseamos que los veas por ti mismo, antes que los compartamos contigo. Por lo tanto, antes que sigas leyendo…

1. Haz una lista de lo que aprendas acerca de Dios en este salmo. Escribe tus observaciones como si estuvieras describiéndole a otra persona lo que aprendiste acerca de Dios.

2. Al final de este libro encontrarás una lista de los atributos de Dios; léelos cuidadosamente. Cuando encuentres uno de esos atributos revelados en este salmo, anótalo junto con el versículo en el que viste dicho atributo.

3. De acuerdo a la lista de los atributos de Dios, que se encuentra al final de este libro, ¿qué aprendiste sobre el carácter de Dios, que pudiera ayudarte a sanar tus heridas? Escríbelo.

4. El Salmo 139 revela mucho acerca de Dios, pero también tiene mucho que decir acerca de nosotros. Dibuja un pequeño hombrecito sobre cada referencia a *Yo, mí, mío* y *mi.* Escribe a continuación, lo que aprendas al marcar estos pronombres personales. Dibuja una estrella junto a las verdades que puedas apropiarte, y escribe un signo de interrogación junto a las que no estés seguro de poder creer.

5. Si te sientes desilusionado de tus padres, si estás herido por lo que ellos te han hecho o por lo que no fueron para ti, queremos hacerte dos preguntas:

  a. ¿Quién permitió que tuvieras los padres que tienes?

  b. Si tus padres te han fallado, si ellos no fueron la clase de padres que Dios quería que fueran, ¿qué debes asumir según nuestro estudio de la Palabra de Dios?

Piensa en todas estas cosas; las cuales vamos a tratar durante las próximas semanas. Mañana veremos un resumen del Salmo 139.

— SÉPTIMO DÍA —

En la mitad del libro de los Salmos, el Salmo 139 resuena como el triunfante golpe de los címbalos. ¡He aquí tu Dios! ¡Sé reverente de Su gran amor y cuidado para ti!
Antes que fueras formado en el vientre de tu madre, ya eras de Él.

Y al enfocar el tema del amor y soberano cuidado de Dios, puede hacerse el siguiente bosquejo del Salmo 139:

El Amor y Soberano Cuidado de Dios como:
Versículos 1-6   El Omnisciente
Versículos 7 -12   El Omnipresente
Versículos 13-18   El Creador-Sustentador
Versículos 19-24   El Juez Justo

¡Qué reconfortante es saber que como Dios es omnisciente (lo sabe todo) Él está íntimamente familiarizado con todos tus caminos! ¿Observaste cómo el salmista dice una y otra vez "Tú"? Es que nuestro Dios quien lo sabe todo, Quien lo entiende todo, te ha rodeado por detrás y delante. Dios no está lejos, desinteresado o ajeno a los eventos de tu vida, ni a tus pensamientos secretos. Él se interesa por ti, de tal manera que *Dios mismo* ha puesto Su mano sobre ti. ¡Esto es realmente asombroso! ¿Verdad? ¡Tú eres objeto de interés del Todopoderoso Elojím! Él te ha esculpido en las palmas de Sus manos (Isaías 49:16). ¡Él no puede olvidarte! Pues las marcas de los clavos del Calvario están allí para siempre.

¡Recuerda que tu Padre Dios sabe todo lo que te han hecho! Recuerda también que Él es el Juez Justo que va a tratar con quienes te han herido; porque tú eres Su hijo.

Pero aún hay más. Dios no sólo sabe todo lo que te ha sucedido, sino que Él también estuvo allí. Nunca estuviste solo. Sea que hayas reconocido Su presencia o no, Él estaba allí. Nadie puede huir de Su presencia. Él estaba presente, mi amigo, cuando te sentiste como el salmista: "Si digo: "Ciertamente las tinieblas me envolverán, Y la luz a mi alrededor será noche". Él estaba allí... protegiéndote, cuidándote y preservándote.

Tu Creador no te trajo a existencia para luego abandonarte; Él es tu Creador-Sustentador. Y puede que hayas pasado toda tu vida deseando tener otros padres, preguntándote cómo habría sido si hubieras tenido una madre y un padre como los de tus amigos.

Pero amigo, amiga, tales inútiles pensamientos sólo te harán sentir más miserable. Como pudimos ver, fue Dios quien te dio a tus padres (Salmo 139:13-16). Y muy probablemente ellos no hayan sido nada parecido al ejemplo de Dios como padre; pero ¡decídete a dejar atrás, y de una vez, todas esas expectativas! Si estás enojado, herido o desilusionado, recuerda por favor

Romanos 8:28 y 1 Corintios 10:13. Tal vez creas que tus padres son más de lo que puedes soportar, pero Dios te ha provisto de una vía de escape. ¡Aférrate a Él al igual que el cinturón se ciñe a la cintura!, y Él te hará una persona de alabanza, renombre y gloria (Jeremías 13:11).

¡Tu vida no ha terminado! Dios ordenó el número de días que vas a vivir, aún cuando todavía no existía ninguno de ellos (Salmo 139:16); y en Su soberanía, Él te ha dirigido a este estudio para que aprendas todas esas verdades. Debes confiar en Él, quien te ha confrontado con Su verdad. Ahora eres tú quien determina tu sanidad. El bálsamo está allí, ¿lo aplicarás?

Queremos compartir contigo una verdad más, respecto a tu Creador-Sustentador. Puede que no te guste tu aspecto físico, pero incluso con él Dios tiene un propósito. Él dice que fuiste hecho de manera maravillosa; y aunque te desprecies a ti mismo, por no haber sido creado con las medidas que piensas deberías tener o porque no te gusta la forma de tu rostro o el color de tus ojos, aún así todo ello tiene un propósito. Tu figura no estaba escondida de Dios mientras era forjada con destreza; Sus pensamientos hacia ti son preciosos, y Él no miente.

Finalmente vemos a Dios como el Juez Justo. Él puede juzgar con justicia porque es Omnisciente y Omnipresente; porque nada le es oculto. Así que Él tratará con los malvados.

Dios no desea que tú tomes parte en la maldad; tampoco quiere que estés en compañía de los que le odian. Sus enemigos deben ser también tus enemigos, pero tienes que tratar a los enemigos de Dios y a los tuyos de la manera en que Él dice que los tratemos. En el Nuevo Testamento encontrarás instrucciones pertinentes en versículos como Mateo 5:44-48 y Romanos 12:14-21.

Tú no tienes que dar el castigo que merecen recibir tus enemigos, ya que Dios los juzgará con rectitud a todos quienes te hayan herido. Tus enemigos son los enemigos de Dios, así que deja que Él trate con ellos. Tu tarea es perdonar, la de Dios es juzgar. Más adelante estudiaremos el cómo y el por qué del perdón.

El salmo concluye señalando tu responsabilidad: Dejar que Dios mantenga tu corazón puro, permitiendo que lo examine y que te muestre tus pensamientos de ansiedad. Él te mostrará cualquier clase de dolor que haya en tu vida, para que puedas resolverlo y andar por Su camino eterno. ¿Acaso no es maravilloso saber que tu Padre te mantendrá puro con tan sólo pedírselo?

Terminemos ahora con estas palabras de exhortación. A la luz de toda la infalible verdad del Salmo 139, ¿doblarás tus rodillas en humilde sumisión a la voluntad de Dios y Sus caminos soberanos, y para agradecerle conforme a lo dicho: "Den gracias en todo, porque ésta es la voluntad de Dios para ustedes en Cristo Jesús" (1 Tesalonicenses 5:18)? Si así lo haces, y si continúas caminando en fiel obediencia, entonces encontrarás la sanidad que solo proviene de Dios.

Versículo Para Memorizar

"Den gracias en todo, porque ésta es la voluntad de Dios para ustedes en Cristo Jesús".

1 Tesalonicenses 5:18

PREGUNTAS PARA LA DISCUSIÓN EN GRUPOS PEQUEÑOS

En la sexta semana aprendimos que Dios es Soberano, que Él gobierna sobre todo. En Su soberanía, Dios nos escogió antes de la fundación del mundo.

Su deseo es conformarnos a la imagen de Su Hijo Jesucristo. Y esta conformación y transformación se realiza cuando permitimos que la Palabra de Dios obre en nosotros.

Como Dios es Soberano, y como Él dice que a los que le aman todas las cosas les ayudan a bien —a los que son llamados según Su propósito— entonces nuestras heridas, decepciones, tragedias y fracasos pasados no son ninguna sorpresa para Él. De acuerdo a Su Palabra, Él usará todo eso para conformarnos a la imagen de Su Hijo.

1. Si es verdad que Dios es Soberano, que Él tiene el control, y si te escogió desde antes de la fundación del mundo para ser Suyo:
   a. ¿Se sorprendió Dios en el preciso momento de tu salvación?
   b. ¿Qué aprendiste sobre el tiempo de la salvación de Pablo?
2. A la luz de lo que hemos aprendido, ¿quitó Dios Su protección cuando te sucedieron las cosas siendo un niño, adolescente, joven, adulto o anciano? ¿Puede Dios utilizar las diferentes situaciones que ocurrieron en cada etapa de tu vida, o los eventos que la han arruinado? ¿Cómo lo sabes? ¿Cómo usará Él cada uno de esos incidentes?
3. Mientras leías y volvías a leer Salmo 139, ¿qué diferentes aspectos del carácter de Dios pudiste ver?¿Cuáles de Sus atributos estaban mencionados en ese salmo?
4. Según las verdades del Salmo 139, ¿a quién conoce Dios? ¿Qué tan bien?

5. ¿Qué sabe Él acerca de ti? ¿Sabe Él cuando estás herido?

6. ¿Dónde está Dios siempre, de acuerdo a lo que viste en el Salmo 139? Cuando fuiste herido, ¿dónde estaba Dios? ¿Estabas solo en ese momento?

7. Vimos también que Él no sólo lo sabía todo y estaba en todas partes, sino que además nos creó y nos sustenta. De acuerdo con el versículo 14, ¿cuál debería ser tu respuesta a la forma en que Él te hizo?

   a. ¿Ocurrió algún accidente cuando Él te hacía en el vientre de tu madre?

   b. Si tus padres sintieron que fuiste un error, o desearon que no hubieras nacido, ¿qué sabes ahora, según la Palabra de Dios, que te ayudará a tratar esa herida? ¿Qué debes elegir creer?

   c. ¿Sabía Dios quiénes eran tus padres? ¿Cometió Dios un error al escogerlos para ti? ¿Por qué piensas que Dios permitió que tuvieras los padres que tienes?

8. ¿Qué aprendiste acerca de tu Dios, el Juez Justo?

9. ¿Qué aprendiste sobre tu responsabilidad, en la parte final del Salmo 139?

10. ¿Qué aprendiste de Lucas 11 sobre tu sanidad?

11. ¿Qué clase de regalo viste en Lucas 11, que tu Padre te dará? Si la respuesta a tu oración persistente no es la que piensas debiera ser, ¿en qué debes descansar, según lo aprendido en Lucas 11?

12. A la luz del estudio de esta semana, ¿cuál es ahora tu actitud con respecto a tu hogar, tus padres, tus pérdidas, tu cuerpo, tus heridas, tus desilusiones y tragedias, tu pasado o futuro?

capítulo 8

PERMITE QUE TU MENTE SEA RENOVADA

— *PRIMER DÍA* —

¿**A**lguna vez te has detenido a pensar en la manera en que Dios podría usar los pecados que has cometido, las heridas que has sufrido y soportado, y el rechazo que has experimentado para ministrar a otros?

Con frecuencia, al comenzar nuestro andar con Cristo nos deprime mucho el pensar en nuestro pasado. Además, el enemigo constantemente nos recuerda "lo que pudiera haber sido nuestra vida"; de esta manera, nuestra mente se convierte en el terreno de caza de Satanás al pensar en lo distinto que pudo haber sido todo. Al igual que los demás, nosotros tenemos nuestros sueños y expectativas de lo que debía de ser la vida. En nuestros sueños hay paz, amor y seguridad—la imagen de un matrimonio feliz, maravillosamente romántico, con la clásica familia feliz vista en algunos programas de televisión. ¿Con problemas?, ¡sí! ¿Con tragedias? ¡NO!

Y cuando damos cabida a estos pensamientos de "lo que pudiera haber sido" o de "lo que pudo haber pasado", nuestras emociones nos hacen tambalear y quedan fuera de control; llevándonos a derrumbarnos, y dejándonos destrozados. Entonces se nos hace difícil salir adelante, los remordimientos del pasado nos consumen... y el futuro no nos ofrece nada bueno.

¿Te identificas con esto? El vivirlo es un infierno, ¿verdad? Tú deseas tener lo que otros tienen, y sientes que la vida, o incluso Dios, de manera cruel te ha conducido a tu infelicidad.

Al mirar a quienes te fallaron, ¿eres consciente que tu relación no es lo que debería ser? ¿Te encuentras dividido entre dos sentimientos? Por un momento quieres su amor y aprobación, pero luego quieres volverte contra ellos porque algo despierta las memorias del pasado y recuerdas que fallaron al no ser lo que esperabas que fueran. Y así, la decepción te consume como una dolorosa úlcera.

¿Cómo tratar estos pensamientos? ¿Hay algún bálsamo espiritual que pueda sanar los remordimientos de tu pasado? ¡Sí lo hay! Y la sanidad comienza entendiendo que Dios tiene el control.

Todo tu pasado tiene un propósito en el soberano plan de Dios. Sin embargo, Satanás intentará hacerte creer lo contrario. Él es un mentiroso, un homicida; él es el destructor, quien desde el huerto del Edén sigue susurrando en nuestros pensamientos que no le interesamos a Dios, que Dios no quiere nuestro bien. Así, es en tu mente—en tus pensamientos—donde se libra la batalla por tu sanidad. Y en ese campo de batalla, ¡la victoria ya ha sido ganada!

Meditando en lo que acabas de leer, ¿te sientes identificado con algo? ¿Cómo? ¿Podrías describirlo?

— SEGUNDO DÍA —

Como ya sabes, nuestra vida no está libre de heridas. Pero si conocemos la Palabra de Dios, entonces hemos de permitir que Dios sane esas heridas tan pronto se presenten. Si nuestra vida hubiera sido tal como la habíamos soñado, no habría heridas ni sufrimientos en ella. Sin embargo, nuestras heridas nos permiten identificarnos contigo; nos permiten entender lo que tú has vivido. Por esta razón podemos comunicarnos contigo de una manera que te permita saber y estar seguro que sí puedes vivir la vida como más que vencedor. También nos permite asegurarte con plena certeza que hay un bálsamo sanador en Galaad.

¿Te has dado cuenta que Dios se refiere a los creyentes, como un "reino de sacerdotes"? Busca los siguientes versículos y escríbelos.

1. Apocalipsis 1:5-6

2. Apocalipsis 5:9-10

Ahora veamos Hebreos 5:1-3: "Porque todo sumo sacerdote tomado de entre los hombres es constituido a favor de los hombres en las cosas que a Dios se refieren, para presentar ofrendas y sacrificios por los pecados. Puede obrar con benignidad (compasión) para con los ignorantes y extraviados, puesto que él mismo está sujeto a flaquezas. Por esa causa está obligado a ofrecer *sacrificios* por los pecados, tanto por sí mismo como por el pueblo".

El autor de Hebreos está refiriéndose a los sacerdotes levitas, quienes podían tratar con bondad a los que pecaban porque ellos mismos también eran pecadores. Eran hombres con iguales debilidades que las personas a las que representaban.

Aunque Jesús nunca pecó, Él fue tentado al igual que nosotros en todas las formas posibles. Por lo tanto, Él puede compadecerse de nuestras debilidades, y podemos llegar ante Él con la plena certeza que realmente nos entiende.

Únicamente cuando has experimentado el dolor, puedes entender las heridas y rechazos que otros han experimentado. Y cuando has encontrado la sanidad del bálsamo de Galaad, ¡entonces puedes compartir con ellos lo que Dios ya hizo por ti! ¡Te conviertes en el "sacerdote" de Dios para un mundo herido, dándoles un mensaje de esperanza y ánimo! Eso es exactamente lo que nosotros hemos experimentado en nuestras vidas.

Nos gustaría compartir contigo la siguiente carta dirigida a nuestra hermana Kay, pues ilustra de manera significativa la manera en que Dios puede usar nuestro pasado para ministrar a otros:

"Quiero agradecerle por su testimonio personal y agradecerle a Dios por darle la gracia de ser transparente y vulnerable. Espero poder expresar en palabras cómo

Dios usó su testimonio para ayudarme a sentirme como parte del cuerpo de Cristo.

Yo también tengo un pasado inmoral, y estaré eternamente agradecida por la sangre salvadora de Jesús; pero tenía un problema con mi nueva familia (con los cristianos). Me sentía incómoda e indigna de servir a Dios. No estaba segura de cómo encajar o si alguna vez encontraría mi lugar. La mayor parte del tiempo me sentía como la mujer manchada tratando de ser parte del grupo de las doncellas vírgenes.

Pero Jesucristo me liberó, porque al observarle a usted pude verme a mí misma. Al fin, había alguien igual que yo. ¡Mi corazón saltó de emoción! ¡Yo quería gritarlo! Pues, si Dios pudo hacer por usted lo que ha hecho, entonces Él también tiene un lugar para mí.

Ahora, mi corazón se está limpiando y mi mente se está renovando por medio de lo que estoy aprendiendo de la Palabra a través de los estudios bíblicos de Precepto. Por primera vez en mi vida cristiana estoy siendo transformada de adentro hacia afuera. Gloria a Dios".

Si le crees a Dios y le obedeces ¡Él redimirá tu pasado y lo usará para la gloria de Su reino!

— *TERCER DÍA* —

Existe otra razón más para haber compartido esta carta contigo.

¿Notaste lo que dijo acerca de que su corazón estaba siendo limpiado y que su mente estaba siendo renovada por medio del estudio de la Palabra de Dios? El permanecer en la Palabra de

Dios es absolutamente esencial para tu sanidad. Hay muchos que no están siendo sanados, porque han corrido a beber de las contaminadas aguas del Nilo en Egipto, de la sabiduría del mundo, en lugar de acudir a la fuente de agua viva (Jesucristo) y la Palabra de Dios.

El pecado, ya sea el que cometemos o el cometido contra nosotros, deforma y deja cicatrices en la imagen de Dios en nosotros. Y la restauración de esa hermosa imagen semejante a Cristo vendrá mientras seamos transformados por la Palabra de Dios. Esto ya lo hemos visto en nuestras vidas y en la vida de muchas otras personas.

Escribe Romanos 12:1-2, y léelo en voz alta hasta que lo aprendas de memoria.

Para entender Romanos 12:1-2 debes conocer su contexto. Pablo está instando a sus lectores a que presenten sus cuerpos como sacrificio vivo, a la luz de las verdades presentadas en Romanos capítulos 1 al 11. Los estudiosos creen que este sacrificio vivo tiene similitud con la ofrenda quemada que se menciona en Levítico 1. Una ofrenda quemada era una ofrenda voluntaria ofrecida por completo a Dios, la cual era consumida en el altar. Toda ella le pertenecía a Dios, y no se daba nada a los sacerdotes como sí ocurría con algunos de los otros sacrificios.

Con las palabras *"Por tanto"* en Romanos 12:1, Dios hace Su petición basada en lo que Él ha hecho para liberarte del castigo y del poder del pecado. Ahora Él pregunta: ¿Te presentarás delante de Mí, para entregarte totalmente a Mí, apartado para Mí y para mi propósito?

Si Dios te dijera eso hoy, ¿cómo responderías? ¿Por qué? Escríbelo a continuación.

— *CUARTO DÍA* —

Algunas personas tienen miedo de entregar su vida a Dios porque temen que Él los envíe como misioneros a África (no se por qué siempre mencionan África, pero así lo hacen).

Otros temen que Dios los mantenga solteros toda la vida; y algunas personas que están divorciadas temen que Dios no les permita casarse otra vez.

Otros temen entregarse por completo a Dios porque creen que Él podría traer enfermedad o tragedia a sus vidas, o a las de sus seres queridos. Incluso hay algunos quienes temen que Dios les pida que se reconcilien con aquellos a quienes no quieren amar o perdonar.

Algunos creen que rendirse a Dios les va a impedir lograr la felicidad que anhelan tan desesperadamente. Que tal vez Dios no les permita ser lo que quieren ser, hacer lo que quieren hacer, o tener lo que desean tener.

En base a lo aprendido hasta aquí, ¿piensas que esos temores son válidos? ¿Qué le dirías a alguien que tiene estos temores? Escribe lo que le dirías. Usa la Palabra de Dios en tu respuesta tanto como te sea posible.

¿Tuviste alguno de esos temores? ¿Podrías aceptar tu propia respuesta que escribiste?

— *QUINTO DÍA* —

La sanidad comienza con la confianza.

Si no confías en Dios, entonces no puedes confiar en que Él es fiel a Su Palabra. Y si no puedes confiar en que Él es fiel a Su Palabra, entonces estarás rehusando el único medio seguro de sanidad.

¿En qué otro lugar podrás encontrar una segura sanidad para tus heridas? Si el Dios que te hizo, y que ha puesto Su amor en ti, no puede sanarte, ¿cómo podría hacerlo un simple ser humano?

Y si aún no lo has hecho, con todo lo que ahora sabes, ¿te presentarás ante Dios sin ponerle limitaciones? Si así lo haces, escribe tu compromiso de forma personal usando el pronombre "Yo".

Como mencionamos anteriormente, la sanidad comienza con la confianza; y la confianza viene por el conocimiento de la Palabra de Dios. Ella es la herramienta de Dios usada para transformarnos. Todo esto nos conduce a Romanos 12:2 donde Dios nos dice: "Y no se adapten (no se conformen) a este mundo, sino transfórmense mediante la renovación de su mente, para que verifiquen cuál es la voluntad de Dios: lo que es bueno y aceptable (agradable) y perfecto."

El campo de batalla para nuestra sanidad está en la mente, en nuestros pensamientos; y esto lo veremos con mayor profundidad la siguiente semana, así que sé paciente. Debemos aprender un principio a la vez.

Escribe qué dice Mateo 15:18-20 (recuerda que para los judíos, la mente y el corazón eran la misma cosa; así que cuando escribas *corazón* piensa en *mente*).

¿Puedes entender por qué Dios dice: "Y no se adapten (no se conformen) a este mundo, sino transfórmense mediante la renovación de su mente, para que verifiquen cuál es la voluntad de Dios: lo que es bueno y aceptable (agradable) y perfecto." (Romanos 12:2)? Si nuestra mente es la que nos contamina, o la fuente de nuestras acciones y respuestas, entonces resulta vital que nuestra mente se renueve. Proverbios 4:23 dice: "Con toda diligencia guarda tu corazón, Porque de él *brotan* los manantiales de la vida."

Uno vive de acuerdo con sus creencias. Y con "creencias" no nos estamos refiriendo al conocimiento. El conocimiento es sólo una parte de las creencias. La genuina creencia es activa y nos hace vivir de acuerdo con el conocimiento que poseemos.

La vida cristiana tiene que ser completamente una nueva manera de pensar, y allí es donde viene la sanidad. Cuando conoces la Palabra de Dios obtienes una nueva perspectiva acerca del dolor y del sufrimiento—la perspectiva de Dios. ¿Ahora ves por qué puedes dar gracias en todo? Porque tienes la mente de Dios, no la del hombre. Y esto trae sanidad.

Cuando te sometas a Dios, cuando pongas todo sobre el altar y seas transformado por medio de la renovación de tu mente, entonces conocerás la voluntad de Dios; y encontrarás que es buena, agradable y perfecta.

— SEXTO DÍA —

Una mente renovada te permitirá tratar con tu pasado dándote una perspectiva diferente.

Cuando tu pasado te atormenta, cuando el padre de la mentira te susurra lo que pudo haber sido "si tan sólo", entonces la mente renovada contraataca con la verdad de Romanos 8:28-30. Una mente renovada se aferrará fuertemente a la promesa de que todas las cosas ayudan a bien.

Ahora veamos 2 Corintios 5:14-21.

1. Al leer el texto, marca o colorea de una misma forma cada referencia a *Jesucristo* (por ejemplo, puedes dibujar una cruz). Luego, en el margen derecho haz una lista de todo lo que aprendas acerca de Jesucristo en base de esos versículos.

2. Marca cada referencia a *nosotros* de manera que resalten. También marca toda referencia al creyente, de la misma forma en que marcaste *nosotros*: *Todos, ellos, sí mismos, nosotros, hombre*. Luego, al final del pasaje, haz una lista de lo que aprendas de ti como creyente.

❷ 2 CORINTIOS 5:14-21

14 Pues el amor de Cristo nos apremia (nos controla), habiendo llegado a esta conclusión: que Uno murió por todos, y por consiguiente, todos murieron.

15 Y por todos murió, para que los que viven, ya no vivan para sí, sino para Aquél que murió y resucitó por ellos.

16 De manera que nosotros de ahora en adelante *ya* no conocemos a nadie según la carne. Aunque hemos conocido a Cristo según la carne, sin embargo, ahora ya no *Lo* conocemos *así*.

17 De modo que si alguno está en Cristo, nueva criatura (nueva creación) *es* ; las cosas viejas pasaron, ahora han sido hechas nuevas.

18 Y todo esto procede de Dios, quien nos reconcilió con El mismo por medio de Cristo, y nos dio el ministerio de la reconciliación;

19 es decir, que Dios estaba en Cristo reconciliando al mundo con El mismo, no tomando en cuenta a los hombres sus transgresiones, y nos ha encomendado a nosotros la palabra de la reconciliación.

20 Por tanto, somos embajadores de Cristo, como si Dios rogara por medio de nosotros, en nombre de Cristo les rogamos: ¡Reconcíliense con Dios!

21 Al que no conoció pecado, Lo hizo pecado por nosotros, para que fuéramos hechos justicia de Dios en El.

¡Nuevas criaturas - que gran promesa para aquellos que sufren!

— SÉPTIMO DÍA —

En 2 Corintios 5:14-21 se declaran algunos maravillosos absolutos acerca del hijo de Dios. Los absolutos son seguras e inmutables (invariables) cualidades, conceptos o normas. Uno de los absolutos es el hecho de que Cristo murió por todos, y que por lo tanto, tú también moriste. Se trata de la misma verdad o absoluto que vimos en nuestro estudio de Romanos 6.

Cuando Jesucristo murió, Dios nos hizo morir con Él. Eso significa que nuestro *viejo hombre* murió—todo lo que nosotros éramos por el primer Adán, antes que creyéramos en nuestro Señor Jesucristo. En la mente y corazón de Dios el viejo hombre ya no existe en ti. Pablo expresa esta misma verdad en Gálatas 2:20. Escribe este versículo en el espacio que sigue.

1. ¿Qué ves en 2 Corintios 5:17?...
   a. Acerca de cada hijo de Dios

   b. Sobre las cosas que te han pasado

2. ¿Qué te hace una nueva criatura aparte del hecho de que las cosas viejas pasaron? Dicho de otra manera: ¿Qué nos hace diferentes de las personas del mundo, que no han sido genuinamente salvas? Lee Romanos 8:9. Escribe el versículo y la respuesta a estas preguntas.

3. Ahora, pensando en toda esta información y en las otras verdades que has visto en nuestro estudio, en el siguiente diagrama anota apropiadamente las fechas de los eventos a continuación señalados.
   a. Anota cuándo Dios te escogió para Él.
   b. Anota la fecha en que naciste físicamente (el pesebre simboliza esto).
   c. Anota la fecha de tu salvación, sobre el dibujo de la cruz. Si no la sabes, no te preocupes, escribe una fecha aproximada. Si crees que recibiste a Cristo como Salvador a una temprana edad, pero no tuviste un verdadero cambio en tu vida sino hasta que lo hiciste tu Señor, entonces puedes escribir esa última fecha.

d. En el lugar apropiado, anota en qué punto las cosas viejas pasaron y todas llegaron a ser nuevas.

e. En el diagrama, pon una X por cada una de tus heridas en el tiempo en que éstas ocurrieron. Marca todas tus heridas, ya sea que hayan sido resultado de tus propios pecados o de pecados cometidos en contra tuya. ¿Cuándo sucedieron la mayoría de ellas? Escribe tu respuesta.

Si tus heridas sucedieron antes que conocieras a Jesucristo, entonces pertenecen a una persona que murió.

En 2 Corintios 5:16 Dios dice: "De manera que nosotros de ahora en adelante *ya* no conocemos a nadie según la carne. Aunque hemos conocido a Cristo según la carne, sin embargo, ahora ya no *Lo* conocemos *así*".

Dios nos está diciendo que cuando una persona muere por medio de su identificación con Jesucristo, entonces llega a ser una nueva criatura. Por lo tanto, no miremos más lo que esa persona era en el pasado. ¡Ella se ha ido! Esa persona, como era antes, ya no existe.

Detente y medita en esto. ¿Estás viviendo encadenado a un cadáver? ¿Estás viviendo a la luz de tu pasado, o de todo lo que Jesucristo ha realizado por ti en el Calvario?

Quizás respondas: "Pero no puedo olvidar todo lo que me han dicho o hecho. No puedo olvidar mi pasado y todos mis fracasos. Mi pasado me persigue."

Será mañana, y durante nuestra próxima semana de estudio, que aprenderás cómo tratar momento a momento con los pensamientos que te atormentan.

A lo mejor me dirás: "Pero, ¡lo que me atormenta es lo que hice después que conocí al Señor Jesucristo! ¿Cómo pude hacerle eso a mi Señor? Ojalá hubiera sucedido antes que lo conociera, pero no fue así; y ahora ¿qué debo hacer?"

Entonces debes acudir a 1 Juan 1:9, hacer lo que dice allí y creer que Dios hará lo que dice que va a hacer.

Medita hoy en lo que has aprendido en 2 Corintios 5. Recuerda que tu enfoque tiene que estar en Cristo y en quién tú eres en Cristo, no en lo que eras antes de conocerlo.

VERSÍCULO PARA MEMORIZAR

"De modo que si alguno está en Cristo, nueva
criatura (nueva creación) *es*; las cosas viejas
pasaron, ahora han sido hechas nuevas".

2 CORINTIOS 5:17

PREGUNTAS PARA LA DISCUSIÓN EN
GRUPOS PEQUEÑOS

En la séptima semana aprendimos que Dios ha estado y
está en control de nuestra vida. Sabemos por el Salmo 139 que
Él nos conoció desde que estábamos siendo formados en el
vientre de nuestra madre, y que ha velado por nosotros todos
los días, a cada momento de nuestras vidas, permitiendo las
cosas que Él podría usar para conformarnos a la imagen de Su
Hijo.

Vimos que nuestro pasado, nuestras heridas, etc., no fueron
errores; y que podemos estar agradecidos por todo lo que nos
ha sucedido, porque si nos apegamos a Dios, Él lo usará en
nuestras vidas.

También aprendimos que debemos ser persistentes en
nuestras oraciones por nuestra sanidad; pero que también
debemos estar deseosos de recibir Su respuesta a nuestras
oraciones, y darnos cuenta que somos Sus hijos; y que por Su
gran amor hacia nosotros, Su respuesta será para nuestro bien.

1. ¿Según Apocalipsis, cómo se refiere Dios a los creyentes?
2. ¿Cuál es la observación que se hizo en Hebreos 5:1-3, acerca
   de los sacerdotes levíticos? ¿Qué viste con anterioridad

acerca de tu Sumo Sacerdote, que vaya junto con ese hecho de los sacerdotes levíticos? ¿Qué significa esto para ti?

3. ¿Qué te está llamando Pablo a hacer según Romanos 12:1-2? ¿A qué era similar esta ofrenda? ¿Cuál es la importancia de esa verdad?

4. ¿Cuál es la herramienta que Dios usará para transformarnos?

5. ¿Qué viste que necesitaba ser renovado, mientras estudiabas Romanos 12:1-2?

6. Según tu estudio, ¿qué contamina al ser humano?

7. ¿Qué puedes hacer para que tu mente y tus pensamientos no te contaminen?

8. ¿Qué aprendiste en 2 Corintios 5, acerca de todo creyente?

9. En 2 Corintios 5, ¿qué cosas pasaron? ¿Qué te asegura que eres una nueva persona? ¿Qué tienes tú que las personas del mundo no tienen?

10. A la luz de tu estudio de esta semana, ¿qué piensas que es verdad acerca de tu pasado?

11. ¿Estás viviendo conforme a tu pasado, en lugar de con lo que Jesucristo ha provisto para ti? Si es así, ¿por qué? ¿Qué planeas hacer a la luz del estudio de esta semana?

12. ¿Qué piensas que significa 2 Corintios 5:16, con respecto a ti?

TU MENTE:
EL CAMPO DE BATALLA

— *PRIMER DÍA* —

Si has sido herido por el abuso verbal, emocional o físico, entonces estás batallando por tu vida (y no necesariamente por tu vida física, a menos que estés pensando en el suicidio o que tu salud haya sido también afectada por el resentimiento, la amargura y el dolor). Toda tu vida física, emocional y espiritual está bajo asedio.

Satanás peleará largo y tendido para mantener a un alma bajo su dominio de oscuridad (Hechos 26:18). Sin embargo, cuando el Espíritu comienza el proceso de traer una oveja perdida de Dios a la salvación, a Satanás no le queda más que soltarla.

El poder de Satanás sobre las almas ha sido roto, debido a que el pecado fue completamente pagado por la sangre de Jesucristo. Lamentablemente, la salvación no pone fin a la batalla de una persona contra las fuerzas del maligno. Satanás desea zarandearnos como al trigo, y hacernos siervos débiles e inútiles en el reino de Dios. Al habernos perdido él sabe que pertenecemos a Dios para siempre; pero aún así, la realidad de esta verdad no lo detiene para continuar atacándonos.

Y ¿dónde ataca primero el enemigo? Si tu respuesta fue: "en nuestra mente y pensamientos", ¡estás en toda la razón! Como hemos visto la maldad viene de la mente, del corazón. Así, tal cuales son los pensamientos en el corazón de una persona, así es su personalidad (Proverbios 23:7). Esa es la razón por la que leemos en Proverbios 4:23: "Con toda diligencia guarda tu corazón, Porque de él *brotan* los manantiales de la vida."

Satanás quiere llenar tu mente con pensamientos contrarios a la Palabra de Dios; así que escribe en una tarjeta Juan 8:44 y memorízalo.

Satanás te dirá que debido a lo que te han hecho jamás podrás ser completamente íntegro; que jamás podrás estar bien, ser sano, libre o de algún valor para Dios. ¡*Eso es mentira*! Cualquier pensamiento que te lleve nuevamente a tu vida antes de Cristo, y que te atormente, no proviene de Dios; pues Dios siempre te mira como eres ahora en Cristo Jesús, como una nueva criatura.

Satanás, sin embargo, quiere que te concentres en lo que eras. Él aborrece el hecho que ahora seas una nueva persona, y por eso te declara la guerra en el área de tus pensamientos. Pues si logra que concentres tus pensamientos en las cosas del pasado, entonces no podrás concentrarte en lo que Dios tiene para tu futuro. Esta es la razón por la que Pablo escribió: "Pero una cosa *hago*: olvidando lo que *queda* atrás y extendiéndome a lo que *está* delante, prosigo hacia la meta para *obtener* el premio del supremo llamamiento de Dios en Cristo Jesús" (Filipenses 3:13-14).

Lee 2 Corintios 10:3-7 y veamos qué puedes observar por ti mismo en este pasaje. ¡Se trata de un gran tesoro!

Estas palabras de Pablo fueron escritas debido a ciertos comentarios calumniosos y poco amables que estaban haciéndose con respecto a él.

◗ 2 CORINTIOS 10:3-7

3 Pues aunque andamos en la carne, no luchamos según la carne.

4 Porque las armas de nuestra contienda no son carnales, sino poderosas en Dios para la destrucción de fortalezas;

5 destruyendo especulaciones y todo razonamiento altivo que se levanta contra el conocimiento de Dios, y poniendo todo pensamiento en cautiverio a la obediencia de Cristo,

6 y estando preparados para castigar toda desobediencia cuando la obediencia de ustedes sea completa.

7 Ustedes ven las cosas según la apariencia exterior. Si alguien tiene confianza en sí mismo de que es de Cristo, considere esto dentro de sí otra vez: que así como él es de Cristo, también lo somos nosotros.

1. Ahora marca todo uso del pronombre *nosotros*, y anota todo lo que aprendas.

2. Anota qué nos dicen estos versículos sobre…
   a. nuestra lucha espiritual

b. nuestras armas

3. De acuerdo con el versículo 7, ¿qué estaban haciendo los corintios, que no deberían hacer? ¿Puedes ver alguna similitud entre el versículo 7 y lo que dice 2 Corintios 5:16? Explícala.

4. Comienza memorizando 2 Corintios 10:3-5. Nuevamente te sugerimos que lo leas en voz alta tres veces, cada mañana, a medio día y en la noche hasta que puedas decirlo de memoria.

— *SEGUNDO DÍA* —

Antes de revisar 2 Corintios 10:3-7, te daremos su contexto. De seguro te animará el saber que Pablo comprendería plenamente tu sufrimiento. También deseamos que observes la manera en que Dios empleó el sufrimiento de Pablo como un medio para ministrarnos; para que podamos aprender de su experiencia.

Aunque para nosotros Pablo pudiera parecernos alguien muy admirable, no era visto de igual forma por todos quienes lo conocían ni por todos a quienes ministraba. Incluso hubo algunos quienes se volvieron contra él. ¿Imaginas el sufrimiento que debió ocasionarle eso? Pues si te ha sucedido, entonces sabes que el dolor es real.

Resulta obvio que en Corinto había algunos que despreciaban a Pablo debido a su apariencia. Y si Dios no te hizo igual a lo que el mundo considera como normal o hermoso, estamos seguros que puedes identificarte con Pablo. Cuando era niña, me molestaban debido a que era muy delgada—me llamaban "palillo de dientes" o "palo de escoba". No tenía las curvas que otras niñas tenían, y en aquellos días ¡las curvas estaban más de moda que los huesos!

Pablo no impresionaba a nadie; y en el versículo 10 leemos:

"Porque ellos dicen: "Sus cartas son severas (pesadas) y duras, pero la presencia física es poco impresionante, y la manera de hablar despreciable."

De acuerdo a la tradición, se dice que Pablo era pequeño de estatura y que tenía las piernas arqueadas. También se dice que tenía una enfermedad en los ojos que a veces resultaba repulsiva debido a la secreción amarilla y costrosa que le salía de ellos. ¿Puedes imaginar cómo debió haberse sentido al vivir en una sociedad que literalmente adoraba los bellos físicos romanos y que erigía por todas partes hermosas estatuas de cuerpos hermosos?

Algunos decían que lo único destacable de Pablo eran sus cartas. Pero, ¡aún su hablar dejaba mucho que desear! Recuerda que a esa sociedad le gustaba la elocuencia y la retórica. Vivían cautivados por la sabiduría del mundo, y por todo lo relacionado con ella.

Por medio de la lengua de esas personas, el enemigo estaba tratando de destruir el ministerio de Pablo; estaba lanzando sus dardos de fuego apuntando directamente a la mente del apóstol. Y de haber logrado que Pablo centrara sus pensamientos en esas acusaciones y comentarios hirientes, y que atacara a los corintios, Satanás habría ganado una tremenda victoria.

Pero Pablo conocía a su enemigo, y no ignoraba los sucios trucos, métodos y estrategias de Satanás. Por esa razón les recuerda a los corintios que aunque somos humanos y andamos en la carne, no luchamos con armas carnales. ¡Nuestra lucha es espiritual, y no contra carne ni sangre!

La meta de Satanás es lograr establecer sus fortalezas en nuestra mente. Nuestra responsabilidad es impedirlo. En la guerra resulta estratégico establecer una línea de ataque en el territorio de tu enemigo; pues con esto logras una base interna de operaciones. Y como ocurre en la guerra terrenal entre naciones, también ocurre en la lucha espiritual entre Satanás y sus huestes demoníacas, y Dios y Sus huestes angelicales.

Cuando piensas mucho en las cosas que no son de Dios o que están en contra de Dios, o cuando fantaseas con lo malo, estás cediendo terreno que puede ser usado por el enemigo para levantar una fortaleza. Por esto es que Pablo dice: "... destruyendo especulaciones y todo razonamiento altivo que se levanta contra el conocimiento de Dios" (versículo 5). Si Pablo no hubiera destruido las especulaciones, imaginaciones y pensamientos que eran contrarios a la Palabra de Dios, estos pudieron haber sido el medio usado para destruirlo.

Pablo continúa diciendo: "poniendo todo pensamiento en cautiverio a la obediencia de Cristo". En otras palabras, cada vez que venía un pensamiento a la mente de Pablo, él lo evaluaba para ver si era agradable a Cristo y si estaba de acuerdo con la Palabra de Dios.

Bueno, por hoy te hemos dado suficiente material para que medites en él. Escribe qué has aprendido y qué puedes aplicar a tu vida.

— *T E R C E R D Í A* —

Cuando enseñamos 2 Corintios 10:3-5, utilizamos el siguiente dibujo para explicarlo:

    Como puedes ver, tenemos a Satanás fuera de la mente y llamando a la puerta (aunque nuestra mente no tiene puertas, este dibujo representa lo que Satanás quiere—el acceso a nuestros pensamientos). Satanás quiere que concentremos nuestros pensamientos en cosas que son contrarias a la verdad acerca de nosotros como hijos de Dios, en cosas contrarias a la Palabra de Dios. Y sabiendo que el mal procede de la mente, él quiere traer mentiras o verdades a medias a nuestros pensamientos para que nos concentremos en ello. Como él es realmente astuto, jamás llamará a la puerta de mi mente para decirme: "¡Oye, oye, amigo mío, soy Satanás! Dime, ¿qué te parece si conversamos un rato?" Él es sutil, y nunca anunciará quién es, a menos que tú quieras hablarle.
    Satanás puede disfrazarse como un ángel de luz o como uno de tus pensamientos. Dando sugerencias en tu mente, que podrían desorientarte si no sabes de dónde provienen.
    La hermana Kay nos cuenta la siguiente experiencia: "Cuando tenía casi un año de estar en el Señor, me invitaron a hablar en una reunión de mujeres en una iglesia local. Había

entrelazado mi testimonio con la Palabra de Dios, y Dios lo había usado. Estaba muy entusiasmada. Cantaba una canción tras otra al Señor, y hasta inventaba las palabras mientras manejaba a casa en mi camioneta.

De repente, en medio de mi regocijo por lo que el Señor había hecho, vino este pensamiento a mi mente: *Hiciste un trabajo maravilloso. Eres una gran oradora.* Entonces mi gozo fue interrumpido, y se detuvo. Inmediatamente pensé lo siguiente: *¡Esos fueron pensamientos llenos de orgullo! Dios no usa a los orgullosos. Él resiste a los soberbios. ¡Ahora, no podré hablar en público otra vez porque tengo orgullo!*

Me sentía abrumada por completo, pues yo no quería ser orgullosa. Mi gozo había muerto, y por un momento estuve allí temblando. Luego, mi luz se comenzó a oscurecer. Pero también vino a mi mente: *Esos pensamientos de orgullo no fueron mis pensamientos. Eso no es lo que pienso de mí misma. Dios obró—no pude haber sido yo. Yo soy simplemente Su dispuesta, entusiasmada y nerviosa vasija llenada por Él. Entonces, ¿de dónde vinieron esos pensamientos? Yo tengo la mente de Cristo, según 1 Corintios 2: 16, y Cristo no tendría esa clase de pensamientos. No son pensamientos que pertenecen a Él, y tampoco son pensamientos que yo quiero tener. ¡Ah, entonces son pensamientos del diablo!*

¡Qué gran alivio me trajo entenderlo! Yo no tenía orgullo, y ¡sí podría ser usada por mi Padre!

¿Te identificas con esta historia? ¿Comprendes lo que digo? Satanás me hizo creer que esos pensamientos eran mis pensamientos. ¡Pero no lo eran, pues no pertenecen a la mente de Cristo!"

¿Qué pensamientos tienes que no pertenecen a la mente de Jesús? ¿Cómo puedes saber que no le pertenecen a Él? Esto lo veremos mañana... a menos, por supuesto, que no quieras esperar.

— *CUARTO DÍA* —

Todo pensamiento y sentimiento que tú y yo tengamos, debe ser llevado cautivo a la obediencia a Jesucristo. Nuestros pensamientos deben someterse a las verdades de la Palabra de Dios o ser rechazados.

Debes caminar en obediencia a lo que dice Filipenses 4:8. Y lo primero que hemos de hacer con los pensamientos que vengan a la puerta de nuestra mente será el examinarlos. Como mencionamos a nuestros estudiantes, cuando un pensamiento llame a la puerta de sus mentes "¡háganlo pasar la prueba de Filipenses 4:8!" Con esto queremos decir que necesitamos examinar cada pensamiento para ver si cumple las condiciones de Filipenses 4:8.

Busca Filipenses 4:8 y escribe las condiciones que debe cumplir el pensamiento.

DEBE SER: _____

_____

_____

_____

¿Cuántas de estas condiciones crees que debe cumplir un pensamiento? Escribe tu respuesta y el por qué.

Ahora, ¡aplica Filipenses 4:8 a tu vida!

— QUINTO DÍA —

Una de las tácticas de Satanás es el hacerte sentir rechazado. Porque el rechazo duele, te aísla y resulta muy destructivo.

Ahora revisemos el rechazo; porque así, cuando venga el enemigo con todas sus "municiones de rechazo", sabrás cómo hacerlas explotar— ¡En su cara, y no en la tuya!

Podemos estar seguros que el rechazo llega de una u otra forma a todo hijo de Dios; y que el sufrimiento y la persecución son parte de la vida de todos aquellos que pertenecen a Jesucristo. Recuerda que Cristo también sufrió el rechazo de los suyos, porque "A lo Suyo vino, y los Suyos no Lo recibieron" (Juan 1:11). Aunque Él era perfecto, y no había falta en Él, fue "despreciado y desechado de los hombres" (Isaías 53:3). En vista de esto, ¿crees que Jesucristo realmente puede entender y sentir compasión por tu rechazo?

Con seguridad muchas veces habremos pensado: *Si hubiera podido ser perfecto, las personas no me habrían rechazado.* Entonces gemimos y lloramos a causa de nuestros defectos, fracasos y estupideces, y decimos; *Si tan sólo hubiera... o si no hubiera... ¿Por qué no hice...? Debería haber... ¿Por qué soy...?*

El rechazo duele; y esto lo sabemos realmente muy bien, y te comprendemos pues nuestra correspondencia no consiste únicamente en cartas cariñosas. No todos los que nos hablan están siempre contentos con nosotros. No todos los miembros de nuestras familias nos aman o aceptan como somos. Y por más que tratamos, no somos todo lo que debiéramos ser.

Tenemos que enfrentarnos con el rechazo, algunas veces debido a nuestra personalidad y defectos, y otras veces debido al evangelio.

Pero, ¿cómo trato el rechazo?

Pues trayendo cautivos mis pensamientos a Jesucristo, escuchando la Palabra de Dios, creyéndola, y andando en obediencia a ella.

Aceptando que "por la gracia de Dios soy lo que soy" (1 Corintios 15:10) y creyendo que estoy en el proceso de ser conformado a Su imagen.

Tratando de aprender de mis errores y buscando alejarme de todo lo que no sea semejante a Cristo en carácter y comportamiento.

Recordando las palabras de Pablo y haciéndolas mías: "Hermanos, yo mismo no considero haber*lo* ya alcanzado. Pero una cosa *hago*: olvidando lo que *queda* atrás y extendiéndome a lo que *está* delante, prosigo hacia la meta para *obtener* el premio del supremo llamamiento de Dios en Cristo Jesús" (Filipenses 3:13-14).

Recordando —

Que mi Señor, Quien fue perfecto, fue rechazado.

Que aún los hermanos de Jesús no creyeron en Él, y en esencia lo rechazaron (Juan 7:5).

Que algunas personas a quienes Pablo había guiado al Señor no lo querían y hablaban mal de él.

La experiencia de los profetas quienes fueron rechazados por el pueblo, y por los sacerdotes y reyes.

Que somos siervos de Dios y no de los hombres "Porque ¿busco ahora el favor de los hombres o el de Dios? ¿O me esfuerzo por agradar a los hombres? Si yo todavía estuviera tratando de agradar a los hombres, no sería siervo de Cristo" (Gálatas 1:10).

También podemos tratar con el rechazo aferrándonos a los siguientes pasajes que deseamos que busques. Escríbelos o anota la idea principal de cada uno de ellos observando cómo se aplican a tu vida.

Las primeras dos referencias explican el rechazo que viene por el evangelio.

1. Mateo 10:34-37

2. Juan 15:18-21

3. Salmo 27:7-10 (Si tienes tiempo, te sería muy útil ver el salmo completo).

4. Hebreos 13:5-6 (Memorizaría estos versículos. ¡Cuánto consuelo traen a nuestra mente!).

Dios *jamás* nos dejará o abandonará. Nosotros somos

aceptos en el Amado. Él "nos predestinó para adopción como hijos para sí mediante Jesucristo, conforme a la buena intención de Su voluntad, para alabanza de la gloria de Su gracia que gratuitamente ha impartido sobre nosotros en el Amado" (Efesios 1:5-6).

Otros podrán rechazarte—y de seguro habrá quienes lo hagan pues Dios nunca ha dicho que no sufriremos el rechazo. Podrías ser rechazado incluso debido a que eres cristiano; pero como le perteneces a Cristo, Dios jamás te rechazará ya que te ha grabado en las palmas de Sus manos por medio del pacto de la gracia.

> "Pero Sion dijo: "El Señor me ha abandonado, El Señor se ha olvidado de mí."
> ¿Puede una mujer olvidar a su niño de pecho, Sin compadecerse del hijo de sus entrañas? Aunque ella se olvidara, Yo no te olvidaré. En las palmas *de Mis manos*, te he grabado..." (Isaías 49:14-16).[1]

Habrá momentos en que pienses que el Señor te ha olvidado como hijo Suyo—momentos cuando el dolor, el sufrimiento y el rechazo son tan fuertes que apenas puedas soportarlos. Entonces debes correr al refugio de Su Palabra para hallar a tu Salvador; para poner tu dedo en las cicatrices de los clavos, y recordar que Dios te ha amado con amor eterno.

Tú eres acepto en el Amado. Y Él nunca, nunca te va a dejar o abandonar. Pues Dios no puede—*ni quiere*—rechazar lo que a Él le pertenece.

Ahora no hay condenación para los que están en Cristo Jesús... entonces ¿Quién nos separará del amor de Cristo? ¿Tribulación, o angustia, o persecución, o hambre, o desnudez, o peligro, o espada? (Romanos 8;1, 35).

¿Acaso pensaste que el atravesar por todas esas cosas era

evidencia de que Dios no te amaba, o que te había abandonado? ¿Estabas deprimido y desesperado porque estabas viviendo todo eso?

"Tal como está escrito: POR CAUSA TUYA SOMOS PUESTOS A MUERTE TODO EL DIA; SOMOS CONSIDERADOS COMO OVEJAS PARA EL MATADERO. Pero en todas estas cosas somos más que vencedores por medio de Aquél que nos amó. Porque estoy convencido de que ni la muerte, ni la vida, ni ángeles, ni principados, ni lo presente, ni lo por venir, ni los poderes, ni lo alto, ni lo profundo, ni ninguna otra cosa creada nos podrá separar del amor de Dios que es en Cristo Jesús Señor nuestro."

Romanos 8:36-39

— SEXTO DÍA —

Nuestra hermana Kay nos cuenta: "Mi pasado no fue hermoso. Estuvo lleno de pecado y de su horrible cosecha. Después que fui salva, a veces encontraba que mi mente vagaba hacia mi pasado. Y no siempre sabía lo que estimulaba esos pensamientos. A veces eran provocados por algunas circunstancias de la vida; por ver alguna escena o escuchar cierta clase de música, pero a menudo irrumpían en mi mente. Cuando eso sucedía y yo le daba lugar a esos pensamientos, muchas veces me deprimía al preguntarme por qué había hecho lo que hice o al recordar cada escena de mi pasado. A menudo, durante esos momentos, meditaba en mis errores, mis fracasos, mis debilidades y mis pecados..."

Aquellos pensamientos que no están bajo control

conducirán de seguro a la depresión; y estar deprimido es estar "presionado contra el suelo". Ahora bien, si la causa de tu depresión no es física ni bioquímica, pudiera ser que estés deprimido debido a que estás viviendo en el pasado, o porque estás enojado con Dios o con los hombres.

La depresión puede venir a nuestra vida cuando permitimos que nuestras circunstancias nos agobien, y nos conduce a un estado de inercia mental o física. Además, la depresión también puede ser un síntoma de incredulidad.

Aunque no profundizaremos el estudio del tema de la depresión, deseamos ver cómo podemos tratar con los pensamientos del pasado que nos causan constante dolor y nos llevan a la depresión. Considerando y razonando en lo que dice la Palabra de Dios, todo cuanto hiciste antes que fueras salvo no pertenece a tu nueva naturaleza.

¿Tu pasado fue de alcoholismo, lesbianismo, homosexualidad, homicidio, adulterio, fornicación, aborto, perversión, mentira, robo, blasfemia o brutalidad? Sin importar qué haya sido, cuando hiciste lo que hiciste, lo hiciste bajo el dominio del "viejo hombre". En 1 Corintios 6:9-11 leemos: "¿O no saben que los injustos no heredarán el reino de Dios? No se dejen engañar: ni los inmorales, ni los idólatras, ni los adúlteros, ni los afeminados, ni los homosexuales, ni los ladrones, ni los avaros, ni los borrachos, ni los difamadores, ni los estafadores heredarán el reino de Dios. Y esto eran algunos de ustedes; pero fueron *lavados*, pero fueron *santificados*, pero fueron *justificados* en el nombre del Señor Jesucristo y en el Espíritu de nuestro Dios".

Antes de ser salvo, ¿fuiste abusado sexualmente, maltratado, menospreciado o rechazado? ¡Pues esa persona murió junto con Cristo! (Romanos 6:6). Todo lo que te sucedió antes que conocieras a Jesucristo, pertenece a un hombre o una mujer muerta. Entonces, ¿por qué estás tratando de resucitar a esa persona? ¿Por qué estás encadenando tus pensamientos a un cadáver? ¡Los cuerpos muertos se descomponen y huelen mal!

¿Alguna vez has tenido un ratón muerto dentro de tu casa? El fumigador nos dice que los ratones comen el veneno que les provoca mucha sed y entonces deben salir de la casa para buscar qué beber. Pero algunos ratones comen mucho veneno, y no alcanzan a salir. ¡Nunca abandonan la casa! Y su putrefacto olor es realmente nauseabundo.

Así también, el olor de tu viejo hombre puede resultar agobiante y nauseabundo. Por lo cual, ¡debes mantener bien clavado el ataúd! No te sientes en la tumba del viejo hombre, no hagas revivir los recuerdos, ni llores por tu pasado; ya que este no es el comportamiento que Dios desea.

Cuando tus pensamientos quieran divagar en el pasado, acude a Dios en oración y dile algo así:

"Oh Padre, estoy muy agradecido porque esa persona ya no vive más; porque esa parte de mí está muerta, para nunca jamás resucitar. Gracias porque esas cosas viejas pasaron. Gracias por hacerme nuevo, totalmente nuevo. Gracias por perdonar todos mis pecados, por no recordarlos más, por ponerlos a tus espaldas y por alejarlos tan lejos como se encuentra el este del oeste. Oh Padre, perdóname por tan siquiera empezar a recordar, por pensar en aquellas cosas de las que Tú ya te has encargado de forma tan adecuada; y que has perdonado y olvidado. Señor, voy a concentrar todos mis pensamientos únicamente en aquellas cosas que Tú dices que son ahora verdaderas para mí".

Entonces, ¿qué te deprime respecto a tu pasado? Renuncia a ello elevando una oración de fe. Escríbela y luego léela en voz alta.

En este punto es muy probable que haya algunos que estén pensando: *¡Un momento! ¡Esto no puede quedarse así! Se ha hablado de cosas que pudieron pasarme antes de mi nueva vida en Cristo y que habrían sido enterradas con mi viejo hombre; pero ¿qué pasa si esas cosas le sucedieron a mi nuevo hombre? ¿Qué pasa si sucedieron después que conocí a Jesucristo?*

Esa es buena pregunta. Y en los siguientes capítulos discutiremos cómo tratar con el enojo, falta de perdón, amargura y otras cosas que pueden haberle sucedido al "nuevo hombre".

— SÉPTIMO DÍA —

En las Escrituras encontramos particularmente dos salmos que te serán de gran ayuda al afrontar los pensamientos de rechazo y las cosas que pueden causarte depresión.

Lee cuidadosamente los Salmos 42 y 43. Y mientras lo haces, marca y resalta las siguientes palabras: *Dios* (y todos Sus pronombres), *alma, desesperación, angustiado, rechazado y esperanza.*

Cuando hayas terminado, realiza una lista de lo que aprendiste de cada una de esas palabras.

Dios:

Alma:

Desesperación:

Angustiado:

Rechazado

Esperanza:

Tu alma es tu hombre interior: La mente, la voluntad, las emociones—lo que hace que tú seas "tú". Para ayudarte a aclarar lo observado al marcar, y para hacer una lista de cada uso de la palabra *alma* en los Salmos 42 y 43, te haremos algunas preguntas:

1. ¿Por qué clamaba el alma del salmista, y tenía sed de Dios?

2. ¿Alguna vez has experimentado algo similar? ¿Cuál fue la ocasión de tal clamor y sed de tu parte?

3. ¿Qué está tratando el salmista en su relación con Dios?

4. ¿Alguna vez te has sentido de esta manera con respecto a Dios y tu relación con Él? ¿Cuándo? ¿Por qué?

5. La desesperación es una falta de esperanza. ¿Qué aprendes sobre ella y sobre su cura en estos salmos?

6. ¿Encuentras algunas específicas acciones, en la experiencia del salmista, que puedas imitar cuando estés desesperado y te sientas rechazado por Dios?

Si oras al Señor con estos salmos, descubrirás que sus verdades echarán raíces en tu corazón y te traerán una nueva esperanza.

Al usar la Escritura para orar al Señor, tómala versículo por versículo, o pensamiento por pensamiento, personalizándolos para ti mismo o para otros. Por ejemplo, en la mañana durante tu devocional, mientras leas el Salmo 9, podrías sentirte guiado a arrodillarte y orar al Señor con las palabras de ese salmo a favor de todos tus hermanos que están sufriendo a causa del evangelio de Jesucristo. Al hacerlo, lo estarías personalizando según su situación. También podrías orar por aquellos quienes están siendo afligidos por otros.

Los salmos son especialmente maravillosos para ser convertidos en oraciones, porque son el derramamiento y la meditación que brota del corazón. Permítenos darte un ejemplo más, utilizando los primeros cinco versículos del Salmo 42.

Si te sintieras herido por tu hija, entonces la oración sería así:

"Oh Padre, mi corazón clama por ti así como el ciervo brama por las corrientes de las aguas. Estoy herido, Dios, y muchas personas dicen que Tú me has abandonado. En medio de mis pruebas, me preguntan dónde estás y por qué permites que pase por esta situación.

Oh Dios, quiero derramar mi corazón, mi alma, ante ti. Ayúdame en esta desesperación para recordar el gozo que he conocido contigo en el pasado, para recordar cómo guió a otros con voz de gozo y gratitud.

Oh Padre, estoy desesperado porque estoy herido. Sabes el dolor que he soportado porque mi hija no quiere saber nada de ti. Creo que fracasé en ser todo aquello que debí haber sido. Pero, Oh Señor, Tú eres más grande que todos mis fracasos. Tú puedes ayudarme en esta situación".

Así es como se personaliza y se ora a Dios usando la Escritura. ¿Por qué no haces la prueba ahora mismo, aunque sea con uno o dos versículos?

A lo largo de estos salmos, el salmista le dice a Dios exactamente cómo se siente; pero no se detiene allí. Él recuerda y repite en su mente lo que Dios ha hecho, quién es Él y qué hará.

El salmista recuerda su relación pasada con Dios, y reconoce que el tiempo de desesperación pasará y que él nuevamente alabará a Dios. Reconoce que si alguna ayuda le llegaría a venir, sería definitivamente de Dios.

Y al igual que en los otros salmos, una vez que el salmista ha colocado su corazón y sus necesidades delante de Dios juntamente con sus preguntas y dudas, entonces halla paz en el acto de confiar en Él.

Cuando te encuentres desesperado, ¡corre a los salmos! Y eleva con ellos una oración a Dios—en voz alta—hasta que llegue el dulce alivio de la fe.

VERSÍCULO PARA MEMORIZAR

"Pues aunque andamos en la carne, no luchamos según la carne. Porque las armas de nuestra contienda no son carnales, sino poderosas en Dios para la destrucción de fortalezas; destruyendo especulaciones y todo razonamiento altivo que se levanta contra el conocimiento de Dios, y poniendo todo pensamiento en cautiverio a la obediencia de Cristo".

2 CORINTIOS 10:3-5

PREGUNTAS PARA LA DISCUSIÓN EN GRUPOS PEQUEÑOS

En la octava semana observaste que Dios te ha hecho un sacerdote, y cómo pudo Él usar tu pasado para abrirte una puerta de ministerio. Ahora eres literalmente una nueva criatura en Cristo, y las cosas viejas pasaron.

También viste a Dios llamándote a ser un sacrificio vivo y a renovar tu mente para que puedas ser usado por Él.

1. Siendo tú una nueva creación en Cristo, y teniendo tu "vieja naturaleza" muerta, ¿quién es ahora tu enemigo?

2. Por lo general, ¿dónde ataca el enemigo al creyente? ¿Cuáles son algunos de los sentimientos, pensamientos y emociones - provenientes de nuestro pasado o situación presente—que debemos confrontar ahora?

3. ¿Qué aprendiste en Juan 8:44 acerca de tu enemigo? ¿Qué te enseña esto acerca de él y de la manera como vendrá en tu contra?

4. ¿Qué aprendiste en 2 Corintios 10:3-6 sobre tus armas en la guerra contra el enemigo?

5. ¿Cuál es el arma principal que debes usar contra las mentiras del enemigo?

6. ¿Qué tienes que hacer con los pensamientos que vienen a tu mente, de acuerdo con 2 Corintios 10?

7. ¿Cómo puedes someter cautivo todo pensamiento?

8. ¿Qué pasaje bíblico actúa como una plomada para medir tus pensamientos, a fin de ver si son agradables a Dios? ¿Qué aprendiste en este versículo sobre cómo deben ser tus pensamientos?

9. Los sentimientos de rechazo son una de las principales tácticas del enemigo. ¿Qué aprendiste sobre cómo tratar con esos sentimientos?

10. ¿Cómo puedes tratar con los sentimientos de depresión que vienen como resultado de tu pasado?

11. ¿Qué aprendiste en los Salmos 42 y 43, sobre la manera en que el salmista trató con su desesperación y sentimientos de rechazo por Dios, que puedas aplicar a tu vida cuando experimentes sentimientos parecidos?

12. ¿La lección de esta semana te ha ayudado a entender que puedes hacerle frente a los ataques del enemigo a tu mente, y que puedes pensar en las cosas que agradan a Dios? ¿Cómo planeas poner en práctica lo que has aprendido?

¡LA BATALLA ESTÁ EN MARCHA!

— *PRIMER DÍA* —

¿Qué haces cuando los pensamientos no se quieren ir? Pues recuerda que estás en una batalla, y que la estrategia de Satanás es asediar tu mente hasta acabar con tu resistencia y capturar así tus pensamientos. Por lo tanto, puedes esperar que una descarga de pensamientos golpee constantemente tus defensas. ¡Esto es una lucha espiritual!

Pero jamás olvides regocijarte, ya que Jesucristo es el gran vencedor. Y la victoria te será garantizada mientras le permitas a Él ser tu capitán, y mientras hagas lo que dice: "Por tanto, sométanse a Dios. Resistan, pues, al diablo y huirá de ustedes" (Santiago 4:7).

Ahora, veamos la forma práctica de ganarle ventaja al diablo y de resistirlo. El observar la manera en que Jesucristo trató con Satanás, cuando fue tentado, te será de gran ayuda y de discernimiento al confrontar aquellos pensamientos que te resultan persistentes y fastidiosos. Miremos el relato registrado en el libro de Mateo.

Al leer este pasaje, marca cada referencia a *Jesús* y *al diablo*. Asegúrate de marcar apropiadamente los pronombres para que puedas distinguir claramente si se refieren a nuestro Señor o al diablo.

● MATEO 4:1-11

1 Entonces Jesús fue llevado por el Espíritu (Santo) al desierto para ser tentado (puesto a prueba) por el diablo.

2 Después de haber ayunado cuarenta días y cuarenta noches, entonces tuvo hambre.

3 Y acercándose el tentador, Le dijo: "Si eres Hijo de Dios, ordena que estas piedras se conviertan en pan."

4 Pero Jesús le respondió: "Escrito está: 'NO SOLO DE PAN VIVIRA EL HOMBRE, SINO DE TODA PALABRA QUE SALE DE LA BOCA DE DIOS.'"

5 Entonces el diablo Lo llevó a la ciudad santa, y Lo puso sobre el pináculo del templo,

6 y Le dijo: "Si eres Hijo de Dios, lánzate abajo, pues escrito está: 'A SUS ANGELES TE ENCOMENDARA,' Y: 'EN LAS MANOS TE LLEVARAN, NO SEA QUE TU PIE TROPIECE EN PIEDRA.'"

7 Jesús le contestó: "También está escrito: 'NO TENTARAS (NO PONDRAS A PRUEBA) AL SEÑOR TU DIOS.'"

8 Otra vez el diablo Lo llevó a un monte muy alto, y Le mostró todos los reinos del mundo y la gloria de ellos,

9 y Le dijo: "Todo esto Te daré, si Te postras y me adoras."

10 Entonces Jesús le dijo: "¡Vete, Satanás! Porque escrito está: 'AL SEÑOR TU DIOS ADORARAS, Y SOLO A EL SERVIRAS (rendirás culto).'"

11 El diablo entonces Lo dejó; y al instante, unos ángeles vinieron y Le servían.

1. Haz una lista de lo que aprendes sobre las tácticas de Satanás en este pasaje.

2. ¿En qué área(s) tentó el diablo a Jesús?

3. ¿Encuentras algún parecido entre cómo tentó el diablo a Jesús y cómo te tienta a ti? Explica tu respuesta.

4. ¿Cómo enfrentó el Señor Jesucristo la tentación de Satanás?

Satanás perseveró en su intención de seducir a Jesús para que pecara. ¡Qué tremenda lección encontramos aquí para cada uno de nosotros! Satanás no se rindió en su intención de doblegar a Jesús. Y nosotros tampoco debemos rendirnos ante el enemigo; debemos resistirlo una y otra y otra vez, y rechazar pensamiento tras pensamiento que no sea agradable a Dios o que no esté de acuerdo con la Palabra de Dios. Todo cuanto diga el enemigo debe ser medido conforme al patrón

de la plomada de Dios, sin permitirle que use las Escrituras
fuera de contexto, o que las tuerza. Al igual que Jesús,
nosotros tenemos que resistir al diablo; pues nos ha sido dada
esa autoridad por medio de Aquel que está en nosotros: "…
porque mayor es Aquél que está en ustedes que el que está en
el mundo" (1 Juan 4:4).

Al luchar con pensamientos repetitivos e insistentes, que
son contrarios a Filipenses 4:8, debe ordenársele al enemigo
que se aleje de ti en el nombre del Señor Jesucristo. Por lo
general deberás hacer esto en voz alta; pero si no resulta
apropiado, por el lugar en el que te encuentres, también puedes
hacerlo en voz baja. Debes de decir algo así: "Satanás, esos
pensamientos no vienen de Dios. Tú no tienes ningún lugar en
mí, por lo tanto, en el nombre de Jesucristo y por la sangre de
Jesucristo, te ordeno que me dejes tranquilo". Pero, ¿por qué
dirigirnos a Satanás? Porque nuestro Señor Jesucristo así lo
hizo. Él lo reprendió y le dijo que se fuera.

Si en tu vida no estás teniendo victoria al querer detener
algunos pensamientos malos o inmorales, que persisten en
venir a tu mente, entonces dirígete verbalmente a Satanás
en la forma que te hemos mostrado. Clama por la sangre
de Jesucristo que derrotó a Satanás en la cruz del Calvario,
y memoriza este versículo: "Ellos lo vencieron por medio
de la sangre del Cordero y por la palabra del testimonio de
ellos, y no amaron sus vidas, *llegando* hasta *sufrir* la muerte"
(Apocalipsis 12:11).

Ahora bien, al resistir al diablo probablemente él volverá
con un segundo, tercero y hasta cuarto ataque. Así que deberás
mantenerte defendiendo tu territorio en total y fiel obediencia.
Finalmente, él tendrá que detenerse.

Terminemos el estudio de hoy resumiendo las verdades que
puedes aplicar cuando el diablo venga como un león rugiente,
tratando de devorar tu fe (1 Pedro 5:8). Al hacer tu lista o
resumen, personaliza todo cuanto aprendiste. Por ejemplo,

podrías empezar a escribir tus observaciones de la siguiente manera:

"Aprendí que debo _____."

— *SEGUNDO DÍA* —

Toda duda sobre la realidad del diablo, y sobre la batalla que el cristiano enfrenta, desaparece cuando uno abre la Palabra de Dios permitiéndole hablar por sí misma. Efesios 6:10-20 afirma claramente que estamos en una batalla. Léelo cuidadosamente.

⦿ EFESIOS 6:10-20

10 Por lo demás, fortalézcanse en el Señor y en el poder de su fuerza.

11 Revístanse con toda la armadura de Dios para que puedan estar firmes contra las insidias del diablo.

12 Porque nuestra lucha no es contra sangre y carne, sino contra principados, contra potestades, contra los poderes (gobernantes) de este mundo de tinieblas, contra las *fuerzas* espirituales de maldad en las *regiones* celestes.

13 Por tanto, tomen toda la armadura de Dios, para que puedan resistir en el día malo, y habiéndolo hecho todo, estar firmes.

14 Estén, pues, firmes, CEÑIDA SU CINTURA CON LA VERDAD, REVESTIDOS CON LA CORAZA DE LA JUSTICIA,

15 y calzados LOS PIES CON LA PREPARACION PARA ANUNCIAR EL EVANGELIO DE LA PAZ.

16 Sobre todo, tomen el escudo de la fe con el que podrán apagar todos los dardos encendidos del maligno.

17 Tomen también el CASCO DE LA SALVACION, y la espada del Espíritu que es la palabra de Dios.

18 Con toda oración y súplica oren en todo tiempo en el Espíritu, y así, velen con toda perseverancia y súplica por todos los santos.

19 *Oren* también por mí, para que me sea dada palabra al abrir mi boca, a fin de dar a conocer sin temor el misterio del evangelio,

20 por el cual soy embajador en cadenas; que *al proclamar* lo hable sin temor, como debo hablar.

1. En el margen derecho del texto, haz una lista de aquello contra lo cual luchamos.

2. En el siguiente espacio, o en el margen derecho, haz una lista de todo cuanto Dios instruya a Sus hijos a que hagan en este pasaje. No es necesario que seas muy específico con respecto a cada parte de la armadura.

3. Haz ahora una lista de cada parte de la armadura, y describe en forma breve cómo se relaciona cada parte de ella contigo como hijo de Dios.

4. ¿Cómo crees que se relacione la armadura con la batalla del cristiano en su mente?

5. El diablo hará todo cuanto pueda para impedir que acudas al Gran Médico y que Él aplique a tus heridas el bálsamo sanador de Galaad. El diablo quiere que te concentres en tus heridas y seas consumido por tu dolor, buscando que tu vida sea inútil para Dios.

¿Notas cómo puede usarse Efesios 6 para la sanidad de tus heridas? Por ejemplo, ¿cómo puede ser eficaz la armadura de Dios en el proceso sanador? Sé tan específico como puedas. Algún día muy cercano, cuando Dios te use para ayudar a otras personas, podrás usar todo cuanto aprendas ahora.

Permítenos darte un ejemplo. Lo primero que se nos dice
es que ciñamos nuestros lomos con la verdad. Esta parte de
la armadura resulta un tanto difícil de entender, así que te la
explicaremos y te mostraremos cómo puedes aplicarla a tu
vida.

Escribe lo siguiente: *"Voy a aprender las verdades de
la Palabra de Dios para que pueda caminar sin tropezar"*.
[En los tiempos bíblicos, cuando un hombre quería ir a algún
lugar con rapidez o tenía que hacer un trabajo, halaba la parte
de atrás de su vestimenta por entre sus piernas y luego la
metía en el cinturón para no tropezarse con ella o para que
no le molestara en su trabajo. Una variante para la traducción
"ceñida su cintura", también puede ser "ponte el cinturón de
la verdad". En este caso la analogía se refiere a la armadura
del soldado romano, cuyo cinturón mantenía la armadura en
su lugar. Y el soldado enganchaba también la coraza y la vaina
a su cinturón]. *Esto significa que tengo que envolverme en
la Palabra de Dios para que mantenga todo lo demás en su
lugar.*

Eleva una oración a Dios con Efesios 6:10-20. Recuerda
cuando hablamos acerca de orar usando la Escritura, y cómo
te enseñamos a usar el Salmo 42 que está en la página 183.
Personaliza estos versículos a la luz de tus sentimientos,
heridas y necesidades. Ora en voz alta.

— *TERCER DÍA* —

Algunas personas están heridas debido a que tienen una visión distorsionada de Dios y, en consecuencia, de ellos mismos. Esas personas están, como escribió nuestra amiga Karen, "llenas de dolorosos sentimientos de culpa, de odio hacia sí mismas, de temores y falta de dignidad... atrapadas en una compleja red de acciones en busca de ser aceptadas en sus relaciones; incluyendo su relación con Jesucristo."

Permítenos contarte un poco acerca de Karen.

Karen siempre parecía tener todo bajo control. Era una mujer piadosa que había ministrado a muchas personas por medio de su don espiritual de la exhortación. Nunca pudimos darnos cuenta de su lucha por aferrarse a las verdades de la Palabra de Dios que compartía con otros.

Conocemos a Karen desde hace muchos años, pero no supimos hasta hace algunas semanas, que ella había sido víctima de incesto. Fue entonces cuando nos contó la maravillosa obra de sanidad que el Señor había hecho en su vida hace poco. Entonces, pedimos a Dios que use su testimonio para ministrarte.

Bajo dirección de su pastor, Karen comenzó a elaborar un diario de pasajes bíblicos que ella podía personalizar. Nos dijo: "Estos eran pasajes que confirmaban quién soy en Cristo". "Pude darme cuenta que este era un ejercicio realmente difícil, porque siempre parecía sentirme atraída por lo que mostraba mis limitaciones y fracasos, por todo lo que me condenaba".

¿Puedes identificarte con esto, o conoces de alguien que podría identificarse?

Mientras Karen escudriñaba la Palabra, vio conceptos erróneos de sí misma y ciertas áreas problemáticas en su forma de pensar. Ella enumeró las siguientes:

- El temor y la ansiedad dominaban mi vida.
- Me sentía sin valor, inferior, cohibida y asqueada de mi persona.
- Me sentía rechazada por mis compañeros, familia y amigos.
- Sentía intensa culpa y vergüenza por haber permitido que ocurriera el abuso o por el placer que en parte me produjo. También había aceptado dinero de mi tío.
- Al haber perdido el respeto por mí misma, condescendí aceptando el mal comportamiento de otras personas como algo que yo me merecía.
- Mi enojo estaba dirigido directamente contra mí misma.
- Me convertí en una persona orientada a agradar en mis relaciones, especialmente en mi relación con Dios. Buscaba aprobación, pero sentía que estaba lejos de alcanzarla.
- Tristemente, me faltaba confianza delante de Dios y de los hombres. Siempre me sentía insuficiente e insegura.

Karen continuó diciendo: "Mientras observaba esa lista, me di cuenta que mi '*yo*' y *mis sentimientos gobernaban mi vida*. Ahora entendía por qué estaba en tal esclavitud".

Dios hizo una poderosa obra de sanidad en la vida de Karen; y no lo hizo por medio de algunas enseñanzas que nos dirigen a concentrarnos en el "yo"—en el amor propio, en autovalorarse, aceptarse y estimarse a uno mismo, en el poder del pensamiento positivo o en hacer confesiones positivas. No podía hacerlo así, pues era a su propio "yo" al que ella estaba esclavizada. La sanidad vino únicamente por medio del sometimiento a la Palabra de Dios y por la fe expresada en obediencia a ella. Vino a través de fortalecerse en el Señor y en el poder de Su fuerza. Vino cuando ella se puso toda la armadura de Dios.

El día de mañana veremos otras cosas que Karen nos compartió. Sin embargo, queremos hacerte una muy necesaria advertencia para el cristianismo de hoy.

Desde el principio, Satanás ha querido poner en duda la Palabra de Dios. Él quiere que cuestiones, dudes, deformes, alteres, adornes, desacredites, ignores o que sustituyas con alternativas la Palabra de Dios. Satanás, disfrazado como un ángel de luz, hará cualquier cosa para debilitarla—la diluirá o le añadirá adulterándola.

Recuerda, *la Palabra de Dios es todo cuanto necesitas para ser perfecto, enteramente preparado para toda buena obra* (2 Timoteo 3:16-17). Y todo lo relacionado con la armadura de Dios tiene algo que ver con Su Palabra.

La táctica del diablo no es sólo procurar que dudes, ignores y desobedezcas la Palabra de Dios, sino también que dudes del amor de Dios. Dudar del amor de Dios es dudar de Su carácter; y una vez que el enemigo pone en tu mente la duda del amor de Dios, te desconecta de la única, verdadera y segura fuente de sanidad—de tu Yejová-Rafá y la Palabra de Dios.

Por tanto, estás advertido; tienes que conocer a tu Dios, tienes que conocer Su Palabra y tienes que vivir de acuerdo a ella.

— CUARTO DÍA —

Karen es una fiel estudiante de la Palabra, pero la sanidad no pudo llegar a su vida sino hasta que ella hizo dos cosas. Primero, enfrentó el hecho de haber sido víctima del incesto. Para luego comenzar a apropiarse de las verdades de Dios y aplicarlas a sus necesidades en particular.

Ella escribió:

"Gradualmente, el Señor me capacitó para encontrar en Su Palabra una verdad para contrarrestar las mentiras que me había acostumbrado a escuchar. La imagen que Dios tenía de mí era muy distinta de la que yo tenía, y de la que había percibido que otros tenían de mí. Acostumbraba a personalizar los pasajes bíblicos escribiéndolos en un cuaderno y poniendo mi nombre. Luego los leía en voz alta y saboreaba esa verdad. Debía hacer un estudio sobre el carácter y los atributos de Dios, pues mi concepto de Él había sido equivocado. Yo anhelaba aferrarme a Su amor y aceptación incondicional, y ser libre del temor a Su ira.

También comencé a estudiar la ley y la gracia en la carta a los Romanos. Debido a que había estado tan condicionada a actuar, no había podido asirme por completo a la bendición de la gracia de Dios en mi vida. ¡Cuándo entendí esta verdad no podía evitar llorar de alegría! Mientras empecé a entender y a aceptar la gracia de Dios, la alabanza se convirtió de manera natural en un rebosante caudal de mi corazón. Por las noches me despertaba con una canción de alabanza o con un pasaje bíblico en mi corazón. Y casi todas las mañanas me despierto y comienzo a alabar y agradecer a Dios porque Él sostiene mi vida en la palma de Su mano. Puedo confiar en Él, en cada circunstancia que pudiera enfrentar ese día, sabiendo que Él la usará para hacerme madurar en Cristo.

También hice un estudio bíblico sobre quién soy en Cristo; pues, consciente del peligro de la excesiva auto-preocupación, mi meta era estimar el valor que Dios le da a Sus hijos y entender Su verdadero carácter. El pasaje de 2 Corintios 3:18 cobró un nuevo significado para mí cuando comencé a ver la Palabra como un espejo. Cuando me miraba en Ella, con el rostro descubierto (totalmente), podía ser transformada a Su amorosa imagen y entonces podía reflejarle".

En todo esto, Karen ceñía su cinturón con la verdad y se ponía la coraza de la justicia de Dios. Sus pies habían sido calzados con el apresto del evangelio de la paz. Aprendía cuál era su posición al estar con Dios y Jesucristo. El proceso de leer, escribir, personalizar y saborear las verdades de la Palabra de Dios, capacitaron a Karen para tomar el escudo de la fe con el cual puede apagar todos los dardos de fuego del enemigo. Ella se puso el yelmo de la salvación, renovando su mente para poder evaluar todo de acuerdo con la Palabra de Cristo. En el proceso, se encontraba afilando la espada del Espíritu, la Palabra de Dios; la única e incomparable arma ofensiva necesaria para ganar la batalla contra el maligno.

Y por medio de este estudio tú estás aprendiendo a hacer lo mismo. ¡Cuánto oramos para que seas un oidor y hacedor de la Palabra, para que lo que escuches sea de provecho porque todo lo acompañas de fe! (Hebreos 4:2).[1]

— *QUINTO DÍA* —

En los siguientes dos días meditaremos en el Salmo 119. Lee en tu Biblia el Salmos 119:1-88 y sigue las siguientes instrucciones:

1. Marca con un mismo color toda referencia a la Palabra de Dios. Las palabras que se refieren a la Palabra de Dios, que marcarás son...

     a. palabra   b. preceptos
     c. ley   d. juicios
     e. testimonios   f. estatutos
     g. ordenanzas

2. Marca también de manera resaltada cada una de las siguientes palabras: *Salvación, esperanza* y cada referencia a *Dios*, incluyendo todos *Sus* pronombres. Por lo general marcamos en color amarillo todas las referencias a Dios.

3. Marca cada referencia a la palabra *aflicción* y sus sinónimos.

Al leer, personaliza los versículos que te sean significativos, y conviértelos en una oración. Por ejemplo, cuando leemos el versículo 38 podríamos orar así:

"Padre celestial, *deseo* que establezcas tu Palabra en mi, tu siervo. Quiero que tu Palabra renueve mi mente y que produzca reverencia a ti. Quiero adorarte de la manera en que mereces ser adorado".

El salmista dice: "Bueno es para mí ser afligido, Para que aprenda Tus estatutos" (119:71).

Puedes orar diciendo:

"Señor, gracias por mostrarme que mis aflicciones me han guiado a Tu Palabra. Perdóname por no aferrarme con profunda fe a lo que tú dices sin importar cómo me sienta. Estoy aprendiendo a vivir por Tus estatutos, momento a momento. La Palabra de Dios es el consuelo en mi aflicción, porque Tu palabra me ha vivificado" (Salmo 119:50).

— *SEXTO DÍA* —

"Mucha paz tienen los que aman Tu ley, Y nada los hace tropezar" (Salmo 119:165). Esta es una promesa de Dios, y Su Palabra es realmente segura.

Lee el resto del Salmo 119, marcándolo de la misma manera que lo hiciste ayer. Medita y dale tiempo al Señor para que te hable. Personaliza en oración aquellos versículos que tengan un significado especial para ti; puedes empezar con una oración como el salmista: "Que llegue mi clamor ante Ti, SEÑOR; Conforme a Tu palabra dame entendimiento" (v. 169).

¿No es Maravilloso ver el poder protector, sustentador y vivificante de la Palabra de Dios en las aflicciones? Busca que la ley de Dios sea tu delicia para que no perezcas en tu aflicción (Salmo 119:92). Agradécele a Dios porque Su Palabra es lámpara a tus pies y lumbrera a tu camino (v. 105). Regocíjate porque Él te sustentará y sostendrá conforme a Su Palabra (v.116-117).

Cuando termines de leer el Salmo 119, escribe a continuación cómo te ministró de manera de personal.

— *SÉPTIMO DÍA* —

Mientras estudiaste el Salmo 119, y anotaste cada uso de la palabra *afligido*, habrás visto que la aflicción hace que nos volvamos a los estatutos de Dios; y la aflicción también nos da un ministerio.

El consuelo que recibes te capacita para ministrar a otros con el mismo consuelo que recibiste del Señor (2 Corintios 1:3-5). Lo cual nos lleva a una verdad muy importante: Al haber recibido al Señor Jesucristo como Salvador, tu vida tiene un propósito ya que Dios ha planeado buenas obras para que las realices. Por tanto, todo lo que tuviste que soportar en tu dolor no sólo será para tu propio bien, sino también para Su gloria cuando estés dispuesto a ministrar a otros al decirles lo que has aprendido.

Usaremos nuevamente a Karen como ejemplo. Ella escribió.

"Dios me ha dado amigos muy valiosos con quienes pude compartir mis sentimientos más profundos y mis temores más grandes. Ellos me dieron apoyo y mucho ánimo, y cuando era necesario me confrontaban. Me escuchaban con un corazón no condenatorio, y me ayudaron a ver muchos conceptos falsos que se habían arraigado en mi pensamiento. Ellos creyeron en mí al mismo tiempo que confiaban en que Dios sanaría mis heridas. Dios los usó como una extensión de Su amor por mí.

Mi propósito al permitirte conocer mi historia es el de ministrar a personas heridas. Desde que soy más abierta para hablar sobre lo que sucedió, he descubierto a muchas víctimas del mismo abuso".

El apóstol Pablo estaba muy consciente del tan crucial ministerio que tenemos en la vida de otras personas. Busca los siguientes pasajes y escribe qué aprendes de ellos con respecto al ministerio de unos con otros. Observa las diversas formas en que debemos ministrarnos y por qué debemos hacerlo.

1. Efesios 6:18-19

2. Hebreos 10:24-25

3. Gálatas 6:1

4. Gálatas 6:2

5. 1 Tesalonicenses 5:14-15

6. Romanos 12:10-11,15

7. 2 Corintios 1:3-5

8. Escribe Efesios 4:15-16

Cuando apliques a tu vida los pasajes que has estudiado hoy, y cuando ejercites tus dones espirituales[2], te darás cuenta que tu trabajo realizado "adecuadamente" hará que el cuerpo de Cristo crezca y se edifique en amor. El estar dispuesto a tomar a otros de la mano para ayudarlos a vivir a la luz de la Palabra de Dios, es un ministerio realmente muy necesario y satisfactorio. No sé de alguna otra alegría más grande que la de permitir que Dios nos use para bendición de otros.

¿Está usándote Dios? ¿Estás dispuesto a ser abierto y sensible para que otras personas puedan encontrarte accesible? ¿Estás disponible? Recuerda, no puedes continuar viviendo en pecado y a la vez ser usado por Dios.

Una vez que has permitido que Dios te sane a través de Su Palabra, estás listo para ser usado por Dios para sanidad de otros. Y no es necesario que seas un consejero profesional para poder ayudar; por favor no caigas en la trampa de esa clase de pensamientos.

Tú tienes la Palabra de Dios, y en el Salmo 119:24 leemos: "Tus testimonios son mi deleite; *Ellos son* mis consejeros". Tú tienes al Espíritu Santo, cuyo ministerio es guiarte a toda verdad y recordarte lo que has aprendido. Y la verdad de Dios santifica y libera a las personas; por eso, cuando estés ministrando a otros, pídele al Espíritu Santo que te muestre qué verdades necesita escuchar esa persona.

Recuerda por qué te fue dado Jesucristo. Isaías 9:6 nos dice: "Porque un Niño nos ha nacido, un Hijo nos ha sido dado, Y la soberanía reposará sobre Sus hombros. Y se llamará Su nombre Admirable Consejero, Dios Poderoso, Padre Eterno, Príncipe de Paz". Jesús es Quien debe gobernar nuestra vida; Él es nuestro consejero.

Entonces, sí tienes lo necesario para ministrar a otros— ¿verdad?

Ahora dedica unos minutos para hablar con tu Padre. Hazle saber que estás dispuesto a que Él te use para ministrar a otros, aunque tan sólo sea para orar, escucharles, alentarles, reprenderles o aconsejarles con Su Palabra. Y entonces, ¡verás lo que Dios hace!

VERSÍCULO PARA MEMORIZAR

"Mucha paz tienen los que aman Tu ley, Y nada los hace tropezar".

SALMOS 119:165

Preguntas Para La Discusión En Grupos Pequeños

En la novena semana aprendiste que cuando el enemigo ataca tu mente con pensamientos mentirosos, tú puedes compararlos con la verdad de la Palabra de Dios y escoger pensar en las cosas que cumplan la medida de Filipenses 4:8.

También aprendiste cómo tratar con sentimientos específicos de rechazo y desesperación.

1. La semana pasada vimos que tienes un enemigo: Satanás. Ahora hemos visto que en esta batalla también hay otras fuerzas a su disposición para ayudarlo en el ataque contra los creyentes. ¿Qué aprendiste durante esta semana sobre esas fuerzas?
2. ¿Qué aprendiste a partir del relato del ataque de Satanás después que el Señor Jesús había estado en el desierto durante cuarenta días y cuarenta noches?
   a. ¿Cuál fue la importancia del momento preciso del ataque de Satanás?
   b. Lee otra vez el primer versículo de ese pasaje. ¿Se sorprendió Dios por lo que le sucedió a Jesús? ¿Qué significa eso para ti?
   c. ¿Qué cosas le ofreció Satanás a Jesús? ¿Eran cosas que podían satisfacer una necesidad legítima?
   d. ¿Cómo se acercó a Jesús? ¿Qué hizo Satanás con la Palabra de Dios?
   e. ¿Desistió Satanás y se fue, después que Jesús lo rechazó por primera vez?
   f. ¿Qué hizo nuestro Señor para combatir los ataques de Satanás?
   g. ¿Encuentras alguna similitud entre este ataque a Jesús

y la manera en que el enemigo te ataca?

3. Viste tu autoridad en 1 Juan 4:4. ¿Qué significa para ti este versículo en tu diario vivir?

4. En Efesios 6 aprendiste más sobre tu batalla espiritual, y la manera como debes tratar con el enemigo.

   a. ¿Dónde está nuestra lucha?

   b. ¿Qué se te enseña hacer para permanecer firme contra el enemigo?

   c. Después de seguir las instrucciones para resistir al diablo, hay todavía una instrucción más. ¿Cuál es?

   d. Vemos que tenemos una responsabilidad también hacia otros. ¿Cuál es?

5. ¿Qué es especialmente importante para nosotros, sobre ceñirnos con la verdad, en este estudio?

6. ¿Qué aprendiste sobre las otras partes de la armadura?

7. ¿Cómo puede ser usado el entendimiento de Efesios 6, para sanar tus heridas?

8. La lucha espiritual incluye aflicción de parte del enemigo. ¿Qué aprendiste en el Salmo 119 sobre la aflicción?

9. ¿Qué hace la Palabra de Dios en la aflicción? ¿Cuál fue el clamor del salmista a la luz de la aflicción?

10. Al final de tu lección, buscaste pasajes que te mostraron que Dios puede usar tu aflicción para ministrar a otros. ¿Cuáles fueron algunas de las cosas que viste en esos versículos? ¿Cómo piensas aplicar lo que aprendiste?

¿Como Puedo Perdonar?

— PRIMER DÍA —

"¿Deseas estar bien?"

Esta pregunta debe haberle resultado tan chocante como recibir un balde de agua fría en la cabeza. Pero, realmente lo hizo reaccionar. Allí estaba él, cara a cara con la Verdad. Ya no podría escudarse más en su debilidad, ni habría más solaz en su dolor, ni más excusas por lo que pudiera haber sido, hecho o tenido si hubiera estado sano. Ahora estaba contemplando a Aquel que podía sanarlo.

¿Realmente deseaba estar bien?

Había estado enfermo durante treinta y ocho años. Había pasado sus días entre los débiles, enfermos e inválidos. Nadie le exigía nada porque era tan solo un hombre atormentado. El mundo le tenía lástima, porque la vida le había hecho una mala jugada.

¿Deseaba estar bien? Esta es una pregunta muy válida.

Él sabía, por supuesto, cómo podía ser sano. Ya tenía todo calculado, y por eso había estado reposando junto al estanque de Betesda durante todos esos años esperando que viniera un ángel y agitara las aguas. Él sabía que la única manera de sanarse era metiéndose en esas agitadas aguas antes que cualquier otra persona. Por eso le respondió a Jesús: "El enfermo Le respondió: "Señor, no tengo a nadie que me meta en el estanque cuando el agua es agitada; y mientras yo llego, otro baja antes que yo" (Juan 5:7).

¡Este hombre sí sería sanado!, pero no en la forma que había planeado. En vez de eso, simplemente tenía que levantarse, tomar su lecho y andar.

Y *tú*, ¿deseas estar bien? Por favor no te ofendas por la pregunta.

Lo que sucede es que hay algunas personas que aman sus heridas, dolores y enfermedades. ¿Por qué? Pues hay varias razones.

Su dolor hace que otros les presten atención y les tengan lástima; por eso les agrada exhibir sus heridas frente a otros. Quieren que las personas se pongan de su lado, y que desprecien a aquellos quienes los han herido. Encuentran un torcido consuelo en verlos a ellos rechazados y heridos. ¿Cómo podrían vengarse de quienes los hirieron si fueran sanados? ¿Cómo podrían seguir haciéndolos sufrir?

Algunos alimentan sus heridas porque pueden usarlas como excusas para sus defectos y fracasos. Su mentalidad es: *"Yo soy como soy, debido a lo que he sufrido; y, ¡no puedes esperar más de mí!"* Entonces, la sanidad les quitaría la excusa de ser lo que son, y les haría asumir la responsabilidad de ser lo que debieran ser.

Otros no quieren ser sanados porque están enojados con Dios. Y si Dios los sanara, sentirían que tienen una obligación para con Él—de ser lo que Dios quiere que sean. Ellos no quieren eso. Están centrados en sí mismos, y renunciar a su ego sería perder el control. Por esta razón, no quieren ser sanados.

También hay quienes no se sienten seguros de saber cómo vivir en caso de ser sanados, pues le temen al cambio. En cierto sentido, hay un falso "bienestar" en su dolor. Si han logrado vivir, y sobrevivir durante todo este tiempo, entonces ¿por qué cambiar?

Y para aquellos quienes están tan enojados, amargados, desesperados, desmoralizados e insensibles, les puede resultar difícil el creer que las cosas podrían cambiar alguna vez. Para ellos la sanidad no es ni siquiera una posibilidad—no es probable, no es posible. Ellos no se dan cuenta que podrían ser desatados de las cadenas de la amargura y del enojo, que hay esperanza para los desesperados y desmoralizados.

Después de haber dicho todo esto, volvamos a la pregunta anterior: ¿Deseas estar bien? Si tu respuesta es sí, entonces debemos preguntarte: ¿Estás dispuesto a ser sanado a la manera de Dios? ¿A ser hecho íntegro? ¿A ser sanado sin importar lo que Dios te pida que hagas? ¿O quieres ser sanado a tu manera y bajo tus propias condiciones?

No existe herida demasiado grande, profunda o perjudicial que no pueda ser sanada por medio del Espíritu de Dios obrando a través de Su Palabra; pero la sanidad es para aquellos quienes están dispuestos a confiar y obedecer.

En estas últimas semanas de estudio, estudiaremos algunos detalles específicos con respecto al perdón, el enojo, la amargura, el amor y la aceptación—los elementos esenciales con los que debemos tratar si es que queremos ser sanados. Tal vez te encuentres cara a cara con algunas difíciles decisiones respecto a perdonar a otras personas, dejar a un lado el enojo y la amargura, actuar con amor y aceptar a ciertas personas quienes consideras que tienen contigo una deuda que aún no te han pagado.

Encontrarás al Espíritu de Dios preguntándote una y otra vez: "¿Deseas estar bien?" Y cuánto oramos por que tu respuesta sea: "¡Sí, sáname Señor! ¡Quiero ser sanado, quiero estar sano y ser íntegro, para poder servirte a plenitud!"

¿Cuáles son tus dudas y temores cuando te enfrentas con la pregunta: "¿Deseas estar bien?"? Escríbelas, para que así puedas considerarlas y ver cómo Dios trata con ellas obrando tu sanidad.

Las heridas físicas que estén infectadas o llenas de tejido muerto, jamás sanarán adecuadamente hasta haber sido limpiadas por completo. El mismo principio se aplica en el terreno espiritual y emocional del ser humano interior. La sanidad no viene por ignorar la infección o el tejido muerto, o por poner una venda sobre la herida y esperar que esta sane.

No puedes simplemente cubrir la infección de una herida, ni la ardiente inflamación del alma adolorida, y esperar que sane. La herida tiene que ser descubierta, hay que abrirla y limpiarla por completo para que pueda sanar. Con esto no queremos decir que necesites revivir cosas que el Señor haya borrado, o aquellas que tal vez ni recuerdas.

Sin embargo, todo lo enterrado, guardado o negado, necesita ser expuesto para que se le aplique el bálsamo sanador de Galaad que le traerá sanidad. Pero no es necesario que escarbes en tu pasado usando varios métodos no bíblicos; pues Pablo mismo desaprueba el buscar en el ático de tu pasado: "…olvidando lo que *queda* atrás" (Filipenses 3:13).

Si hubiera algo que has enterrado, que necesite ser tratado, Dios mismo te lo recordará mientras oras diciendo: "Escudríñame, oh Dios… Y ve si hay en mí camino malo" (Salmo 139:23-24).

La sanidad es un proceso que ocurre momento a momento, y pensamiento tras pensamiento, cuando escoges creerle a Dios y caminar en obediencia sin importar cómo te sientas. ¿Notaste que usamos la palabra *escoges*?

La sanidad viene cuando tú escoges creer, obedecer y aferrarte al carácter de Dios y Su Palabra. Pues si deseas aferrarte a Dios, al igual que el cinturón se ciñe a la cintura de una persona, entonces Dios te hará una persona "por renombre, para alabanza y para gloria" (Jeremías 13:1-11).

Iniciemos tu proceso de sanidad identificando el origen de tu herida. ¿Qué piensas que te está causando dolor? ¿Estás herido por lo que alguien te hizo? ¿Estás herido debido a algo que tú has hecho a otras personas o a Dios? ¿Estás herido porque estás decepcionado de Dios o enojado con Él porque crees que te ha fallado?

Escribe lo que crees que Dios te muestre como origen de tus heridas. Esto a veces puede resultar difícil porque no queremos que nadie se entere. Sentimos temor de que se disgusten con nosotros o que nos rechacen si saben en qué nos hemos involucrado. Pero, si Dios es contigo, ¿quién contra ti? Si Dios no te ha rechazado, entonces ¿qué derecho tiene el hombre de hacerlo? ¡Ninguno! El ser humano no es más grande que Dios.

Recuerda la promesa de Jeremías 29:11. Búscala y escríbela antes de escribir tus heridas y sus orígenes.

El decirle a otros la razón por la que estamos heridos es el medio que Dios muchas veces utiliza para nuestra sanidad. Y aquí es donde entra en acción el cuerpo de Cristo, conforme a lo que Dios nos enseña sobre llevar los unos las cargas de los otros (Gálatas 6:2). Varias veces hemos sido gratamente sorprendidos al ver lo que sucede cuando seguimos las instrucciones de Santiago 5:16 "Por tanto, confiésense sus pecados unos a otros, y oren unos por otros para que sean sanados. La oración (súplica) eficaz del justo puede lograr mucho."

Muchas personas nos han escrito: "Nunca le he dicho esto a nadie en mi vida, pero…" Y en lo más intenso de su problema encontraron un alivio sólo por el hecho de decirle a otra persona, en quien podían confiar, en qué se vieron involucrados, y lo que soportaron o sufrieron.

Una mujer nos escribió después de ver nuestro programa de televisión acerca del incesto. Ella tenía unos sesenta años, estaba casada por tercera vez y herida de tal manera que sus relaciones familiares estaban siendo muy afectadas. Ella había sido abusada sexualmente por su padre y sus hermanos; y sentía mucho miedo de que alguien lo descubriera, pues pensaría que ella lo había provocado. Por casi cincuenta años esta encantadora mujer había estado sufriendo un dolor, vergüenza y culpa innecesarios… porque todo ese tiempo había un bálsamo en Galaad dispuesto para ella. Y no lo descubrió hasta que nos escribió pidiendo ayuda.

Conocemos a personas que han sido víctimas de toda clase de perversión, incluyendo el bestialismo. También conocemos a muchas que han estado involucradas en el lesbianismo, homosexualidad o adulterio. Totalmente asqueados por eso, dudaban que Dios pudiera usarlos de alguna manera. Conocemos a otras personas que han sido víctimas de toda clase de perversidades. Para ellas era muy difícil creer que Dios podría perdonarlas, y peor aún que pudiera usarlas. El contar estas cosas a un cristiano maduro, conocedor de la Palabra de Dios, les ha traído gran alivio y victoria.

Si tú no puedes exponer tu herida debido al dolor que te produce el tan sólo mencionarla, quiere decir que es una herida que está seriamente infectada. Entonces, debe ser cortada, abierta, limpiada totalmente y luego tratada con el bálsamo de Galaad para que pueda sanar.

¡Agradécele a Dios que no exista herida que sea mayor que Su poder sanador! También agradécele porque Su amor es suficiente para ti y para todos aquellos quienes deseas que también sean sanados.

— *SEGUNDO DÍA* —

Como preparación para las siguientes semanas de estudio sobre el perdón, el enojo, la amargura, el resentimiento y el rechazo; queremos asegurarnos que veas que todo cuanto has soportado, sufrido o experimentado, puede tener un valor eterno si lo consideras desde la perspectiva de Dios.

Si hay algún hombre en la Palabra de Dios que demuestre esta verdad, con seguridad es José. Para ver cómo nos demuestra este precepto de vida, tendrás que leer una parte del libro de Génesis; esto te tomará algo de tiempo, pero te será realmente muy beneficioso.

1. Génesis 37:1-36. En el siguiente espacio resume lo que leas sobre el rechazo que José sufrió por parte de sus hermanos.

2. Génesis 39:1-23. Observa la tentación y lo que José sufrió pese a su inocencia. Escribe la manera en que José fue tentado, y lo que sufrió como resultado de su obediencia a Dios. ¿Cuánto duró? ¿Cómo reaccionó?

3. Génesis 40:1-23. Aunque José no lo sabía, Dios estaba ordenando las circunstancias que finalmente traerían su liberación. De igual manera sucede contigo, y puedes descansar en esta verdad porque 1 Corintios 10:13 nos dice: "No les ha sobrevenido ninguna tentación que no sea común a los hombres. Fiel es Dios, que no permitirá que ustedes sean tentados más allá de lo que pueden *soportar*, sino que con la tentación proveerá también la vía de escape, a fin de que puedan resistir*la*."

4. Génesis 41:1-57. Cuando Faraón escuchó la interpretación que José le dio del sueño, el corazón de Faraón simpatizó con José. De esta manera fue colocado en el puesto que más adelante le permitiría usar todo cuanto había sufrido para beneficio de su padre, su familia y también de Egipto. Debido a la hambruna, los hermanos de José fueron a Egipto a comprar trigo. Y mediante una serie de circunstancias, ordenadas por Dios, José los ayudó dándoles trigo. Por último él mismo se reveló a sus hermanos. Si dispones de más tiempo, lee los capítulos 42-44.

5. Génesis 45:1-5. Escribe el versículo 5; lee también Génesis 50:15-21, y escribe el versículo 20 junto con las palabras "para que sucediera como *vemos* hoy". Escribe cómo podrían aplicarse estos versículos a tu vida y tus heridas.

¡De seguro esto te da gran esperanza!

— *TERCER DÍA* —

¿Quién o quiénes te hirieron? ¿Los has perdonado?

Si fuiste la causa de tu propio dolor, ¿has recibido el perdón de Dios?

A menos que recibas, y des el perdón de Dios, no vas a ser sanado. Si deseas sanarte, debes hacer lo que Jesucristo dice; y nada menos que eso será suficiente.

En Lucas 11, cuando los discípulos fueron a Jesús pidiéndole que les enseñara a orar, Él les dio el Padre Nuestro. Esta oración consistía en siete oraciones temáticas que cubren los ingredientes esenciales de la oración eficaz. Y esta misma oración se repite en Mateo 6:9-13:

> "Ustedes, pues, oren de esta manera:
> 'Padre nuestro que estás en los cielos,
> Santificado sea Tu nombre.
> 'Venga Tu reino. Hágase Tu voluntad,
> Así en la tierra como en el cielo.
> 'Danos hoy el pan nuestro de cada día.
> 'Y perdónanos nuestras deudas (ofensas, pecados), como también nosotros hemos perdonado a nuestros deudores (los que nos ofenden, nos hacen mal).
> 'Y no nos metas (no nos dejes caer) en tentación, sino líbranos del mal (del maligno). Porque Tuyo es el reino y el poder y la gloria para siempre. Amén."

Y de esa manera Jesús concluye su modelo de oración. Pero aún tenía más que decir con respecto al perdón: "Porque si ustedes perdonan a los hombres sus transgresiones (faltas, delitos), también su Padre celestial les perdonará a ustedes. "Pero si no perdonan a los hombres, tampoco su Padre les perdonará a ustedes sus transgresiones (faltas, delitos)" (6:14-15).

1. ¿Qué nos enseña este pasaje de Mateo 6 sobre el perdón? Escribe una respuesta detallada, porque es de mucha importancia para tu sanidad el que comprendas plenamente esta verdad.

2. Una de las explicaciones más claras acerca del perdón, nos fue dada en una parábola relatada por nuestro Señor. Esta parábola se dio como respuesta a la pregunta que Pedro le hizo a Jesús sobre cuántas veces tenía que perdonar a una persona que había pecado contra él.

   Lee cuidadosamente la respuesta de Jesús, y mientras lo haces marca la palabra *perdonar* y todos sus sinónimos. Diez mil talentos equivale a unos $10,000.00 en plata, pero su valor es mayor en poder adquisitivo. Un denario equivalía a todo un día de salario—como de $18.00.

● MATEO 18:21-35

21 Entonces acercándose Pedro, preguntó a Jesús: "Señor, ¿cuántas veces pecará mi hermano contra mí que yo haya de perdonarlo? ¿Hasta siete veces?"

22 Jesús le contestó: "No te digo hasta siete veces, sino hasta setenta veces siete.

23 "Por eso, el reino de los cielos puede compararse a cierto rey que quiso ajustar cuentas con sus siervos.

24 "Al comenzar a ajustar*las*, le fue presentado uno que le debía 10,000 talentos (216 toneladas de plata).

25 "Pero no teniendo él *con qué* pagar, su señor ordenó que lo vendieran, junto con su mujer e hijos y todo cuanto poseía, y *así* pagara la deuda.

26 "Entonces el siervo cayó postrado ante él, diciendo: 'Tenga paciencia conmigo y todo se lo pagaré.'

27 "Y el señor de aquel siervo tuvo compasión, lo soltó y le perdonó la deuda.

28 "Pero al salir aquel siervo, encontró a uno de sus consiervos que le debía 100 denarios (salario de 100 días), y echándole mano, *lo* ahogaba, diciendo: 'Paga lo que debes.'

29 "Entonces su consiervo, cayendo *a sus pies*, le suplicaba: 'Ten paciencia conmigo y te pagaré.'

30 "Sin embargo, él no quiso, sino que fue y lo echó en la cárcel hasta que pagara lo que debía.

31 "Así que cuando sus consiervos vieron lo que había pasado, se entristecieron mucho, y fueron y contaron a su señor todo lo que había sucedido.

32 "Entonces, llamando al siervo, su señor le dijo: 'Siervo malvado, te perdoné toda aquella deuda porque me suplicaste.

33 '¿No deberías tú también haberte compadecido de tu consiervo, así como yo me compadecí de ti?'

34 "Y enfurecido su señor, lo entregó a los verdugos hasta que pagara todo lo que le debía.

35 "Así también Mi Padre celestial hará con ustedes, si no perdonan de corazón cada uno a su hermano."

3. Permítenos hacerte algunas preguntas para ayudarte a aclarar lo que nuestro Señor está diciendo en esta parábola.
   a. ¿Con qué compara Jesucristo esos eventos?

   b. ¿A quién crees que representa el rey en esta parábola? ¿Por qué? ¿Y a quién crees que representa el siervo del rey?

c. ¿Qué crees que Jesucristo está tratando de enseñarnos con la situación existente entre los dos siervos—uno en deuda con el otro?

d. ¿Por qué se enojó tanto el rey con el siervo al que le había perdonado la deuda?

4. ¿Cuál era el punto central de la historia—su fundamento esencial? ¿Puedes ver algunas similitudes entre este relato y lo que estudiaste en Mateo? Explica tu respuesta.

5. ¿Qué has aprendido de este relato que puedas aplicar a tu vida? Sé específico.

¡No permitas que estas cosas te entren por un oído y salgan por el otro, medita en ellas!

— CUARTO DÍA —

Antes que sigamos hablando del tema de perdonar a otros, debes comprender que sin importar lo que hayas hecho, Dios te ha asegurado el completo y absoluto perdón. Fue por medio de la sangre de Jesucristo que todos tus pecados fueron pagados—de una vez y para siempre (Hebreos 10:10).

Si no entiendes o no recibes el perdón de Dios, te será casi imposible perdonar a aquellos quienes te han herido profundamente, o que no han sido lo que debieran haber sido para ti como cónyuge, madre, padre, hermana, hermano, hijo, hija, amigo o amiga.

Una conciencia culpable puede causar tremendos estragos y destrucción en tus relaciones con otros, en tus emociones y hasta en tu cuerpo. La cura para una conciencia culpable se logra cuando comprendes y aceptas la gracia de Dios, Quien perdona todos tus pecados por medio de la fe en el Señor Jesucristo. Una conciencia culpable debe lanzarse como trapo sucio al pie del trono de Dios en el Lugar Santísimo. Por esa razón, el autor del libro de Hebreos escribe:

"Entonces, hermanos, puesto que tenemos confianza para entrar al Lugar Santísimo por la sangre de Jesús, por un camino nuevo y vivo que El inauguró para nosotros por medio del velo, es decir, Su carne, y puesto que *tenemos* un gran Sacerdote sobre la casa de Dios, acerquémonos con corazón sincero (verdadero), en plena certidumbre de fe, teniendo nuestro corazón purificado de mala conciencia y nuestro cuerpo lavado con agua pura" (Hebreos 10:19-22).

No hay culpa que no pueda ser quitada en el trono de la gracia. Todo lo que debes hacer es acercarte a Él.

Hubo un cierto pastor que era muy estricto en cuanto a la doctrina, pero que abatía implacablemente y sin amor a su congregación. Sus sermones eran severos, su andar era legalista, y sus expectativas eran exigentes. Hasta su esposa se turbaba ante su presencia. Nada estaba bien, nada lo agradaba.

Usaba la palabra *amor*, pero parecía ser sólo un conocimiento intelectual. La misericordia compasiva del amor nunca se mostraba en su vida, hasta el día en que se quebrantó confesando su pasado a otro creyente. Durante años había mantenido su pecado reprimido dentro de sí; el cual sólo lo conocían él y una prostituta. Antes de comenzar el pastorado, había prestado servicio en el ejército. Su base de operaciones estaba en Corea y le dieron dos semanas de vacaciones en Japón. Allí se había debilitado en la fe, se había rendido a los deseos temporales de la carne y había acudido a una prostituta. Él conocía la Palabra de Dios y sabía que el adulterio era pecado, sin embargo había cedido.

Pero ahora, después de todos sus años de servicio a Dios— un servicio con profunda dedicación y con severa disciplina— sentía que todavía no había compensado lo suficiente por la culpa que atormentaba su conciencia. Y sí, él sabía de la cruz, de la muerte de Cristo por sus pecados, pero por alguna razón no podía aceptar el perdón de Dios ofrecido gratuitamente, sin costo alguno, por aquel pecado tan descarado y particular. Como él no podía aceptar el perdón de Dios, eso le afectaba en su relación con su esposa y su ministerio como pastor.

¡Qué lejos estaba de representar al Buen Pastor de las ovejas! Porque él era un pastor que arreaba a sus ovejas en vez de guiarlas. Y todo debido a que se encontraba impulsado por la culpa de su pecado. Él estaba tratando de compensar algo que ya había sido tratado y cubierto dos mil años antes, cuando Jesucristo clamó: *"Teléo*—¡Consumado es!" Todo cuanto ese hombre necesitaba era confesar su pecado y creer lo que Dios dijo—"El es fiel y justo para perdonarnos los pecados y para limpiarnos de toda maldad (iniquidad)" (1 Juan 1:9).

De algún modo, aunque entendía que la palabra gracia significa favor inmerecido, él vivía bajo la ley en lugar de bajo el pacto de la gracia. No aplicó la verdad de Hebreos 10:15-18: "También el Espíritu Santo nos da testimonio. Porque después de haber dicho: "Este Es El Pacto Que Hare Con Ellos Despues De Aquellos Dias, Dice El Señor: Pondre Mis Leyes En Su Corazon, Y En Su Mente Las Escribire," añade: "Y Nunca Mas Me Acordare De Sus Pecados E Iniquidades." Ahora bien, donde hay perdón (remisión) de estas cosas, ya no hay ofrenda por el pecado".

¿Qué darías para pagar por tus pecados? ¿Qué puedes hacer en tu incapacidad para pagar la exorbitante deuda que debes a nuestro justo y Santo Dios? ¿Trabajar toda la vida? ¿Guardarías todos Sus mandamientos todo el tiempo, sin fallar ni una vez? ¿Ser siempre todo lo que debes ser? ¿Ser infalible como Jesús? ¿Acaso puedes hacerlo? ¡Por supuesto que no! Entonces ¿qué harás para pagar por todas las veces que has sido menos que perfecto? ¿Qué vas a hacer para pagar por todas las veces en que has sido, por tu propia elección, desobediente a la voluntad de Dios sabiendo muy bien lo que hacías? Bueno, trata de hacer lo que sea, pero ¡no dará resultado!

Sea que tu pecado haya sido grande y descarado, o delicado y disfrazado, hay sólo una manera de recibir el perdón de Dios; y ésta es por medio de la sangre del Señor Jesús —Jesús el Único sin pecado que fue hecho pecado por ti, a fin que fuéramos hechos justicia de Dios en Él (2 Corintios 5:21).

El perdón de Dios siempre es un acto de gracia, y uno se apropia de él simplemente reconociendo su pecado contra Dios y recibiendo Su completo perdón. Está escrito en la Palabra infalible de Dios: "Palabra fiel y digna de ser aceptada por todos: Cristo Jesús vino al mundo para salvar a los pecadores" (1 Timoteo 1: 15).

Si rechazas el creer que has sido perdonado para siempre le estás dando la espalda a Jesucristo, Quien pagó por todos tus pecados: pasados, presentes y futuros.

Dios está muy deseoso de verte caminar en la realidad del completo perdón. Pero, ¿cómo recibes el perdón? Déjame darte algunos principios de las Escrituras que deberías incluir como parte de tu oración.

1. *Primero, acepta ante Dios que lo que has hecho es pecado, una transgresión contra Dios, una rebelión contra Su voluntad.* Llama al pecado por su nombre. La transliteración de la palabra griega traducida como *confesar* en 1 Juan 1:9 es *jomologuéo.* En griego, esa palabra significa "decir la misma cosa, estar de acuerdo con". Entonces, confesar el pecado es reconocer que aquello que has hecho está mal a los ojos de Dios, y que concuerdas con Él.

2. *Asume la responsabilidad de ese pecado.* No puedes culpar a nadie más. Tú escogiste hacer lo que hiciste. "A aquél, pues, que sabe hacer lo bueno y no *lo* hace, le es pecado" (Santiago 4:17). Reconócelo y asume tu plena responsabilidad.

3. *Dile a Dios que estás dispuesto a enmendar la situación con otras personas de ser así necesario.* El deseo de estar bien no sólo con Dios, sino también con los hombres, sigue el principio establecido en Mateo 5:23-24: "Por tanto, si estás presentando tu ofrenda en el altar, y allí te acuerdas que tu hermano tiene algo contra ti, deja tu ofrenda allí delante del altar, y ve, reconcíliate primero con tu hermano, y entonces ven y presenta tu ofrenda."

4. *Agradece a Dios por la sangre de Jesucristo,* la cual te limpia de todo pecado, y por fe acepta Su perdón. Recuerda que el perdón es siempre por medio de la gracia, nunca por los méritos. "Donde el pecado abundó, sobreabundó la gracia" (Romanos 5:20).

5. *Cree lo que Dios dice* "Por tanto, ahora no hay condenación para los que están en Cristo Jesús..." (Romanos 8:1). Sin importar lo que sientas, aférrate por fe a lo que Dios dice. No permitas que el acusador, Satanás, te robe la victoria de la fe.

6. *Agradece a Dios por el regalo del Espíritu Santo, y dile que quieres andar en el Espíritu para no satisfacer más los deseos de la carne* (Gálatas 5:16).

Ahora mismo busca a Dios recordando estos principios y pídele que te perdone. Una oración basada en este deseo demostrará un genuino arrepentimiento.

— QUINTO DÍA—

Y al haber recibido el perdón, ¿cómo debes responder a quienes hayan pecado contra ti? Posiblemente tu cónyuge, tus padres, tu hijo, tu amigo o vecino aún no han pagado la deuda que tienen contigo para poder tener una relación apropiada. Acaso, ¿necesitas perdonarlos porque no fueron lo que debían haber sido?

Puede que tu esposa te humille constantemente o que se niegue sexualmente. Tal vez tu esposo abusó de ti o te descuidó en lugar de amarte tal como Dios lo ordena. Tal vez tus padres te descuidaron, te humillaron, abusaron de ti o fallaron en su responsabilidad de cuidarte. Tal vez tus vecinos o amigos se aprovecharon de ti en vez de amarte como se aman a ellos mismos. Tal vez alguien hirió o lastimó a tu ser más querido.

¿Cómo reaccionarás ante esas personas? Para responder a esa pregunta, necesitamos ver lo que Dios dice en Su Palabra. Busca los siguientes pasajes bíblicos, y escribe lo que aprendas de ellos con respecto al "cómo", el "por qué" y las razones del perdón.

1. Efesios 4:31-32 ¿Ves la conexión entre la amargura, el enojo, la ira, la gritería y la maledicencia con la falta de perdón? Explica lo que percibes al considerar esos versículos.

2. Colosenses 3:12-15. Al leer estos versículos, ¿puedes ver alguna relación entre el carácter y el estilo de vida al que Dios nos llama, y la amonestación a perdonar a otros?

3. Finalmente, ¿cómo se relaciona lo que has visto en Colosenses y Efesios, con lo que viste hace dos días en el estudio de Mateo 18:21-35 y 6:8, 12, 14-15?

La más grande expresión del amor de Dios se vio en la cruz del Calvario cuando Jesús dijo: "Padre, perdónalos, porque no saben lo que hacen" (Lucas 23:34). El amor perdona.

Piensa en esto y mañana veremos por qué a veces resulta tan difícil perdonar.

— *SEXTO DÍA* —

Cuando hemos sufrido injustamente a causa de otros, nos resulta difícil perdonar; especialmente, si la otra persona no quiere admitirlo o no se arrepiente por lo hecho. Muchas veces no tenemos el deseo de perdonar. ¿Cómo podríamos hacerlo, cuando han sido tan terribles y tan injustos, cuando nos han herido a nosotros o a nuestros seres queridos?

¿Qué hacer cuando sientes que no puedes perdonar o que no tienes el deseo de hacerlo?

1. *Debes estar consciente que el perdón es un asunto de la voluntad y no de las emociones. El perdonar o no perdonar es asunto de elección.* Puesto que Dios nos ha ordenado perdonar a otros, el no hacerlo es negarnos a obedecerle. Los mandamientos no son opciones o sugerencias que podemos elegir o escoger según nuestras emociones o deseos. Al contrario, los mandamientos son órdenes emitidas por nuestro Señor y deben obedecerse sin importar lo que sintamos o pensemos. Por favor graba esto en tu corazón.

2. *Debes saber que perdonar a otra persona no le libra de rendirle cuentas a Dios.* Perdonar a otros no los libera del justo juicio de Dios, ni significa que no rendirán cuentas por sus actos.

Consideremos cuidadosamente esta afirmación punto por punto.

a. Todo pecado será juzgado por Dios, junto con los hechos y obras que acompañan a todas nuestras acciones. Si una persona no cree en el Señor Jesucristo para ser salva, entonces: "...ya no queda sacrificio alguno por los pecados, sino cierta horrenda expectación de juicio, y la furia de UN FUEGO QUE HA DE CONSUMIR A LOS ADVERSARIOS" (Hebreos 10:26-27).

"Porque después de todo, es justo delante de Dios que El pague con aflicción a quienes los afligen a ustedes. Pero que El les de alivio a ustedes que son afligidos, y también a nosotros, cuando el Señor Jesús sea revelado desde el cielo con Sus poderosos ángeles en llama de fuego, dando castigo a los que no conocen a Dios, y a los que no obedecen al evangelio (las buenas nuevas) de nuestro Señor Jesús. Estos sufrirán el castigo de eterna destrucción, excluidos de la presencia del Señor y de la gloria de Su poder" (2 Tesalonicenses 1:6-9).

b. Jesús llevó los pecados de la humanidad sobre Su cuerpo, sin embargo, cuando estaba colgado en la cruz perdonó a quienes lo habían quebrantado. Pero, los que no se arrepienten ni creen en Él, de seguro irán al infierno. El perdón ha sido ofrecido, pero no es independiente del recibir a Jesucristo. Sabemos también que muchos llevan los pecados de otros en su cuerpo, al haber sido abusados física, emocional, sexual y mentalmente. Sin embargo, mi apreciado amigo, tienes que perdonarlos así como Cristo perdonó a quienes pecaron contra Él.

c. Tienes que manifestar el carácter y el amor de Jesucristo perdonando como Él te perdonó; si te niegas a perdonar, estás impidiendo que las personas vean en ti el carácter de Cristo. Probablemente tú seas la única Biblia que muchas personas leerán; por lo tanto, debes ser una carta viva, conocida y leída por todos. Y al perdonar demuestras el carácter de Dios; muestras el amor de Dios al perdonar "como Jesucristo te perdonó".

d. Si a pesar de tu perdón, los otros no se arrepienten, entonces serán considerados aún más responsables delante de Dios, porque no tienen ya ninguna excusa. Ellos habrán visto con sus propios ojos, y escuchado con sus propios oídos, una demostración de la realidad del evangelio de Jesucristo. Este principio de "mayor responsabilidad" es presentado con claridad en pasajes bíblicos tales como Mateo 11:21-24; 12:41-42 y Apocalipsis 20:11-13.

3. Si estás pasando por un tiempo difícil, si estás luchando por perdonar a otros, *debes darle una buena y objetiva mirada al perdón del Señor para ti.* Recuerda que cuando perdonas a alguien, no se trata más que un pecador perdonando a otro. Ni tú ni la otra persona son o han sido lo que debieran ser. Sin embargo, el caso de la persona quien recibe el perdón de Dios es diferente. Pues, cuando Jesucristo nos perdona, ¡Él está perdonando a alguien que ha pecado contra Su perfecta santidad!

Toma unos minutos para leer Lucas 7:36-50, y responde después a las siguientes preguntas:

◐ LUCAS 7:36.50

36 Uno de los Fariseos pidió a Jesús que comiera con él; y entrando El en la casa del Fariseo, se sentó *a la mesa.*

37 Había en la ciudad una mujer que era pecadora, y cuando se enteró de que Jesús estaba sentado *a la mesa* en casa del Fariseo, trajo un frasco de alabastro con perfume;

38 y poniéndose detrás *de El* a Sus pies, llorando, comenzó a regar Sus pies con lágrimas y *los* secaba con los cabellos de su cabeza, besaba Sus pies y *los* ungía con el perfume.

39 Pero al ver *esto* el Fariseo que Lo había invitado, dijo para sí: "Si Este fuera un profeta, sabría quién y qué clase de mujer es la que Lo está tocando, que es una pecadora."

40 Y Jesús le dijo: "Simón, tengo algo que decirte.""Di, Maestro," le contestó.

41 "Cierto prestamista tenía dos deudores; uno *le* debía 500 denarios (salario de 500 días) y el otro cincuenta;

42 "*y* no teniendo ellos con qué pagar, perdonó generosamente a los dos. ¿Cuál de ellos, entonces, lo amará más?"

43 "Supongo que aquél a quien le perdonó más," respondió Simón. Y Jesús le dijo: "Has juzgado correctamente."

44 Y volviéndose hacia la mujer, le dijo a Simón: "¿Ves esta mujer? Yo entré a tu casa *y* no Me diste agua para Mis pies, pero ella ha regado Mis pies con sus lágrimas y *los* ha secado con sus cabellos.

45 "No Me diste beso, pero ella, desde que entré, no ha cesado de besar Mis pies.

46 "No ungiste Mi cabeza con aceite, pero ella ungió Mis pies con perfume.

47 "Por lo cual te digo que sus pecados, que son muchos, han sido perdonados, porque amó mucho; pero a quien poco se le perdona, poco ama."

48 Entonces Jesús le dijo a la mujer: "Tus pecados han sido perdonados."

49 Los que estaban sentados *a la mesa* con El comenzaron a decir entre sí: "¿Quién es Este que hasta perdona pecados?"

50 Pero Jesús dijo a la mujer: "Tu fe te ha salvado, vete en paz."

1. ¿Cómo describirías al fariseo de este acontecimiento histórico?

2. ¿Qué aprendes acerca de la mujer en este relato?

3. ¿Cuál es el punto principal, de la historia que Jesús le contó a Simón el fariseo?

4. ¿El amor del fariseo contrasta con el amor de la mujer? ¿Acaso no eran ambos pecadores? ¿Cuál fue la diferencia en sus respuestas a nuestro Señor?

— *SÉPTIMO DÍA* —

A medida que comprendas más y más la grandeza del perdón de Dios hacia ti, serás capaz de amar mucho más. Y cuanto más ames, te será más fácil perdonar, "así como también Dios los perdonó en Cristo y se dio a sí mismo por nosotros, ofrenda y sacrificio a Dios, como fragante aroma" (Efesios 4:32b, 5:2b).

Permítenos una vez más compartir lo que Karen escribió respecto a su sanidad del abuso incestuoso recibido por parte de su tío.

"Yo debía enfrentar el tema del perdón; así que visité a una amiga muy querida y de confianza que también fue víctima de incesto. Yo había sido testigo de su paz, su contentamiento y su radiante gozo en Cristo, y necesitaba saber cómo había logrado esa victoria. Ella me dijo que había ocurrido en un momento de crisis, cuando su matrimonio estaba a punto de deshacerse; que ocurrió cuando ella se arrodilló y le agradeció a Dios por haberle dado los padres que Él quería que tuviera. Luego expresó su gratitud por cada persona y cada circunstancia que Dios había permitido que tocara su vida. Y mientras alababa y agradecía a Dios, ella expresó su perdón por lo que le había hecho su padre, luego se puso de pie y comenzó a vivir en perdón y aceptación. Entonces Dios salvó su matrimonio.

Cuando llegué a casa, en presencia de mi pastor, oré y liberé a mi tío (ya muerto) y a todas las personas que me habían herido, de cualquier deuda que yo sentía tenían conmigo. Luego, a solas, tuve un tiempo de oración. Al examinar mi pasado, agradecí a Dios el haber estado conmigo a través de todo, por conocer mi sentarme y mi levantarme y por saber todos mis caminos como dice el Salmo 139:1-6. Mientras oraba, Dios me recordó muchas cosas que Él había dicho de mí (Su hija) en Su Palabra, y que yo había rechazado. Anoté cada versículo a medida que Él iba recordándome esas verdades. Era muy emocionante el que Dios se comunicara conmigo en oración".

Karen perdonó, y como resultado vino una profunda relación con Dios; porque estaban unidos de corazón en perdonar.

Amigo, ¿caminarás en obediencia y perdonarás así como Cristo Jesús te perdonó? El negarse a perdonar es pecado. El obedecer y perdonar es decir: "Dios, te amo, y estoy dispuesto a sacrificar mi yo y mis deseos para probarlo". A esto Jesucristo responde: "Si alguien Me ama, guardará Mi palabra; y Mi Padre lo amará, y vendremos a él, y haremos con él morada" (Juan 14:23). ¡Qué compañerismo y qué intimidad nos trae la obediencia!

Te animamos ahora mismo a tomar un breve tiempo, y a repasar lo que has aprendido sobre el perdón. Recuerda que el perdón es un asunto de tu voluntad, de elegir obedecer a Dios sin considerar tus emociones. Usa los próximos minutos para pedirle al Señor que te perdone por tu falta de perdón hacia los que te han hecho mal. ¿Clamarás a tu amoroso Padre celestial, y le dirás que escoges perdonar a esas personas que te han herido o que han herido a tus seres queridos? Escribe tu oración a Él.

El verdadero perdón hacia otra persona también produce amor; es entonces cuando el odio será reemplazado por el amor. Y cuando hablamos de amor no estamos refiriéndonos a un sentimiento, sino a una acción. Como puedes ver en la Biblia, la palabra *amor* es un verbo de acción. Por lo tanto, si dices que has perdonado a alguien, pero no quieres tener nada que ver con él, debes volverte a Dios y preguntarle qué te impide amarlo.

El perdón y el amor son como gemelos siameses que no pueden ser separados. Detente un momento y piensa con qué se asocia el amor. El amor es una parte del fruto del Espíritu, el cual se divide en nueve partes— Amor, gozo, paz... (Gálatas 5:22). Como "imitadores de Dios" tienes que "andar en amor como también Cristo nos amó y se entregó a sí mismo por nosotros, ofrenda y sacrificio a Dios en olor fragante" (Efesios 5:1-2).

Tal vez pases momentos difíciles amando a alguien que has perdonado, pero el verdadero perdón hará tal sacrificio. Jesucristo no te perdonó para después negarse a amarte. Él te perdona y te trata como si jamás hubieras pecado contra Él. Ese es el perdón de Dios, y tu perdón tiene que ser como el Suyo. "Si alguien dice: "Yo amo a Dios," pero aborrece a su hermano, es un mentiroso. Porque el que no ama a su hermano, a quien ha visto, no puede amar a Dios a quien no ha visto. Y este mandamiento tenemos de El: que el que ama a Dios, ame también a su hermano" (1 Juan 4:20-21).

Si dices que no puedes amar, tal vez debas tratar con el enojo y la amargura para poder perdonar realmente. Esto lo veremos en las últimas dos semanas. Pero qué tal si hoy le dices: "Señor, en mera obediencia a ti, quiero perdonar. Ayúdame a hacerlo". Si deseas puedes escribirlo.

VERSÍCULO PARA MEMORIZAR

"'Porque Yo sé los planes que tengo para ustedes,' declara el SEÑOR 'planes de bienestar y no de calamidad, para darles un futuro y una esperanza".
JEREMÍAS 29:11

PREGUNTAS PARA LA DISCUSIÓN EN GRUPOS PEQUEÑOS

La décima semana aprendiste que tu enemigo, Satanás, tiene un ejército de huestes demoníacas. También viste que verdaderamente estás en guerra, y conociste algunas de las tácticas del enemigo. Pero además aprendiste cuáles son tus armas y cómo usarlas.

Aprendiste cómo responder a la aflicción, y viste que esas situaciones también pueden ser usadas para ministrar a otros.

1. ¿Para todos es posible ser sanados de las heridas del pasado, de los dolores, desilusiones o tragedias? ¿De qué depende la sanidad?
2. ¿Cuál es la razón básica por la que las personas no son sanadas totalmente? ¿Por qué no había sido sanado el hombre que estaba al lado del estanque?
3. ¿Por qué algunas personas no quieren sanarse?
4. Para sanar, debes estar dispuesto a perdonar a otras personas, o debes estar dispuesto a aceptar el perdón de Dios para ti. ¿Qué aprendiste sobre el perdón en esta lección?
5. ¿Qué aprendiste de la vida de José?
   a. ¿Cuáles fueron las circunstancias de su situación?
   b. ¿Qué sufrió como resultado de ellas?
   c. ¿Cuál fue su reacción a todo eso?

      d. ¿Había amargura o falta de perdón en su vida?

6. ¿Qué aprendiste en Lucas 7 sobre la manera de ver el pecado?

7. ¿Qué aprendiste sobre el perdón en Lucas 7?

      a. ¿Cuál es el resultado del perdón?

      b. ¿Cuán a menudo debes perdonar?

8. ¿Cuál era el punto central de la parábola que Jesús dijo en Mateo 18?

      a. ¿A quién representa el rey? ¿Por qué?

      b. ¿A quién representa el siervo del rey?

      c. ¿Por qué el rey estaba tan enojado con el siervo cuya deuda él había perdonado?

      d. ¿Qué similitudes encuentras en esa historia?

9. ¿Qué aprendiste de los otros pasajes que estudiaste esta semana, acerca del perdón? ¿Cómo responderás a los que te han herido?

10. ¿Por qué una persona no quiere perdonar?

11. ¿Qué haces cuando no tienes deseos de perdonar? ¿Qué pasará si te niegas a perdonar?

12. ¿Cuál será el resultado del verdadero perdón?

13. ¿Cómo piensas responder a las grandes verdades de esta lección? Y si respondes apropiadamente (bíblicamente), ¿cuál será el resultado?

PERO, ¡ESTOY TAN ENOJADO!

— *PRIMER DÍA* —

La hermana Kay nos cuenta:

"Acababa de compartir una enseñanza sobre el perdón en una conferencia para solteros, cuando caminó rápidamente por el centro del pasillo. Ella vestía una camisa suelta color gris y apretados pantalones de lona que hacían colgar de su cintura lo que parecía un pequeño rollo de grasa; era muy obvio que esta mujer no vivía ni disfrutaba de su femeneidad. Su cabello oscuro le colgaba en mechones grasosos, y contrastaba mucho con la blancura de su rostro que no tenía ni un poquito de maquillaje.

Nunca antes había visto o conocido a esta mujer, y aún así sus primeras palabras fueron: 'No puedo perdonar a mi padre'. Ella me las dijo súbitamente y con los labios muy tensos. Era obvio que estaba hablando con una mujer que estaba sufriendo mucho. ¿Por qué? Pues yo no lo sabía; pero traté de descubrirlo.

La tomé suavemente por el brazo, la llevé hasta el borde de la plataforma lejos de otras personas, y la invité a sentarse de manera tal que diera la espalda al auditorio.

'Ahora querida, dime, ¿por qué no puedes perdonar a tu padre? ¿Qué te hizo?' le pregunté, orando a Dios para que me diera mucha sabiduría y para que Él amara a esta mujer a través de mí.

'Mi padre me embarazó, y luego me obligó a hacerme un aborto. Luego me dejó embarazada otra vez, y tuve al bebé; pero mi pequeño era deforme y murió. Él me dijo que yo era una ramera, que había estado saliendo con otros hombres. Pero eso era mentira. Después de todo lo que mi padre me hizo, yo no quería que nadie más me tocara. Me embarazó de nuevo, pero esta vez me fui de la casa. Mi niña nació deforme pero vivió durante un año, y cuando ella murió yo ya no quería vivir así que traté de suicidarme. Entonces me pusieron en un hospital para enfermos mentales y dijeron que necesitaba terapia de grupo con mi familia. Cuando les dije lo que me había hecho mi padre, él se enfureció, me señaló con el dedo y gritó que yo estaba mintiendo y que ni siquiera era una buena ramera, sino sólo una vagabunda. Mi madre saltó y me gritó lo mismo. Entonces me callé y no dije una palabra más durante meses. Yo no puedo perdonar a mi padre'.

Tan pronto terminó de contarme su historia, hablando casi sin respirar, se detuvo abruptamente. Durante todo su relato nunca me miró a los ojos, sólo miraba hacia el suelo.

'Eso me enoja mucho', fue mi respuesta inmediata ante tan terribles hechos.

Cuando dije eso, ella levantó su cabeza y dijo: '¿qué?'

'Lo que te hizo tu padre me enoja mucho', respondí.

Entonces sus grandes ojos marrones observaron los míos. Las lágrimas comenzaron a rodar por sus mejillas. 'Nunca nadie me había dicho eso antes' dijo, al mismo tiempo que yo me acercaba para secarle la barbilla. Sus palabras eran tan suaves e impresionantemente tiernas.

'Oh, querida, esto no sólo me hace enojar a mí, sino también a Dios; a Él lo enoja mucho más que a mí. Él odia lo que tu padre te hizo'.

Y esas fueron nuestras primeras palabras—palabras que iniciaron su proceso de sanidad. Una sanidad que comenzó cuando ella descubrió que Dios también estaba enojado por el pecado de su padre. Aquel fin de semana ella escogió perdonar a su padre.

Han pasado ya tres años desde entonces, y en ese tiempo ¡Dios ha hecho cosas milagrosas en esta mujer! No dedicaré tiempo para contártelas todas, pero quiero que sepas que ahora a ella le gusta el ser mujer. No podrías reconocerla como la persona que era antes. Bajó de peso, se cuida bien, está casada y hace poco se convirtió en madre. Ya no tiene miedo de su femeneidad, y ya no la esconde por el terror de ser violada. Ha aprendido a apoyarse en la Palabra de Dios, a confiar en Él como el padre que nunca conoció.

¡Qué maravilloso fue observar cómo Dios la sanaba! Creo que su sanidad sucedió tan rápido porque ella se volvió como arcilla en Sus soberanas manos de amor. Todo comenzó cuando mi amiga estuvo dispuesta a entregar su enojo y amargura a Dios, y a perdonar a su padre".

¿Estarías tú dispuesto a hacer lo mismo? O ¿estás tan consumido por el enojo que no quieres dejar ir tu ira o amargura, y disponerte a perdonar? Escribe tu respuesta a esta pregunta. Esta es una pregunta que deberás enfrentar con absoluta honradez si realmente quieres ser sanado.

Esta semana nos concentraremos en el enojo, pues queremos entender esta emoción que no siempre resulta mala, pero que, si no se trata de manera adecuada, puede causar estragos en tu vida y en tu relación con Dios y con otros.

— *SEGUNDO DÍA* —

Contrario a las opiniones de algunas personas, el enojo no siempre es un pecado. Como lo expresamos en el incidente de nuestra amiga con su padre, existe un enojo que es justo. Dios mismo se enoja, y Su enojo está totalmente justificado y es provocado únicamente por el pecado. Uno no puede leer el Antiguo Testamento o Apocalipsis sin notar el enojo de Dios o las consecuencias de Su ira. El pecado—la desobediencia—no deja pasivo a Dios. Su justicia exige indignación, enojo e ira hacia lo que va en contra de Su carácter; hacia lo que viola Sus mandamientos y preceptos. De hecho, recuerda que la ira es uno de los atributos de Dios que ya hemos estudiado.

Si vamos a aprender a tratar con nuestro enojo de una manera bíblica, para poder ser sanados, entonces será de mucha ayuda que primero entendamos la ira de Dios.

Las palabras *enojar, enojado* y *enojo* se usan aproximadamente 364 veces en el Antiguo y Nuevo Testamento[1]. La mayoría de estas referencias son acerca de la ira de Dios. Por lo tanto, permítenos compartir contigo algunas de las cosas que enojan a Dios.

Al mencionarlas, te daremos ciertas referencias bíblicas que debes buscar y copiar en el espacio dejado a continuación.

Dios se enoja...

1. Por la *injusticia*: Éxodo 22:22-24

2. Por la *idolatría*: Deuteronomio 29:18-21; Jeremías 25:6.

3. Por el *adulterio espiritual*—cuando nos mezclamos con el mundo, aprendemos sus prácticas, servimos a sus ídolos, y sacrificamos nuestros hijos a "demonios" por medio de nuestra desobediencia: Salmo 106:34-40.

4. Cuando es *traicionado*: Deuteronomio 4:23-26.

5. Cuando *Él no es escuchado*: Jeremías 25:6-11 (¡Recuerda todo lo que has aprendido de Jeremías, acerca de escuchar a Dios!).

6. Cuando es *desobedecido*: Josué 7:1.

7. Cuando *Su pueblo se queja y murmura contra Él o contra Sus siervos*: Números 11:1,33; 12:1-9.

8. Por la *incredulidad*: Salmo 78:21-22; Hebreos 3:7-12; Juan 3:36 (Nota que aquí se usa la palabra *ira*, la cual indica el resultado final de Su justo enojo).

9. Por *la impiedad e injusticia de los hombres que detienen con injusticia la verdad*: Romanos 1:18 (Observa otra vez el uso de la palabra *ira*).

10. Cuando *nos negamos a honrar a Su Hijo*: Salmo 2:10-12.

Ahora que has visto lo que enoja a Dios, hay algunas otras cosas que deseamos que veas en relación a Su ira.

En primer lugar, el enojo de Dios es Su respuesta al pecado y a la incredulidad (porque toda incredulidad es pecado). Al leer sobre el enojo de Dios debemos recordar que, aunque Su ira es provocada por el pecado del hombre, Él nunca es controlado por ella. La ira de Dios siempre se mantiene balanceada con Su santidad— y con todos los atributos que lo hacen Dios.

Por lo tanto, cuando Dios expresa enojo siempre lo hace dentro del marco de Su carácter—y nunca es contrario a Él mismo. Su enojo siempre está en armonía con Su gracia, amor, misericordia, compasión y tolerancia. Y siempre se expresa con el propósito de hacer el bien y dar a conocer la justicia, más nunca de hacer el mal. "Porque Su ira es sólo por un momento, *Pero* Su favor es por toda una vida. El llanto puede durar toda la noche, Pero a la mañana *vendrá* el grito de alegría" (Salmo 30:5).

Esta verdad puede observarse a través de toda la Palabra de Dios, y está muy bien explicada en Éxodo 34:6-7: "El SEÑOR, el SEÑOR, Dios compasivo y clemente, lento para la ira y abundante en misericordia y verdad (fidelidad); que guarda misericordia a millares, el que perdona la iniquidad, la transgresión y el pecado, y que no tendrá por inocente al culpable".

Por favor, lee todo el pasaje de Éxodo 33 y 34 en el que Dios trata con la idolatría de Israel cuando les daba los Diez Mandamientos.

Segundo, Dios es también lento para la ira. Esta declaración se observa cerca de nueve veces en el Antiguo Testamento: "Pero Tú, Señor, eres un Dios compasivo y *lleno* de piedad, Lento para la ira y abundante en misericordia y fidelidad" (Salmo 86:15).

Y tercero, nuestro Señor Jesús, el Dios encarnado, sintió enojo. ¿Recuerdas las dos diferentes ocasiones—una al comienzo de Su ministerio público y otra al final—cuando volcó las mesas de los cambistas en el templo? Jesús se enojó justamente, y aun así no perdió el control mientras los echaba con látigo en mano. En base al testimonio de la Escritura podemos saber que Jesús siempre trató con Su enojo de una manera agradable a Su Padre, pues Él siempre hacía únicamente las cosas que le agradaban a Él (Juan 8:28-29).

¡Qué tremenda lección encontramos aquí para nosotros! Sea justificado o no, *el enojo jamás debe de controlarnos.* Nosotros únicamente debemos ser controlados por el Espíritu de Dios, por lo tanto nuestro enojo deberá estar de acuerdo con Su carácter. Tan pronto manifestemos cualquier cosa que no esté de acuerdo con Su corazón, estamos en serios problemas.

Hasta ahora hemos visto 3 cosas con respecto al enojo. Primero, que no todo enojo es malo; que hay un enojo justificado. Segundo, que el enojo nunca debe de controlarte, aun si fuera justificado. Cuando le permites que te controle, estarás entonces en apuros porque la ira del hombre no obra la justicia de Dios (Santiago 1:19-20). Y finalmente, que el enojo es una emoción experimentada tanto por Dios como por el hombre. Por lo tanto, sabemos que Dios entiende la emoción del enojo, y cómo puede inflamarse y arder dentro de uno. Sin embargo, *¡nunca debemos olvidar que el enojo de Dios siempre será justificado!* Aunque nuestro enojo no siempre lo sea.

Mañana empezaremos a revisar el enojo del hombre—que puede expresarse no sólo hacia otro ser humano, sino también hacia Dios. Luego, en los siguientes días, veremos qué sucede cuando el enojo no es tratado de una manera bíblica. Sin embargo, no nos quedaremos allí, pues veremos también cómo tratar con nuestro enojo de una manera bíblica para poder experimentar sanidad en nuestras vidas.

— TERCER DÍA —

Hoy veremos el enojo del hombre hacia Dios; y debemos decir que es imposible albergar enojo hacia Dios en el corazón, y ser sanado. Por eso necesitamos ver qué causa que las personas se enojen contra Dios, y por qué ese enojo nunca será justificado.

¿Por qué se enojan las personas contra Dios?

1. *El enojo puede venir porque Dios no opera o no se ajusta a nuestra manera o forma de pensar.* Esto se aprecia muy bien en Génesis 4:1-8. Caín quería adorar a Dios a su manera y se enojó cuando Dios rechazó su sacrificio.

Aquellos quienes han sido heridos por personas o circunstancias suelen enojarse porque no comprenden por qué, si Dios es un Dios de amor, permitió que les sucedieran tales cosas a ellos o a alguien que aman. Esta clase de enojo era evidente en la herida mujer que me dijo con gran amargura: "Cuando Dios me devuelva mi bebé, entonces voy a creer en Él". Su precioso bebé había muerto terriblemente en un incendio.

2. *El enojo puede venir por el juicio de Dios.* En 1 Crónicas 13:11, David se enoja con Dios porque Él mata a Uza por haber tocado el arca del pacto. En Apocalipsis, las personas se enojan contra Dios por Su juicio sobre la tierra. Incluso hoy en día, hay muchas personas que están sufriendo debido a las consecuencias de su propio pecado; y aun así, están enojadas con Dios porque Él los juzgó.

3. *El enojo puede venir porque no nos gustan las palabras de los siervos de Dios.* Aunque esta clase de enojo puede verse en muchos pasajes bíblicos; por cuestiones de tiempo, te daremos sólo dos ejemplos. El rey Asa se enojó con Hanani cuando le reprendió por no confiar en el Señor. Y en su enojo, Asa mandó a encarcelarlo (2 Crónicas 16:7-10). Algo parecido le sucedió a Jeremías por proclamar la Palabra de Dios.

Hay personas que nunca serán sanadas porque no les gusta lo que Dios dice; ellas se enojan cuando se les dice que deben dejar su amargura, perdonar a sus transgresores y creer que Dios es soberano... Al oírlo se alejan con una frase parecida a la siguiente: "Bueno, si ese es el Dios de la Biblia, entonces olvida este asunto. ¡No quiero tener nada que ver con esa clase de Dios!" Y así se apartan de Yejová-Rafá y de Su bálsamo sanador. ¡Qué trágico es esto!

4. *El enojo puede venir porque Dios no juzga a otros cuando nosotros queremos que lo haga.* Jonás se enojó con Dios y se enfureció bajo la sombra de una calabacera, porque Él no iba a destruir a los habitantes de Nínive, a quienes Jonás

odiaba (Jonás 4:1-11). Al escribir esto, pensamos en aquellos quienes están enojados y amargados con Dios por haber permitido el holocausto y por no haber destruido a Hitler antes que cometiera semejantes y horribles atrocidades. Más adelante trataremos acerca de esta clase de enojo, al considerar el Salmo 37.

Debes pedirle al Espíritu Santo que examine tu corazón, para ver si tienes algún enojo no resuelto que pudieras estar albergando contra Dios. Busca un lugar tranquilo y dedica un tiempo sin interrupciones para estar con Él. Si suena el teléfono, no lo respondas. Apaga la radio, el televisor, el equipo de sonido, y quédate tranquilo. Busca papel y lápiz y escribe lo que Dios traiga a tu mente. Luego compartiremos contigo lo que debes hacer con lo que Dios te muestre. Si no te muestra nada, entonces ora por otros quienes estén haciendo este estudio. Intercede pidiendo su total sanidad.

Finalmente, veamos cómo tratar con el enojo hacia Dios. Lee Isaías 45:20-25 y luego te daremos unas cuantas ideas para reflexionar.

◐ ISAÍAS 45:20-24

20 Reúnanse y vengan; Juntos acérquense, fugitivos de las naciones. No tienen conocimiento Los que llevan su ídolo de madera Y suplican a un dios que no puede salvar.

21 Declaren y presenten *su caso*; Sí, que deliberen juntos. ¿Quién ha anunciado esto desde la antigüedad Y lo ha declarado desde entonces? ¿No soy Yo, el Señor? No hay más Dios que Yo, Un Dios justo y salvador; No hay *ninguno* fuera de Mí.

22 Vuélvanse a Mí y sean salvos, todos los términos de la tierra; Porque Yo soy Dios, y no hay ningún otro.

23 Por Mí mismo he jurado, Ha salido de Mi boca en justicia Una palabra que no será revocada: Que ante Mí se doblará toda rodilla, *y* toda lengua jurará *lealtad*.

24 De Mí dirán: 'Sólo en el SEÑOR hay justicia y fuerza.' A El vendrán y serán avergonzados Todos los que contra El se enojaron.

Si estás enojado contra Dios, te sugerimos que:

1. *"Declares y presentes tu caso"*. Usa lo que escribiste hace unos minutos y háblale a Dios de tu enojo. Verbaliza esto y luego dile por qué estás enojado. Escríbelo a continuación.

2. *Vuélvete a Dios*. Dile que reconoces que Él es Dios, y que por lo tanto no está obligado a responderte. Que Él puede hacer cualquier cosa que quiera.

3. *Avergüénzate de tu orgullosa rebeldía al estar enojado con Él. Confiesa tu pecado*. Si has estado enojado con Dios te has constituido en Su juez. Has dicho en tu corazón que Dios está equivocado en Su trato y en Su carácter. Tú, un simple

ser humano, en tu enojo ¡has pensado que sabes más que Dios! Has determinado qué es bueno y qué es malo, en vez de permitir que Dios juzgue. ¡Eso es orgullo!, y debe avergonzarte. Confiesa que sólo en Él hay justicia, y que tú no tienes ninguna justicia en ti mismo o por ti mismo.

4. *Humíllate delante de Dios. Dobla tus rodillas. Sométete a Él.*

5. *Con tu boca y en tus propias palabras júrale lealtad como tu Dios, tu Señor y tu Amo.* Entonces serás justificado y te gloriarás en el Señor (Isaías 45:25). ¡Aleluya y Amén!

— CUARTO DÍA —

Nuestra hermana Kay nos cuenta:

"El otro día, me enojé tanto con mi esposo que casi no podía soportarlo. Y ese tipo de reacción no es normal en mí. Jack y yo nos entendemos de manera maravillosa y ¡estoy tan agradecida por ello! Sin embargo, esta fue una excepción de mi parte.

Me alistaba para salir cuando sucedió algo que me entristeció mucho. Pensando que Jack querría saberlo comencé a compartirlo con él; y mientras le contaba sobre mi decepción, él cambió de tema justo en medio de nuestra conversación, para preguntarme si había registrado un cheque en el talonario de la chequera. Él había visto la chequera sobre mi escritorio mientras estábamos conversando, y ¡se le ocurrió preguntarme! Ahora bien, si eres un hombre podría parecerte que no hay nada malo con eso; pero si eres mujer, estoy segura que puedes entender cómo me sentí.

¡El enojo se apoderó de mí! y pequé. En lugar de controlar mi enojo, ¡lo hice correr a toda velocidad! ¡Y lo arruiné todo! Estaba lista para salir hacia el supermercado, así que me fui de inmediato. Tomé bruscamente mis llaves que estaban encima del escritorio, salí lo más rápido que pude de nuestro dormitorio, tiré un libro sobre el banco de nuestro vestíbulo, y cerré la puerta principal de un solo golpe. Debo admitir que no había hecho algo así desde hacía ya muchos años— ¡desde poco antes de escribir nuestro curso "Matrimonio Sin Remordimiento"!

Todo ese tiempo supe que estaba equivocada; que el enojo estaba controlándome, y que estaba caminando en la carne. Y aunque no se justifica el que Jack hubiera tomado la chequera o cambiado de tema, eso no excusaba de ninguna manera mi comportamiento. Así que tenía que volver y pedir perdón".

Pero, ¿por qué nos enojamos? Siempre debemos tomar un momento para hacernos esa pregunta cuando sintamos esta tremenda emoción surgiendo dentro de nosotros. Esto nos ayudará a evaluar la situación y a controlarla de una manera agradable a Dios. Por lo tanto, deseamos considerar algunos incidentes en la Palabra de Dios en los que otras personas también se encontraron en situaciones en las que se enojaron.

¿Por qué se enojan las personas?

1. *El enojo puede surgir cuando otras personas no nos tratan justamente.* Ese fue el caso de David y Nabal. David había protegido el rebaño de Nabal, quien no le devolvió el favor al negarse a dar una parte de su cosecha a los hombres de David. Eso enfureció a David, el cual salió a destruir a Nabal. Sin embargo Abigail, la esposa de Nabal, fue quien hizo reflexionar a David cuando le pidió que perdonase a su esposo: "Y el mal no se hallará en usted en todos sus días"

(1 Samuel 25:28). David perdonó pues a Nabal poniendo su enojo bajo el control de Dios; y Dios trató con Nabal.

2. *El enojo puede surgir cuando vemos que otros no son tratados de manera correcta.* Los sentimientos de Jonatán hacia su padre, el rey Saúl, representan muy bien este punto. Jonatán estaba enojado por la manera en que Saúl trataba a David. "Jonatán se levantó de la mesa ardiendo en ira y no comió pan el segundo día de la luna nueva, pues estaba entristecido por David, porque su padre le había afrentado" (1 Samuel 20:34).

¿No es esta la clase de enojo y herida que surge cuando uno vive con un alcohólico que abusa de la familia? ¿Cuándo los hijos sufren debido a un divorcio? ¿Cuando uno vive con una persona que se enoja con facilidad o que es abusiva? El enojo surge, pero debe ser tratado pues es pecado albergar el enojo. Un enojo que no ha sido debidamente tratado puede hacer que uno maltrate a otras personas.

3. *El enojo puede venir al ver o conocer el pecado de otros.* Moisés ciertamente experimentó esta clase de enojo varias veces durante su liderazgo entre los hijos de Israel (como ejemplo revisa Éxodo 32:19). Sin embargo, fue en Números 20:2-13, que Moisés permitió que el enojo lo dominara y golpeó la roca por segunda vez cuando Dios le había dicho que únicamente le hablara a la roca. Esa explosión de enojo le costó a Moisés la entrada a la tierra prometida. Y después de vagar cuarenta años por el desierto, él nunca entró a la tierra de Canaán debido a que había respondido con enojo a los israelitas en vez de obedecer a Dios: "Y el Señor dijo a Moisés y a Aarón: 'Porque ustedes no Me creyeron a fin de tratarme como santo ante los ojos de los Israelitas, por tanto no conducirán a este pueblo a la tierra que les he dado' (Números 20:12).

4. *El enojo puede surgir por temor a perder nuestra posición o nuestra reputación.* Los celos también pueden producir el enojo que se evidencia en la manera que respondió Saúl a la alabanza dada a David: "Las mujeres cantaban mientras tocaban, y decían: 'Saúl ha matado a sus miles, Y David a sus diez miles.' Entonces Saúl se enfureció, pues este dicho le desagradó, y dijo: 'Han atribuido a David diez miles, pero a mí me han atribuido miles. ¿Y qué más le falta sino el reino?' (1 Samuel 18:7-8). Después de este incidente, Saúl quiso matar a David.

¿Puedes ver lo crucial de que trates con tu enojo? "Pues la ira del hombre no obra la justicia de Dios" (Santiago 1:20).

5. *El enojo puede surgir sencillamente porque nos sentimos bajo presión, incomodados o estorbados.* O puede resultar porque estamos irritados por la personalidad o comportamiento de otros. Este enojo se ve en 1 Samuel 17:28-29 cuando David visita a sus hermanos mientras el ejército de los israelitas era desafiado por Goliat. Observa cuidadosamente las palabras de Eliab y el uso que David hace de la palabra *ahora*. "Eliab, su hermano mayor, oyó cuando él hablaba con los hombres; y se encendió la ira de Eliab contra David, y le dijo: "¿Para qué has descendido *acá*? ¿Con quién has dejado aquellas pocas ovejas en el desierto? Yo conozco tu soberbia y la maldad de tu corazón, que has descendido para ver la batalla." Pero David respondió: "¿Qué he hecho yo ahora? ¿No fue sólo una pregunta?"

6. *El enojo puede surgir hacia aquellos cuyas expectativas no podemos satisfacer.* Por ejemplo, cuando Raquel se disgustó con Jacob porque no le daba hijos, él se enojó: 'Entonces se encendió la ira de Jacob contra Raquel, y dijo: "¿Estoy yo en lugar de Dios, que te ha negado el fruto de tu vientre?"' (Génesis 30:2).

Muchos hijos, cónyuges y aun padres, están heridos y enojados porque no pudieron satisfacer las expectativas de sus seres queridos. Muchos que son afeminados, homosexuales y lesbianas, no pudieron ser el hombre o la mujer que sus padres querían; y en su enojo y frustración, se volvieron a su mismo sexo en busca de amor y aceptación, en vez de volverse a Dios.

7. *El enojo puede surgir porque nuestros pecados son expuestos por otros.* A los pecadores no les gusta ser descubiertos, y pueden enfurecerse mucho. Esto ya lo hemos visto en la vida de Jeremías, y también vimos que las personas apedreaban a los profetas que Dios les enviaba. ¿Puedes adivinar por qué Balaam azotó a su asna? (Números 22:21-35).

8. *El enojo puede surgir por orgullo personal. Cuando nuestro orgullo es herido, somos tentados a enojarnos.* El orgullo proviene de la carne. Crucifica la carne, y ella se hará indigna. Cuando el rey Amasías mandó a un grupo de soldados a que fueran para sus casas, antes que se les permitiera luchar en una batalla, aquellos soldados se enojaron. "Entonces Amasías despidió las tropas que vinieron a él de Efraín, para que se fueran a sus casas. Porque se encendió en gran manera la ira de ellos contra Judá, así que regresaron a sus casas ardiendo en ira" (2 Crónicas 25:10).

Kay nos cuenta:

"Nuestros tres hijos acostumbraban jugar fútbol, así que he asistido a muchos partidos. A veces, cuando un jugador perdía un tiro crucial, un pase o un gol, golpeaba el suelo con el puño y se enojaba dando patadas por todas partes. ¿Qué le pasaba? Pues estaba enojado con él mismo; y su orgullo había sido herido. Así que nosotros les enseñamos a nuestros hijos que nunca mostraran su enojo de esa manera; ellos debían entregar al Señor sus errores y fracasos y continuar con el partido. Entonces, si todavía estás furioso por los pasados defectos de tu carne, entrégalos al Señor y vuelve al partido".

9. *El enojo puede surgir al haber sido avergonzados por otros.* El rey Asuero experimentó esta clase de enojo cuando Vasti no quiso hacer lo que él le pidió. "Después de estas cosas, cuando el furor del rey Asuero se había aplacado, él se acordó de Vasti, de lo que ella había hecho y de lo que se había decretado contra ella" (Ester 2:1). En ocasiones, cuando algunos hombres o mujeres se vuelven contra sus cónyuges, se divorcian o tratan de herirlos físicamente, están reaccionando al enojo reprimido que surgió como consecuencia de haber sido humillados y avergonzados por ellos durante años.

10. *El enojo puede surgir también contra aquellos quienes condenan a otros, o contra los que se justifican delante de Dios o delante de otras personas.* El enojo de Eliú contra Job y contra sus tres "amigos" lo ilustra muy bien (Job 32:1-4).

11. *El enojo puede surgir debido a los pecados de otros.* Absalón ardió en furia, hasta el punto de matar a su hermano Amnón, porque había violado y robado la virginidad de su hermana Tamar (2 Samuel 13). Tamar era hija de David; sin embargo, cuando Amnón la violó, David se enojó en gran manera pero sin permitir que la ira lo dominara. Al contrario, Absalón fue un hombre que nunca controló su enojo, ni siquiera el enojo en contra de su padre, y esto le condujo a su propia muerte.

¡Qué vital es que le entreguemos el enojo a Dios! Recuerda que sólo Dios tiene el derecho de vengar el pecado. Sólo Él es justo y santo; y Él tomará venganza de acuerdo con Su carácter. Ahora bien, con esto también queremos decir que si Dios nos dice cómo tratar con ciertos pecados, entonces debemos juzgarlos de acuerdo con Su Palabra.

12. *El enojo puede surgir cuando la maldad del hombre*

continúa, aparentemente de manera incontrolable. Mañana veremos este punto con más detalle mientras estudiemos el Salmo 37. Así que… ¡continúa leyendo!

— *Q U I N T O   D Í A* —

¿Alguna vez te has sentido enojado debido a los malvados y sus acciones? De no ser por lo que sabemos de la Palabra de Dios, con respecto a su "imparable" maldad, ya nos habrían ocasionado úlceras.

¿Qué puedes aprender de la Palabra de Dios, que te ayude a mantener tu enojo bajo control? Estudiemos juntos la primera parte del Salmo 37, pues en él encontraremos prácticas verdades que nos ayudarán en gran manera.

Lee el Salmo 37:1-15 y marca toda referencia a las siguientes palabras de forma que resalten para poder ubicarlas de inmediato:

    a. Irrites.

    b. Ira.

    c. Cada referencia a Dios, o el Señor, junto con Sus pronombres.

    d. Malhechores, los que practican iniquidad, impío (márcalas de la misma manera).

    e. Confiar.

    f. Esperar.

◐ SALMO 37:1-15

1 No te irrites a causa de los malhechores; No tengas envidia de los que practican la iniquidad.

2 Porque como la hierba pronto se secarán Y se marchitarán como la hierba verde.

3 Confía en el Señor, y haz el bien; Habita en la tierra, y cultiva la fidelidad.

4 Pon tu delicia en el Señor, Y El te dará las peticiones de tu corazón.

5 Encomienda al Señor tu camino, Confía en El, que El actuará;

6 Hará resplandecer tu justicia como la luz, Y tu derecho como el mediodía.

7 Confía callado en el Señor y espera en El con paciencia; No te irrites a causa del que prospera en su camino, Por el hombre que lleva a cabo *sus* intrigas.

8 Deja la ira y abandona el furor; No te irrites, sólo harías lo malo.

9 Porque los malhechores serán exterminados, Pero los que esperan en el Señor poseerán la tierra.

10 Un poco más y no existirá el impío; Buscarás con cuidado su lugar, pero él no estará *allí.*

11 Pero los humildes poseerán la tierra Y se deleitarán en abundante prosperidad.

12 El impío trama contra el justo, Y contra él rechina sus dientes.

13 El Señor se ríe de él, Porque ve que su día se acerca.

14 Los impíos han sacado la espada y entesado el arco Para abatir al afligido y al necesitado, Para matar a los de recto proceder.

15 Su espada les atravesará su propio corazón, Y sus arcos serán quebrados.

1. A continuación haz una lista de todo lo que has aprendido de las palabras que marcaste en el Salmo 37.

2. ¿Cuáles son las exhortaciones o los mandamientos de Dios para ti en el Salmo 37:1-15? Haz una lista de ellos.

Mientras este salmo está aún fresco en tu mente, hay algunos principios en los que deseamos te concentres.

En el Salmo 37 vimos que no debemos irritarnos a causa de los malvados. La manera de tratar con ese enojo es absteniéndonos y alejándonos de él. El irritarnos nos conduce al enojo y al pecado. En medio de la frustración y del enojo, a causa de los malvados, debemos deleitarnos en nuestro Señor.

Cuando Dios nos dice que nos deleitemos en Él, está redirigiendo nuestra atención a nuestra única e incomparable fuente de satisfacción—hacia Él. De seguro, nuestras heridas habrán surgido o aumentado al poner nuestras expectativas de felicidad y satisfacción en otras personas en lugar de ponerlas en Dios; o cuando pensamos que el obtener cosas nos brinda la felicidad, en vez de encontrarla en Dios. Él es el único Quien nos concede los deseos de nuestro corazón, más no el hombre.

¿Alguna vez has pensado que la posible razón por la que estás tan herido, sea que buscaste en el hombre lo que sólo Dios puede dar? Tal vez esa sea la razón por la que estés tan enojado con la persona a quien amas. Porque has puesto tu deleite en el brazo de carne, en vez de en el Señor... y la carne siempre fallará; pero Dios nunca te fallará.

La segunda manera en que puedes tratar con el enojo, de acuerdo con el Salmo 37, es dándote cuenta que es Dios el que define tu futuro, y no el hombre. En lugar de sentir frustración y enojo, experimentarás paz cuando encomiendes tu camino a Él, confíes en Él y esperes con paciencia hasta que Él obre. La voluntad de tu Soberano Dios jamás cambiará; por lo tanto, no permitas que el hombre te frustre o te haga hacer lo malo. Confía en tu Dios, el que hace que todas las cosas ayuden para tu bien. La confianza es una gran cura para el enojo.

Finalmente, el Salmo 37 nos asegura que no debemos dar rienda suelta a nuestro enojo con los malvados. Dios será Quien se encargue de ellos, porque Él ve que se acerca el día del maligno, cuando "Su espada les atravesará su propio corazón, Y sus arcos serán quebrados" (Salmo 37:13,15). Él nos recuerda que debemos seguir el ejemplo de nuestro Señor, "*y* quien cuando Lo ultrajaban, no respondía ultrajando. Cuando padecía, no amenazaba, sino que *se* encomendaba a Aquél que juzga con justicia" (1 Pedro 2:23).

— *SEXTO DÍA* —

El enojo puede ser muy destructivo y peligroso. Los periódicos y noticieros confirman este hecho diariamente, cuando dan reportes de matanzas, asesinatos, disturbios y conflictos internacionales. El enojo puede llevarte a contiendas, desacuerdos, conflictos y asesinatos.

El enojo no puede detectarse hasta que explota; y con frecuencia leemos de personas que se comportan violentamente y matan a otras sin ninguna razón aparente—como aquel hombre que entró en un restaurante McDonald's y disparó contra personas inocentes, o como el estudiante que comenzó a disparar un arma de fuego al azar en su escuela secundaria, o el tranquilo empleado de correos que se dejó llevar por un comportamiento destructivo. ¿Qué está pasando? Si pudiéramos conocer el trasfondo de cada incidente, veríamos que cada uno de ellos estaba albergando enojo y amargura sin poder resolverse.

¡Cuán crucial es que aprendamos a tratar inmediatamente con el enojo!

¿Cómo puede uno saber si no ha tratado con el enojo, y si lo está reteniendo dentro de sí? ¿Qué ocurre cuando no se trata con el enojo, y no se lo entrega a Dios? Permítenos darte una lista de pensamientos que hemos encontrado en la Palabra. Busca los pasajes y anota todo cuanto aprendas.

1. El enojo busca venganza: Génesis 49:6-7; 1 Samuel 25:28, 31.

2. El enojo se atesora (se acumula en el corazón): Job 36:13.

Arde y consume: Oseas 7:6; Proverbios 30:33.

Y entonces...
3. El enojo levanta contiendas: Proverbios 29:22.

4. El enojo se convierte en una inundación (es decir, que se derrama de repente, se desborda y lo cubre todo): Proverbios 27:4.

5. El enojo guarda rencor: Salmo 55:3.

6. El enojo acusa: 1 Samuel 17:28.

7. El enojo ocasiona acciones pecaminosas (transgresiones): Proverbios 29:22.

8. El enojo puede alejar a los amigos: Proverbios 22:24-25.

9. El enojo causa que despreciemos a ciertas personas (esto se manifiesta muchas veces en la manera en que les hablamos o cómo hablamos de ellos. Los homicidios empiezan en el corazón) Mateo 5:22.

El enojo no liberado finalmente nos llevará a la amargura. La amargura sin control estorba y contamina a muchos (Hebreos 12:15). Si vas a ser sanado, debes tratar con el enojo y la amargura antes que te destruyan a ti y a los que te rodean.

— SÉPTIMO DÍA —

¿Cómo tratas con el enojo?
    Pues finalmente hemos llegado al momento en que debemos ver cómo tratar con la ira dirigida hacia otras personas.
    Comencemos dándole una pequeña mirada a Efesios 4:26.

1. Escribe y memoriza Efesios 4:26.

2. Enumera las dos cosas que aprendes de Efesios 4:26 acerca de cómo responder al enojo.

Efesios 4:26 incluye una cita del Salmo 4:4 "ENOJENSE, PERO NO PEQUEN". Lee el Salmo 4 y responde las siguientes preguntas.

◗ SALMO 4:1-8

1 Cuando clamo, respóndeme, oh Dios de mi justicia. En la angustia me has aliviado; Ten piedad de mí, escucha mi oración.

2 Hijos de hombres, ¿hasta cuándo *cambiarán mi* honra en deshonra? *¿Hasta cuándo* amarán la vanidad y buscarán la mentira? (Selah)

3 Sepan, pues, que el SEÑOR ha apartado al piadoso para sí; El SEÑOR oye cuando a El clamo.

4 Tiemblen, y no pequen; Mediten en su corazón sobre su lecho, y callen. (Selah)

5 Ofrezcan sacrificios de justicia, Y confíen en el SEÑOR.

6 Muchos dicen: "¿Quién nos mostrará el bien?" ¡Alza, oh SEÑOR, sobre nosotros la luz de Tu rostro!

7 Alegría pusiste en mi corazón, Mayor que *la de ellos* cuando abundan su grano y su vino nuevo.

8 En paz me acostaré y así también dormiré, Porque sólo Tú, SEÑOR, me haces vivir seguro.

Como seguramente notaste, el cuarto versículo de este salmo es un poco diferente de la manera en que Pablo lo citó. Nuestra Biblia tiene una nota al pie de página, junto a la palabra *tiemblen*, y dice "de enojo o de temor". La palabra *Y* podría traducirse *pero*; de este modo, una posible lectura sería: "Tiemblen de enojo, pero no pequen."

Aparentemente, la persona se encuentra tan llena de enojo y tan enfurecida, que eso la hace literalmente temblar debido a la tremenda agitación interna que experimenta.

¿Cómo trata uno con este enfado tan profundo? El salmista nos da la solución.

3. Según el Salmo, ¿qué situación crees que estaba atravesando el salmista? ¿Su enojo era justificado o injustificado?

4. ¿Cuál es la confianza del salmista en medio de su aflicción?

5. ¿Qué dice él que hagamos en medio de este estremecedor enojo?

6. ¿Qué puedes aprender de este salmo, que puedas aplicar a tu vida? Sé tan específico, y personalízalo tanto, como te sea posible.

7. Busca Efesios 4:31-32:

"Sea quitada de ustedes toda amargura, enojo, ira, gritos, insultos, así como toda malicia.
Sean más bien amables unos con otros, misericordiosos, perdonándose unos a otros, así como también Dios los perdonó en Cristo".

   a. ¿Qué aprendes sobre tu respuesta al enojo y a la ira, en estos versículos?

   b. ¿Cómo piensas que se relaciona el versículo 32, si es que lo hace de alguna manera, con el versículo 31?

8. Lee Colosenses 3:8-17. ¿Cómo se comparan estos versículos con Efesios 4?

9. Veamos también Gálatas 5:19-21:

"Ahora bien, las obras de la carne son evidentes, las cuales son: inmoralidad, impureza, sensualidad, idolatría, hechicería, enemistades, pleitos, celos, enojos, rivalidades, disensiones, herejías, envidias, borracheras, orgías y cosas semejantes, contra las cuales les advierto, como ya se lo he dicho antes, que los que practican tales cosas no heredarán el reino de Dios".

a. De acuerdo a estos versículos, ¿es siempre malo el enojo? ¿Es siempre una obra de la carne? Lee cuidadosamente el pasaje antes de responder; y explica por qué respondes de esa manera.

b. ¿Has notado el fin de aquellos quienes practican habitualmente estas acciones, como parte de su estilo de vida? ¿Cuál es? ¿Qué te dice esto sobre las explosiones de enojo?

10. Finalmente, deseamos que nuevamente veas Santiago 1:19-26. Léelo cuidadosamente y luego responde las siguientes preguntas.

"*Esto lo* saben, mis amados hermanos. Pero que cada uno sea pronto para oír, tardo para hablar, tardo para la ira; pues la ira del hombre no obra la justicia de Dios. Por lo cual, desechando toda inmundicia y *todo* resto de malicia, reciban ustedes con humildad (mansedumbre) la palabra implantada, que es poderosa para salvar sus almas. Sean hacedores de la palabra y no solamente oidores que se engañan a sí mismos. Porque si alguien es oidor de la palabra, y no hacedor, es semejante a un hombre que mira su rostro natural en un espejo; pues después de mirarse a sí mismo e irse, inmediatamente se olvida de qué clase de persona es. Pero el que mira atentamente a la ley perfecta, la *ley* de la libertad, y permanece *en ella*, no habiéndose vuelto un oidor olvidadizo sino un hacedor eficaz, éste será bienaventurado en lo que hace. Si alguien se cree religioso, pero no refrena su lengua, sino que engaña a su *propio* corazón, la religión del tal es vana".

    a. ¿Cuál es el mandato de Dios con respecto al enojo?

    b. ¿Qué más nos dice este pasaje que debemos hacer?

c. ¿Algunas de estas otras advertencias o exhortaciones, podrían ayudarnos a tratar con nuestro enojo? ¿Cómo?

d. ¿Por qué debes controlar tu ira?

Ahora, resumamos lo que debes hacer cuando te sientas enojado:

1. *Apártate del enojo. No permitas que el enojo te controle. Enójate y no peques.* Proverbios 29:8,11 dice: "Los provocadores agitan la ciudad, Pero los sabios alejan la ira.

   Cuando un sabio tiene controversia con un necio, *Este* se enoja o se ríe, y no hay descanso.

   Los hombres sanguinarios odian al intachable, Pero los rectos se preocupan por su alma.

   El necio da rienda suelta a su ira, Pero el sabio la reprime" Y Eclesiastés 7:9 nos dice: "No te apresures en tu espíritu a enojarte, Porque el enojo se anida en el seno de los necios." Proverbios 16:32 "Mejor es el lento para la ira que el poderoso, Y el que domina su espíritu que el que toma una ciudad."

2. *Disponte a pasar por alto las ofensas de otros en contra tuya.* Esto es mansedumbre, y no debilidad. "La discreción del hombre le hace lento para la ira, Y su gloria es pasar por alto una ofensa. El *hombre* de gran

ira llevará el castigo, Porque si tú *lo* rescatas, tendrás que hacerlo de nuevo" (Proverbios 19:11,19).

3. *Cuando la persona dice o hace algo que te haga enojar, dale una respuesta amable.* "La suave respuesta aparta el furor, Pero la palabra hiriente hace subir la ira" (Proverbios 15:1). Una respuesta violenta hace aumentar el enojo de ellos, ¡pero también puede aumentar tu enojo!

4. *Trata con tus sentimientos, y no los reprimas.* "Tiemblen, y no pequen; Mediten en su corazón sobre su lecho, y callen. Ofrezcan sacrificios de justicia, Y confíen en el Señor" (Salmo 4:4-5). En otras palabras, medita en tu enojo y examínalo, trae tus sentimientos a la Palabra de Dios y entonces determina qué harás para sacrificar esas emociones y deseos, por causa de la justicia. Al leer los salmos, encontrarás al salmista una y otra vez tratando con sus sentimientos, diciéndole a Dios cómo se siente, y luego recordando la verdad y actuando consecuentemente con ella. Presta mucha atención a esto que de seguro te bendecirá.

5. *Confía en el Señor.* ¡Cuánto nos ha enseñado esto el Salmo 37! ¿Recuerdas la historia de José en el Antiguo Testamento? Si alguien pudo haber justificado su enojo, fue José; sin embargo, él nunca fue dominado por ese enojo. Y tú también debes recordar lo que José sabía: "Ustedes pensaron hacerme mal, *pero* Dios lo cambió en bien para que sucediera como *vemos* hoy, y se preservara la vida de mucha gente" (Génesis 50:20). Sin importar la circunstancia que atravieses, si la tratas como lo hizo José, podrás ver que Dios te dará un ministerio que también ayudará a preservar a otras personas.

6. *Nunca tomes tu propia venganza,* "...sino den lugar a la ira *de Dios*, porque escrito está: "MIA ES LA VENGANZA, YO PAGARE," dice el Señor" (Romanos 12:19).

Puesto que no deseamos que te pierdas nada de lo que Dios tiene para ti en este estudio, queremos pedirte que hagas algo más. Realiza una lista de todo lo que Dios te haya mostrado de manera personal en el estudio de hoy. Y, ¿qué versículos te han hablado específicamente con respecto a la manera como tratas con tu enojo?

Busca 1 Pedro 5:6- 7 y escribe esos versículos.

Dedica los siguientes minutos para orar al Señor con respecto a esos versículos. Permíteles que se conviertan en el clamor de tu corazón, al humillarte bajo la poderosa mano de tu Padre Dios. Confiésale tu enojo y acepta que es pecado. Apártate de ese enojo y deséchalo, echando toda tu ansiedad, enojo, amargura y heridas sobre el Dios que te ama tanto.

Vuelve ahora a tu estudio sobre el enojo, y repasa las verdades que has encontrado. Finalmente, escribe una oración de compromiso con el Señor.

VERSÍCULO PARA MEMORIZAR

"Humíllense, pues, bajo la poderosa mano de Dios, para que El los exalte a su debido tiempo, echando toda su ansiedad sobre El, porque El tiene cuidado de ustedes".

1 PEDRO 5:6-7

Preguntas Para La Discusión En Grupos Pequeños

En la décimo primera semana vimos que las personas pueden ser sanadas de las heridas de su pasado únicamente si vienen a Dios bajo Sus condiciones, y si están realmente deseosas de ser sanadas a Su manera.

Vimos también que la sanidad es una cuestión de fe; que está en nosotros el creer o no creer, el obedecer o no obedecer. Que se trata de nuestra elección—vez tras vez, momento a momento.

También hablamos del por qué algunas personas no desean ser sanadas; y luego vimos nuestra responsabilidad de perdonar a otros, y los resultados del perdón.

1. Podría ser que tu sanidad no haya sido completa debido a que aún hay enojo en tu vida. Y esta semana, cuando estudiaste sobre el enojo, ¿trataste con el enojo que todavía estaba en tu corazón? Si no, ¿por qué no lo hiciste? ¿Qué te impide rendirte por completo?

2. En tu estudio encontraste que Dios también se enoja.
   a. ¿Qué clase de enojo es ese?
   b. ¿Cuáles son las cosas que enojan a Dios?
   c. ¿Cuál es la raíz de las cosas que enojan a Dios?
   d. ¿Qué aprendiste sobre el enojo de Dios?

3. ¿Cuáles son las dos clases de enojo que puede experimentar el ser humano?
   a. ¿Puede justificarse el enojo contra Dios?
   b. ¿Cuáles son algunas de las razones por las que el hombre se enoja contra Dios?
   c. ¿Qué viste en Isaías 45:20-24 que te ayude a tratar con el enojo contra Dios?
   d. ¿Cuáles son algunas de las respuestas que causan que nos enojemos con las personas?

    e. ¿Cuáles son las dos cosas que aprendiste sobre reaccionar al enojo, en Efesios 4:26? ¿Qué aprendiste en Efesios 4:31-32?

    f. En el Salmo 4 vimos que el salmista estaba muy enojado con las personas. ¿Cuál era su confianza en medio de esa situación? ¿Qué aprendiste de este salmo, acerca de tratar con tu enojo hacia otras personas?

    g. ¿Alguna vez has estado enojado con los malvados?

    h. ¿Qué aprendiste en el Salmo 37, que te ayude a tratar con tu enojo?

4. ¿Cuáles son los resultados del enojo, cuando no se lo ha entregado a Dios ni se lo trata de manera correcta?

5. ¿A qué te conducirá el enojo reprimido?

6. Según lo estudiado en Gálatas 5:19-21

    a. ¿Es siempre malo el enojo?

    b. ¿Es siempre el enojo una obra de la carne?

    c. ¿Cuál será el final de aquellos quienes habitualmente practican los hechos mencionados en este pasaje?

    d. A la luz de tu última respuesta, ¿qué te dice esto sobre las explosiones de enojo?

7. ¿Cuál es el mandamiento de Dios con respecto al enojo, en Santiago 1:19-26?

    a. ¿Cómo estas advertencias y exhortaciones pueden ayudarnos a tratar con el enojo?

    b. ¿Por qué tienes que controlar tu enojo?

8. Ahora, con tus propias palabras, explica lo que debes hacer cuando estés enojado.

9. ¿Podrías descansar en el Señor y dejar de estar enojado? ¿Qué compromiso has hecho ante el Señor de lo que harás la próxima vez que el enojo surja en tu corazón?

La Cura Para La Amargura

— *PRIMER DÍA* —

La mansedumbre abrirá las puertas de hierro que te han tenido cautivo en una celda de enojo, remordimiento y amargura. ¡Esta es la llave! La mansedumbre te brindará paz y libertad como nunca antes experimentaste.

Mansedumbre es una actitud de sumisión y confianza que acepta y reconoce todos los métodos de Dios como buenos para con nosotros, y que por lo tanto ni murmura, ni discute, ni toma represalias[1]. La mansedumbre nos hace darnos cuenta que cuanto viene a nosotros, por parte de los hombres, es permitido y usado por Dios para nuestra disciplina como Sus hijos; y para así purificarnos. La mansedumbre es una actitud de confianza que mira más allá de las circunstancias, y más allá del hombre, hacia el Dios Soberano; que nos permite, doblando nuestras rodillas, decir: "Señor, lo que te agrada a ti, me agrada también a mí."

Partiendo de esta descripción, resulta obvio que la mansedumbre no es una disposición natural del ser humano pecador, y que es verdaderamente imposible de alcanzar sin el Espíritu de Dios. Puesto que la mansedumbre es una gracia entretejida del alma, sólo es posible alcanzarla cuando Jesucristo mora allí. Nuestro Señor es realmente Quien es manso y humilde de corazón[2].

El Salmo 37:11 dice: "Pero los humildes poseerán la tierra Y se deleitarán en abundante prosperidad." Otra palabra usada para humilde es *manso*; por lo cual, el versículo del Salmo 37 resulta ser paralelo con las palabras de Jesucristo en el Sermón del Monte cuando dijo: "Bienaventurados los humildes, pues ellos heredarán la tierra" (Mateo 5:5).

No creemos que exista una persona que en su corazón no abrigue alguna esperanza, o sueño de una vida de satisfacción y gozo—un deseo de recibir todo cuanto la vida ofrece. "Heredar la tierra" es una forma para describir esa "esperanza". Y está a la par con "recibir la tierra por heredad"—la tierra, la cual es del Señor y de allí su plenitud.

Lee todo el Salmo 37 y marca cada versículo que hable de *heredar la tierra*. Al hacerlo encontrarás una maravillosa descripción de quienes son mansos. Escribe todo lo que observes.

En el Salmo 37:9 vemos que aquellos quienes esperan en el Señor heredan la tierra. Una de las características de la mansedumbre es la confianza; y puede que hayas sufrido mucho en esta vida, pareciendo un desposeído ante los ojos del mundo y quizás ante tus propios ojos, pero hay una vida para ti que aún no has visto ni experimentado; una vida realmente maravillosa "Pues considero que los sufrimientos de este tiempo presente no son dignos de ser comparados con la gloria que nos ha de ser revelada" (Romanos 8:18). La vida abundante espera por ti; y mientras los malvados perecerán—se disiparán (Salmo 37:20), tú heredarás la tierra.

En el Salmo 37:18 leemos: "El Señor conoce los días de los íntegros, Y su herencia será perpetua." Has sido hecho perfecto en Cristo Jesús, y caminarás en una vida íntegra al ser lleno y controlado por el Espíritu; parte de cuyo fruto es la *mansedumbre* (Gálatas 5:23).

En el Salmo 37:22 y 29 vemos que los benditos y los justos serán quienes hereden la tierra, es decir—los mansos.

La mansedumbre es la actitud que confía, se compromete, descansa y espera en el Señor. De eso trata todo el Salmo 37, en que también se muestra la recompensa para tal espíritu en el verso 34: "Espera en el Señor y guarda Su camino, Y El te exaltará para que poseas la tierra. Cuando los impíos sean exterminados, tú lo verás."

"Pero los transgresores serán destruidos a una; La posteridad de los impíos será exterminada. Pero la salvación de los justos viene del Señor; El es su fortaleza en el tiempo de la angustia. El Señor los ayuda y los libra; Los libra de los impíos y los salva, Porque en El se refugian" (Salmo 37:38-40).

¡No debes aferrarte a tu enojo! ¡No tienes que buscar cómo vengarte de los que te han hecho mal! En mansedumbre, desecha todo eso, ponlo a los pies de tu Salvador y encuentra refugio en Él recibiendo de Su fortaleza. Con la ayuda del Señor, conoce el alivio y la maravillosa paz que llegan al desechar todo enojo y amargura. No te preocupes por vengarte, en justicia, Él se encargará de quienes han pecado contra ti o contra tus seres queridos. No permitas que tu enojo te destruya, pues

¡qué victoria le darías a los malvados! Deja a un lado el enojo y la amargura y vístete de Su mansedumbre.

Entonces, cuando el enojo llegue, la mansedumbre lo pondrá bajo control. Al andar en mansedumbre, serás capaz de también poner la otra mejilla. "...amen a sus enemigos y oren por los que los persiguen, para que ustedes sean hijos de su Padre que está en los cielos; porque El hace salir Su sol sobre malos y buenos, y llover sobre justos e injustos..."Por tanto, sean ustedes perfectos como su Padre celestial es perfecto" (Mateo 5:39, 44-45, 48).

La mansedumbre puede comportarse de esa manera, porque se da cuenta que los insultos y las heridas que el hombre puede causar son permitidos y usados por Dios para la disciplina y purificación de Sus hijos.

Ven a Él, tú que estás cansado y cargado con heridas, enojo y amargura, y Él te dará descanso. Toma Su yugo—conviértete en Su compañero. Haz que el reino de Dios y Su gloria sea tu meta, tu misión. Aprende de Jesucristo, porque Él es manso y humilde de corazón, y entonces encontrarás descanso— bendito y dulce descanso para tu alma. Encontrarás que Su yugo es fácil y agradable, y que Su carga es ligera—ligera porque Él comparte tu yugo; porque es el Omnipotente Quien lleva todas tus cargas.

Dobla tus rodillas en oración, y personaliza la definición de mansedumbre. Dile a Dios que aceptarás como bueno Su trato para contigo, y que por lo tanto dejarás de murmurar sobre tu pasado. Dejarás de cuestionarle el por qué sucedieron esas cosas; cambiarás tu enojo y amargura por Su mansedumbre. Dile que confiarás en que Él usará todas las horribles y difíciles cosas de tu vida como Sus instrumentos de disciplina y purificación para hacerte a la imagen de Su Hijo.

— *SEGUNDO DÍA* —

La amargura vendrá cuando no respondes con una perspectiva bíblica a las difíciles circunstancias de la vida. Se trata de un estado mental de enojo y resentimiento que a menudo está dirigido hacia Dios; y tal amargura causa que una persona desprecie las bendiciones de Dios. Pero la amargura también puede ser hacia el hombre; manifestándose con una enojada y hostil perspectiva de la vida, que se expresa en resentimientos y explosiones de enojo hacia otros.

Si no abandonas, o dejas ir la amargura, esta se incrustará en el suelo de tu corazón; y allí crecerá y producirá un fruto que estorbará la vida en que clavó sus raíces; contaminando además a muchos otros.

El pasaje que nos enseña cómo tratar con la amargura es Hebreos 12; y para apreciarlo debes entender el contexto y la ocasión de esa epístola.

Hebreos es una palabra de exhortación escrita a los cristianos hebreos que estaban pasando una gran prueba de su fe. Con respecto a ellos se dice: "Pero recuerden los días pasados, cuando después de haber sido iluminados, ustedes soportaron una gran lucha de padecimientos. Por una parte, siendo hechos un espectáculo público en oprobios y aflicciones, y por otra, siendo compañeros de los que eran tratados así" (Hebreos 10:32-33). Algunos habían sido echados en prisión debido a su fe. Otros habían sufrido la pérdida de propiedades y posesiones sólo por ser cristianos. Muchos habían sufrido maltratos; y para algunos era muy fuerte la tentación de abandonar su recién encontrado cristianismo y volverse al estilo de adoración del antiguo pacto. El cristianismo resultaba ser una disciplina de vida que costaba mucho, y algunos se preguntaban si realmente valía la pena.

El propósito de Hebreos 12 era animar a estos santos, quienes estaban sufriendo, a que se despojen de todo peso y del pecado que los asediaba; y que corrieran con paciencia la carrera que tenían por delante, puestos los ojos en Jesús (versículos 1-2). Después de decir todo esto, y de poner delante de ellos el ejemplo de Jesucristo, el autor de Hebreos explica la naturaleza de lo que estaban soportando. Se trataba en realidad de la *paideia* del Señor—del adiestramiento, la disciplina que todo verdadero hijo de Dios experimenta.

Lee Hebreos 12:5-15, para que puedas ver qué tiene que ver la amargura con la disciplina. Mientras lo haces, marca cada uso de la palabra *disciplina*; y también las palabras *hijo* e *hijos* de igual forma. Marca también los pronombres y variantes verbales relacionados con *nosotros*, Sus hijos. Marca las palabras *gracia* y *amargura*, y cada referencia al *Señor* junto con los pronombres que se refieren a Él.

◑ HEBREOS 12:5-15

5 Además, han olvidado la exhortación que como a hijos se les dirige: "Hijo Mío, No Tengas En Poco La Disciplina Del Señor, Ni Te Desanimes Al Ser Reprendido Por El.

6 Porque El Señor Al Que Ama, Disciplina, Y Azota A Todo El Que Recibe Por Hijo."

7 Es para *su* corrección (disciplina) que sufren (lo soportan). Dios los trata como a hijos; porque ¿qué hijo hay a quien su padre no discipline?

8 Pero si están sin disciplina, de la cual todos han sido hechos participantes, entonces son hijos ilegítimos y no hijos *verdaderos*.

9 Además, tuvimos padres terrenales para disciplinar*nos*, y *los* respetábamos, ¿con cuánta más razón no estaremos sujetos al Padre de nuestros espíritus, y viviremos?

10 Porque ellos nos disciplinaban por pocos días como les parecía, pero El *nos disciplina* para *nuestro* bien, para que participemos de Su santidad.

11 Al presente ninguna disciplina parece ser causa de gozo, sino de tristeza. Sin embargo, a los que han sido ejercitados (adiestrados) por medio de ella, después les da fruto apacible de justicia.

12 Por tanto, fortalezcan las manos débiles y las rodillas que flaquean,

13 y hagan sendas derechas para sus pies, para que la *pierna* coja no se descoyunte, sino que se sane.

14 Busquen (Sigan) la paz con todos, y la santidad, sin la cual nadie verá al Señor.

15 Cuídense de que nadie deje de alcanzar la gracia de Dios; de que ninguna raíz de amargura, brotando, cause dificultades y por ella muchos sean contaminados.

Ahora, haz una lista de todo lo que aprendiste sobre cada palabra que marcaste. Asegúrate de no pasar por alto ninguna instrucción o mandamiento que nos haya sido dado.

Finalmente, escribe un breve resumen explicando cómo se relacionan todas estas verdades con la sanidad de las heridas. ¿Qué encuentras en este pasaje que podría curar tu enojo o amargura, y protegerte de ser víctima de los sucesos de tu vida?

Amigo, este estudio realmente es muy importante. ¿Puedes darte cuenta de lo necesario que es que tomes estas verdades y vivas de acuerdo a ellas? Nunca habrá ninguna sanidad verdadera, profunda o duradera lejos de tal obediencia de fe.

— *TERCER DÍA* —

La *aceptación* es uno de los principales factores de los que depende tu sanidad. Pero decimos aceptación—y no *conformidad*. El aceptar es creer y someterse; el conformarse es sencillamente rendirse, resignarse a algo o alguien.

¿Qué debes aceptar si vas a ser sanado por el Señor? La siguiente lista capta lo que *creemos* resulta esencial—crucial—y obligatorio para tu sanidad.

1. *Conoce a Dios — acepta Su carácter y Su soberanía*. ¿Por qué debemos aceptar Su soberanía? Porque si Dios no está en control—total y completamente—entonces, ¿en manos de quién estamos? Y si Él no estuviera al tanto de lo que nos sucederá, entonces, ¿cómo podría hacer que todas las cosas ayudaran para nuestro propio bien y para nuestra semejanza a Cristo? Ciertamente si el hombre, Satanás, los accidentes, o "el destino" pudieran hacernos cosas sin el permiso o conocimiento de Dios, entonces estaríamos en un grave problema pues significaría que Dios no tiene el control.

Debido a que Dios es soberano, debes saber cómo es este Dios que lo gobierna todo. Y uno de Sus principales atributos, que necesita comprender una persona herida, es que Él es amor. ¡Sí! Dios te ama mi amigo, sin importar cómo eres o lo que hagas. Dios es amor, y es Su amor el que te atrae a Él. Es Dios Quien inicia el amor.

Dios dice: "Con amor eterno te he amado, Por eso te he sacado con misericordia" (Jeremías 31:3) El amor desea el mayor bien para ti y está dispuesto a pagar el máximo de los sacrificios para lograrlo, ese sacrificio fue Su Hijo. Las heridas son sanadas por el único amor incondicional. Entonces, acepta Su amor, Su carácter y Su soberanía.

2. *Acepta la gracia de Dios.* Hay un triple aspecto de la gracia de Dios, que afecta tu sanidad.

Primero, debes aceptar la gracia salvadora de Dios, porque es por gracia que eres salvo por medio de la fe. La gracia es un don de Dios, y nunca resultado de las obras. En Su pacto de gracia, Dios quita tus pecados y pone Su Espíritu dentro de ti; el cual te capacita para vivir una vida recta. El Espíritu es también el sello, la garantía, de que Dios mantendrá y cumplirá Su pacto redimiendo tu cuerpo y dándote vida eterna en Su presencia.

Cuando aceptas la gracia de Dios, aceptas el hecho que Jesús es Dios; Quien te libertará de tu pecado cuando reconozcas que Él es quien dice ser, y que por lo tanto tiene derecho a controlar tu vida. Vez tras vez, en nuestras sesiones de consejería, hemos visto que resulta esencial para la sanidad el aceptar la Deidad y el Señorío de Jesucristo, y el sometimiento a Él.

Segundo, la gracia te guarda de la amargura. Observemos mejor Hebreos 12:15-16: "Cuídense de que nadie deje de alcanzar la gracia de Dios; de que ninguna raíz de amargura, brotando, cause dificultades y por ella muchos sean contaminados. Que no *haya* ninguna persona inmoral ni profana como Esaú, que vendió su primogenitura por una comida."

En medio de pruebas y tentaciones, puedes descansar teniendo la seguridad que la gracia de Dios es suficiente para permitirte enfrentar todo cuanto venga a tu camino. Cuando tu Padre celestial permita, en su soberanía, que soportes la disciplina o el castigo en tu adiestramiento como hijo, no debes dejar de alcanzar la gracia de Dios. Jamás debemos dejar de apropiarnos de todo lo que Dios ha provisto para nosotros, y que nos es dado libremente teniendo a la fe como su única condición.

El autor de Hebreos utiliza a Esaú como ejemplo de alguien quien dejó de apropiarse de la gracia de Dios. Cuando experimentó una extrema hambre física, Esaú despreció su primogenitura a cambio de ganar la temporal satisfacción de su carne. La gracia de Dios era suficiente para ayudar a Esaú a tratar con esos deseos, pero él no se apropió de ella.

¿Notas la similitud? La gracia de Dios es suficiente para cualquier prueba, herida o fracaso. Y es tuya sin condición alguna, sólo por creer. La pregunta es: ¿Te apropiarás de ella por fe? Pues cualquiera que sea tu herida, daño o pasado Su gracia es suficiente. *¡Acepta Su gracia!*

El tercer aspecto de Su gracia, que debes aceptar para tu sanidad, es con respecto a quién y qué eres. Pablo dijo en 1 Corintios 15:10: "Pero por la gracia de Dios soy lo que soy". Todo, desde el momento en que fuiste concebido hasta ahora, ha contribuido a hacerte Suyo y por tanto, Su colaborador para la propagación de Su reino. Puede que esta verdad te sea algo difícil de comprender, pero eso es lo que dice la Palabra de Dios, y Dios no miente.

Recuerda Juan 15:16: "Ustedes no me escogieron a Mí, sino que Yo los escogí a ustedes, y los designé para que vayan y den fruto, y que su fruto permanezca; para que todo lo que pidan al Padre en Mi nombre se *lo* conceda". Tú eres "hechura Suya, creados en Cristo Jesús para *hacer* buenas obras, las cuales Dios preparó de antemano para que anduviéramos en ellas" (Efesios 2:10).

Si no aceptas estas verdades, y vives en fiel obediencia a ellas, dejarás de alcanzar la gracia de Dios. Pablo nunca permitió que el pecado de su pasado, el encarcelamiento, la muerte de muchos cristianos, el tiempo en que ocurrió su salvación, su apariencia, su hablar poco atractivo o su imperfecto cumplimiento como cristiano fueran impedimentos para seguir adelante hacia una fructífera vida para Cristo. Como Pablo aceptó la gracia de Dios en toda su plenitud, él pudo decir: "Pero por la gracia de Dios soy lo que soy, y Su gracia para conmigo no resultó vana. Antes bien he trabajado mucho más que todos ellos, aunque no yo, sino la gracia de Dios en mí" (1 Corintios 15:10).

La gracia de Dios resultará vana en tu vida si dices: "Yo sé lo que Dios dice, PERO_____
_____." Cualquier cosa que agregues en el espacio en blanco, sería una total contradicción a la veracidad de la Palabra de Dios y a la suficiencia de Su gracia; porque Su gracia toma tu debilidad y la transforma en Su fortaleza.

¿Te das cuenta que Dios no necesita nada de lo que tú tienes? Él tan sólo quiere lo que tú eres, para poder llenarte de Él mismo.

Cuando te muevas en fe, y aceptes Su gracia, tu vida tendrá gran significado en Su reino. Y aunque muchas veces ese significado permanezca invisible para ti, nunca será invisible para Dios. Todo es asunto de obediencia y de fe, la gracia hará el resto. Entonces, no permitas que la gracia de Dios sea en vano—¡acéptala!

3. *Acepta el amor de Dios*. Pues el amor sana. En los siguientes dos días estudiaremos esta verdad; por hoy, simplemente busca al Señor y pídele que te muestre si estás fallando en cualquiera de las áreas que hemos discutido. Luego, en el espacio que sigue, escribe lo que Dios te muestre y qué debes hacer al respecto.

La incredulidad, que es raíz de todo pecado, se cura únicamente creyendo—el creer trae sanidad.

— *CUARTO DÍA* —

Dios te ama con un amor eterno e incondicional; y cuando aceptas esa verdad y te aferras a ella sin importarte otra cosa, entonces encuentras sanidad. Dorie, nuestra querida amiga, ilustra muy bien esto. Cuando Kay conoció a Dorie Van Stone, ellas compartían la misma plataforma en una conferencia presentada en el Instituto Bíblico Moody.

Dorie era una de dos hijas—"la fea", según dice Dorie. Ella fue rechazada por su madre, mientras su hermana fue bienvenida con los brazos abiertos. Dorie fue puesta en un orfanato, donde era golpeada casi todas las noches; y donde también sufrió toda clase de abusos, incluyendo el sexual, pero fue allí donde, por medio de un grupo de una iglesia que visitaba el orfanato, ella oyó por primera vez que Dios la amaba. Aunque nunca había sentido el amor de nadie, con la fe de una niña aceptó completamente que Dios la amaba.

Aferrada al regalo de un Nuevo Testamento, y a esa verdad, Dorie soportó años de mucho maltrato físico y de abuso emocional. Después del orfanato, Dorie fue ubicada en una familia adoptiva, donde no era nada más que una esclava despreciada. Únicamente la creencia de que Dios la amaba, fue lo que la sostuvo frente al total rechazo de su madre. Cuando la madre de Dorie fue llevada a los tribunales para reclamar a su hija, se negó a tener la custodia de ella y le dijo al juez en presencia de Dorie que deseaba que ella nunca hubiera nacido. Pero Dorie creyó la verdad del amor de Dios, y eso la sostuvo a través del gozo de encontrar a su padre, de experimentar su amor, y de ser rechazada por él debido a que ella no quiso negar a Jesucristo. Creer en el amor de Dios y Su soberanía también sostuvo a Dorie a través de la repentina e inesperada muerte de su esposo, Lloyd, a la edad de sesenta y dos años.

Sería realmente grandioso si pudieras leer su libro: *Dorie: La Niña que Nadie Amaba*, o si pudieras escuchar su testimonio grabado en audio, porque escucharías un vivo testimonio del poder sanador del amor.

Actualmente hay muchas voces en el mundo, aún dentro del cristianismo, que nos dicen que la raíz y la fuente de nuestros problemas es la falta de amor propio y autoestima. Lo cual suena bien, especialmente cuando viene de los llamados expertos. Y tal vez hasta suene más plausible cuando viene de algunos cristianos activos. También parece más creíble cuando lo vemos impreso—discutido, explicado y comprobado por otros "expertos" en muchas revistas y libros. Pero, ¿qué dice la Palabra de Dios sobre la autoestima, el valor propio, o la imagen propia? ¡Nada! Excepto que separados de Jesucristo no somos nada.

En ningún lugar de la Palabra de Dios se nos dice que nuestro problema sea la falta de autoestima, de amor propio o debido a una deficiente autoimagen. En cambio, la Biblia nos dice que desde el principio, en el Huerto del Edén, el problema del hombre ha sido la incredulidad. Fue la incredulidad, como ya hemos visto, lo que causó que el hombre pecara. Y el pecado separó al hombre de Dios; y como Dios es amor, cuando el hombre se separa del amor, entonces comienza la búsqueda de un sustituto; búsqueda que causa mucho dolor y heridas. El amor propio es ese pobre pero muy engañoso sustituto del amor de Dios, que engañosamente pone al hombre en el centro en lugar de Dios. Es entonces cuando Dios existe para el hombre, en lugar del hombre existir para Dios.

El amor propio y la autoestima te enseñarán que tienes valor y mérito lejos de Dios; y eso es orgullo. ¡Es una mentira del diablo! Incluso habrá quienes te digan que antes de poder amar a Dios, o alguien más, primero debes tener mucho amor propio y autoestima. O te dirán también que nunca podrás amar a tu prójimo hasta que no te ames a ti mismo.

Estas son sutiles distorsiones de la Palabra de Dios. Y son distorsiones en las que puedes caer sin sospecha, si no te detienes a examinarlas cuidadosamente. Nosotros mismos hemos leído los libros, escuchado las grabaciones y adquirido la jerga de algunas personas que aman a Dios y que son aclamadas como expertos. Sin embargo, el que mucha gente se reúna para escucharlas, y que hasta cierto punto reciban ayuda, no significa que estén enseñando la verdad. El que algunas personas sean aparentemente sanadas, no hace que el método o teoría sea correcto o agradable ante los ojos de Dios. Hay muchas personas sanadas por medio de la operación psíquica, pero eso no hace que sea algo correcto. Tú mismo podrías ser sutilmente engañado con la enseñanza del amor propio y la autoestima; palabras y enseñanzas que sólo son una lejana sombra de la verdad, una sombra que te llevará más allá de la calidez del Hijo hacia una escalofriante oscuridad.

La aceptación del amor es verdaderamente crucial para tu sanidad; pero es la aceptación del amor de Dios, y no del amor propio. Cuando no te gusta quién eres o lo que has hecho, o cuando el enemigo viene a susurrarte al oído tocando la puerta de tu mente para decirte que no eres nada, ponte de acuerdo con tu adversario. ¡Dale la razón! Dile que apartado de Jesucristo no eres nada, y que no puedes hacer nada que tenga valor o mérito eterno.

Pero también dile a Satanás que Dios te ama aunque no seas nada, y que Él te acepta así como eres y que te ama con un amor eterno e incondicional; y que estás en proceso de transformarte a Su imagen. Dile al diablo que te encuentras muy seguro en el amor de Dios "porque el amor de Dios ha sido derramado en nuestros corazones por medio del Espíritu Santo que nos fue dado" (Romanos 5:5), y "ninguna otra cosa creada nos podrá separar del amor de Dios que es en Cristo Jesús Señor nuestro" (Romanos 8:39).

Martín Lutero entendió muy bien esto cuando dijo: "Dios no nos ama porque somos valiosos, sino que somos valiosos porque Dios nos ama". "En esto consiste el amor: no en que nosotros hayamos amado a Dios, sino en que El nos amó a nosotros y envió a Su Hijo como propiciación por nuestros pecados." Amados, si Dios así nos amó, también nosotros debemos amarnos unos a otros. A Dios nunca Lo ha visto nadie. Si nos amamos unos a otros, Dios permanece en nosotros y Su amor se perfecciona en nosotros" (1 Juan 4:10-12).

— *QUINTO DÍA* —

Cuando aceptes el amor de Dios, entonces permitirás que Dios ame a otras personas a través de ti. Y eso también es parte de la sanidad.

Al haber creído y recibido el amor de Dios, y por lo tanto tener Su amor derramado en nuestro corazón, nos convertimos en canales de Su amor (Romanos 5:5). Y la sanidad se vuelve continua. "Nosotros amamos porque El nos amó primero." (1 Juan 4:19).

¡Qué distinto de lo que oímos! Pues muchos afirman que el amarse a uno mismo es el requisito previo para poder amar a otros. Dicen que nuestra capacidad para amar a Dios y para amar a nuestro prójimo es proporcional a nuestra capacidad de amarnos a nosotros mismos. En otras palabras, si no puedes amarte a ti mismo, entonces tampoco puedes amar a tu prójimo o a Dios.

Sin embargo, la forma de amar a otros no es por medio del amor propio. Es más, para realmente amar a Dios y a los otros, primero debemos morir a nosotros mismos. El morir a mí mismo causa que tome mi cruz, me niegue a mí mismo y le siga a Él.

1. Busca Marcos 8:35-36. ¿Qué dice Jesucristo sobre nuestra vida, en estos versículos?

2. ¿Qué dice Pablo con respecto al "yo" en Gálatas 2:20?
   a. Escribe Gálatas 2:20 y empieza a memorizarlo.

   b. Ahora que lo has escrito, ¿cómo se compara esto con lo que hemos dicho sobre el amor propio/la autoestima e imagen propia?

Mientras aprendemos a vivir la vida crucificada, continuamente se dará una muerte a uno mismo en lugar de un amor para con uno mismo. Y puede que estés preguntándote: ¿Pero qué del mandamiento de amar a mi prójimo como a mí mismo? ¿No significa que tengo que amarme a mí mismo? Pues hagamos una pequeña investigación en la Palabra, para encontrar la respuesta de Dios.

3. Busca Romanos 13:8-10 y escribe a continuación estos versículos.

4. Ahora lee Marcos 12:28-33.

5. En cualquiera de estos dos pasajes, ¿Dios te está diciendo o te está mandando a amarte a ti mismo? ¿Qué está enseñando Él acerca del "yo" en estos versículos?

6. Busca Filipenses 2:3-8. ¿Enseña acaso el amor al "yo" o la muerte al "yo"? ¿Qué dicen en esencia estos versículos, que nos ayude a tener una opinión bíblica correcta con respecto al "yo"? Al responder esto, no te olvides del ejemplo de Cristo.

7. Ahora busca 2 Timoteo 3:1-5. ¿Qué aprendes respecto a los "amadores de si mismos" en este pasaje?

Algunas personas que apoyan la opinión del amor propio y de la autoestima, señalan la cruz como testimonio de nuestro valor y mérito. Dicen que si no tuviéramos valor, entonces Dios no habría muerto por nosotros.

La cruz no demuestra nuestro valor para con Dios; demuestra el incondicional amor de Dios hacia nosotros.

La Biblia dice: "Porque de tal manera amó Dios al mundo, que dio a Su Hijo unigénito (único)..." *No dice* que Dios estimó o vio el valor del hombre, y que entonces dio a Su Hijo unigénito. Un cuidadoso estudio de Romanos, especialmente del capítulo nueve, nos mostrará que Dios nunca tiene alguna obligación para con el hombre. En cambio, fue por Su misericordia que Dios nos salvó. "Así que Dios tiene misericordia, del que quiere y al que quiere endurece" (9:18). La salvación es pura y totalmente por gracia—por lo tanto, no puede basarse en valor alguno.

Entonces, cuando presentes el evangelio no lo hagas sobre la base del valor del hombre, porque lo distorsionarías. Es la pura gracia la que derrama el amor "que salvó a un vil pecador como yo", tal como lo expresó John Newton al escribir el himno "Sublime Gracia". "Palabra fiel y digna de ser aceptada por todos: Cristo Jesús vino al mundo para salvar a los pecadores, entre los cuales yo soy el primero. Sin embargo, por esto hallé misericordia, para que en mí, como el primero, Jesucristo demostrara toda Su paciencia como un ejemplo para los que habrían de creer en El para vida eterna" (1 Timoteo 1:15-16). Los pecadores merecen el infierno; sin embargo, Dios en Su amor, misericordia y gracia, nos ofrece el cielo, un lugar y una vida donde Él va a expresarnos Su amor por la eternidad. Un lugar donde, al fin, podremos expresar plenamente nuestro amor por Él… ¡Porque Él nos amó primero!

¿Aceptarás no sólo Su amor, sino también Su llamado—la cruz—donde mueres a ti mismo, para poder vivir para Dios? ¿Te convertirás en un canal del amor de Dios hacia otros? Al igual que una rama, llevarás el fruto del amor, no para ti mismo, sino para otros; y Su amor fluyendo a través de ti sanará a otras muchas personas.

— *SEXTO DÍA*—

Las siguientes palabras estaban escritas en la parte superior de una pequeña libreta de anotaciones de color amarillo: "Usar todo lo que está escrito en esta libreta cuando lo estimen necesario. Que Dios sea glorificado por medio de todo esto". Por lo tanto, para Su gloria, hemos decidido usarlo y expresarlo a continuación:

"Nunca supe lo que era el verdadero amor materno o paterno. Mis padres fueron criados en hogares donde no se expresaba el amor, y por lo tanto, nosotros— mis dos hermanos y una hermana—también fuimos criados de esa manera. De los cuatro hijos, parecía ser que siempre me elegían para "meterse conmigo". También era la niñera—mantenía juntos a todos los demás. Parecía sentir el rechazo y la falta de amor, porque a una edad muy temprana comencé a tratar de destruirme a mí misma. Este patrón duró hasta que vine al Señor a la edad de treinta años".

Su borracho padre le disparó con un arma de fuego. Ella era la sirvienta, la cocinera y el ama de casa para sus padres alcohólicos y hermanos. Era la que rescataba a su madre cuando su padre la violaba abusivamente con la furia de una borrachera. Fue molestada sexualmente por su abuelo desde que tenía diez años, y ella escribió:

"Primero llegué a odiar el sexo debido a la manera pervertida en que vi cómo lo usaban. Después llegué a odiarlo aún más, cuando mi abuelo se aprovechaba de mí mientras yo permanecía como un cadáver. Me encontraba aterrada y comencé a tener miedo de todos los hombres, y me aislé aún más. Mi abuelo había comenzado solo tocándome, pero llegó hasta el acto sexual; y yo dejé de ser una niña inocente, convirtiéndome en una mujer con cuerpo de niña. Me sentía abusada de todas las formas; y para mí, ese era un destino peor que la misma muerte. Estaba siendo atormentada por las personas que se suponía debían amarme y cuidarme antes de entrar a la adultez. Sentía que a nadie le importaba, y me convertí en una niña muy enojada que expresaba su enojo con actos delictivos. Yo buscaba con tanta desesperación alguien que se interesara en mí, pero parecía que nadie lo hacía. Dios sí se interesaba—pero en aquellos días no tenía ni idea de Quién era Él en realidad. Había oído Su nombre en maldiciones, pero no como Padre o como Alguien que se preocupaba por lo que me sucedía. Fue entonces cuando me metí en serios problemas con la ley por haber entrado a la fuerza en una casa para robarla".

Felizmente, en la soberanía de Dios, por medio de un ministerio en los buses, esta mujer conoció al pueblo de Dios. ¡Qué tremenda lección hay aquí para nosotros! Necesitamos, y debemos, expresar sin cansancio el incondicional amor de Dios a otros, tal como ella escribe: "Dios trajo a muchas personas a mi vida para acercarme a Él. Yo buscaba y buscaba, pero no podía confiar lo suficiente como para rendirme por completo y permitirle a Dios que gobernara mi vida. Tan pronto como mis padres notaron lo mucho que disfrutaba el ir a la iglesia, ellos me quitaron esa alegría."

A la edad de diecisiete años, después de recibir una severa paliza por parte de su padre, fue ubicada en un hogar adoptivo. "Dios sabía lo que hacía, pues esas personas eran excelentes cristianos". Pero, "yo me escapaba de todos aquellos quienes requerían de mí un compromiso. Y la vida nuevamente se volvió insoportable". Nuestra amiga intentó suicidarse, pero su intención era sólo llamar la atención. Durante un año asistió a una escuela de Biblia con una piadosa pareja que se interesó mucho en ella. Y a pesar de graduarse en la universidad, con un título en psicología, "todavía estaba buscando la respuesta. Y trataba de entender por qué tenía problemas."

"A pesar de toda la psicología y del intelectual conocimiento de la Biblia, todavía no tenía paz. Fue entonces cuando me involucré en Precepto y comencé a estudiar con mucho fervor. Yo deseaba de todo corazón conocer quién era Dios y qué propósito tendría con mi vida. Comencé a enseñar en la escuela a niños emocionalmente perturbados, y ahogaba mis problemas ayudándoles. Entonces me volví aún más depresiva y con mayores tendencias suicidas aislándome de todos mis amigos. Ellos me llamaban por teléfono, pero yo lo dejaba sonar por horas. Venían a mi casa, pero no les abría la puerta; y comencé a rechazar a todos los que trataban de ayudarme. Mi viejo patrón de conducta se había apoderado de mí otra vez. YO AÚN NO HABÍA MUERTO A MÍ MISMA y quería controlar mi vida dándole a Dios tan solo una partecita de ella.

Cierta noche, una amiga vino a visitarme y me encontró en la puerta cuando me disponía a salir. Ella me hizo regresar a la sala, sentarme, y trató de explicarme lo que estaba haciéndole a ella y a mis otros amigos. Nunca se me había ocurrido pensar que no solamente me hería a mí misma, y que ellos realmente se preocupaban por mí; algo que yo no lo creía. Mi amiga empezó a llorar, y como nadie había llorado nunca antes por algo que me hubiera hecho a mí misma, eso realmente tocó mi corazón.

Después que ella se fue comencé a examinar mi corazón, que era frío como la piedra. Dios me convenció y me mostró mi pecado y lo egoísta que era en realidad. En ese momento y allí mismo decidí que era tiempo de rendirme y de permitirle a Dios que controlara totalmente mi vida. Entonces sentí una paz muy grande, y la depresión se disipó a pesar que mis viejos patrones de conducta serían muy difíciles de romper. Al perder mi empleo pude ver que mi devoción tenía que ser por completo para Dios; que cuando ponía otras cosas antes que Él, Dios las eliminaba y me mostraba dónde debía estar mi verdadera devoción.

Hoy en día, Dios ha cambiado tanto mi vida que ya no tengo que vivir deprimida o con pensamientos suicidas puesto que la elección es mía. Yo estoy muerta y ya no tengo por qué vivir de esa manera. El vivir en libertad se convirtió en una alegría, porque sé que en Cristo y por medio de Él puedo hacer todo lo que Dios requiera de mí.

Aún debo lidiar con el rechazo, pero sé que Dios está allí. Él está, y siempre estuvo en control, y no permitirá en mi vida nada que no sea para mi bien, que no sea para Su gloria, o que no pueda enfrentar con Su ayuda. ¡Él es Dios! ¿Quién soy yo para poner en duda lo que Él hace? "Por tanto, en Cristo Jesús he hallado razón para gloriarme en las cosas que se refieren a Dios. Porque no me atreveré a hablar de nada sino de lo que Cristo ha hecho por medio de mí" (Romanos 15:17-18)

En este testimonio hay una vital lección que no debes perderte, y es la constante necesidad de echar todas tus cargas sobre Dios. Aunque no he nombrado todas las heridas con las que probablemente tengas que tratar, en esencia encontrarás su cura en lo que hemos visto y que veremos mañana. Cada vez que surja una herida, ocurra un dolor o se despierte un recuerdo, humíllate delante de Dios; no intentes lidiar con ellos con tu propia fuerza o a tu manera. Jesús está allí, y tú estás unido a Él. Echa esa carga, inquietud o ansiedad sobre Sus hombros, pues Él tiene cuidado de ti (1 Pedro 5:6-7).

— SÉPTIMO DÍA —

Muchas de nuestras heridas se centran en la falta de aceptación. ¿Recuerdas el dolor que has sentido cuando otras personas no te aceptaron por lo que eras? ¿El dolor que venía a ti cuando de una u otra manera te rechazaban? Somos heridos *porque no somos aceptados por otros*, y por ello nos sentimos rechazados. Pero también experimentamos dolor *cuando no aceptamos a otras personas*.

En nuestro último día de estudio trataremos con el segundo aspecto de esas heridas, con la no aceptación de otros.

Las personas se encuentran heridas porque su padre, madre, esposo o esposa, hijos, amigos, o alguien en su vida no vivió de acuerdo a sus expectativas, deseos o ideales.

Permítenos resumirlo de esta manera. Por lo general nos duele y encontramos difícil aceptar a las personas:

1. Porque sentimos (correcta o incorrectamente) que nos deben algo, que tienen una "deuda" que no han satisfecho — puede ser de amor, respeto, honor, tiempo.

2. Porque no son lo que queríamos o esperábamos en nuestra relación con ellos, por ejemplo: Como padre, madre, hija, hijo, esposo, esposa o amigo.

3. Debido a que sus acciones, hábitos o forma de tratarnos, nos recuerdan a alguien que nos ha herido, amargado, fallado o rechazado.

En otras palabras, nos han herido porque fuimos nosotros quienes no pudimos aceptar a otros debido a alguna de las razones acabadas de mencionar. Por ejemplo, tal vez estés herido porque nunca tuviste la clase de familia que se ve en las series de televisión; con familias ideales que semanalmente admirabas mientras crecías.

Tal vez mirabas algún programa de televisión con *"el padre perfecto"*, y te lastima pensar que tu padre nunca estaba en casa; y cuando estaba, no quería que lo molestaras. Tal vez hasta fuiste a él rogándole que te diera más atención. Tal vez le dijiste que había un profundo vacío en tu vida porque él no te sostenía en sus brazos, no te tocaba, no iba a los partidos o actividades de la escuela, o sencillamente porque no fue ni hizo lo que un padre es y hace. Tal vez hayas reunido el valor necesario para expresarle todo esto, y aún así él no cambió. Y cuando esto sucede, la herida parece aún peor; porque antes él no conocía tus necesidades, y ahora que las conoce, ni se preocupa ni hace algo al respecto. En cierto modo, esto es peor que el rechazo.

Por añadidura, cuando alguien aparece y te dice que debido a que has sido privado del amor y de la atención de tu padre tendrás problemas por el resto de tu vida, tu herida se intensifica aún más. ¡Qué deprimente! ¡Qué frustrante! Y seguirá siendo continua y obsesivamente frustrante, hasta que aceptes a tu padre tal como es. La herida y el dolor continuarán, no porque él no te haya aceptado, sino porque tú no lo has aceptado a él tal como es. El rechazo de tu padre, su falta de voluntad para satisfacer tus necesidades cuando eras niño, su falta de amor y egoísmo son cosas realmente malas; y él rendirá cuentas al Padre celestial. Sin embargo, tú no puedes cambiarlo. Lo que sí puedes cambiar es tu respuesta a tu padre—y nadie más puede hacerlo por ti.

La sanidad no vendrá hasta que te inclines en mansedumbre delante de Dios y aceptes el hecho que esa relación ha sido permitida por Él y que tiene un propósito eterno. Si esa relación hubiera podido dañarte permanentemente, como dirían muchas personas atrapadas en la sabiduría mundana, entonces Dios hubiera intervenido en forma divina. Recuerda—y no olvides nunca—las promesas de la Palabra de Dios referentes a que todas las cosas ayudan a bien para conformarte a Su imagen. Nunca olvides que eres amado por Él.

Hemos usado la ilustración de la relación entre padre e hijo; sin embargo, estamos seguros que te das cuenta que también podríamos usar otras combinaciones de personas tales como esposo y esposa, tú y... cualquier otra persona.

Ahora deseamos que dediques algunos minutos para pensar acerca de los individuos que de alguna manera te causan problemas—que te irritan, a quienes quieres evitar y con los que no quieres tener nada que ver.

1. Haz una lista de sus nombres; y luego, al considerar las cinco preguntas siguientes, escribe las respuestas pertinentes a cada una de esas personas. Sería mejor que hicieras una lista en una hoja aparte.

   a. ¿Qué piensas que _____te debe?   (nombre)

   b. ¿Qué mereces tú en la relación con _____ que no estás recibiendo o que nunca has recibido?

   c. ¿El molde en que esperas que ella/él encajen, es el mismo molde en el que Dios espera que encajen?

d.¿Rechazas a esa persona porque te hace recordar a alguien? ¿A quién? ¿Cómo?

e. ¿En esa persona proyectas sentimientos, actitudes o pensamientos de los que no estás absolutamente seguro si ella los tiene? ¿Por qué?

2.¿Cómo estabas cuando Jesucristo te aceptó? Si tuvieras que extender el amor de Dios a las personas que escribiste, ¿Cómo responderías a cada una de ellas? Haz una lista de sus nombres, y junto a ellos escribe lo que necesitas hacer *con* cada persona para ser obediente.

3.¿Deseas perdonarlos? Recuerda que el amor y el perdón van juntos como la uña a la carne.

4.Vuelve ahora a tu lista de nombres, y deteniéndote en cada uno de ellos, en un acto de fiel obediencia, dile a Dios que los aceptarás como Él y Su Hijo los han aceptado.

¡Casi no podemos creerlo, pero ya hemos completado nuestras trece semanas! Gracias por haber permanecido fiel y haber estudiado con diligencia la Palabra de Dios. Estamos seguros que te darás cuenta, que el solo conocimiento de todas estas verdades y principios no producirá tu sanidad. Todas deben aplicarse momento a momento, oportunidad tras oportunidad. Y si no puedes hacerlo solo, no te sientas avergonzado. Dios no te ha dejado solo, Él te hizo parte de Su cuerpo; así que pídele a tu Padre Dios que te dirija hacia alguien que conozca la Palabra, que ame al Señor, y que esté dispuesto a ayudarte a poner en práctica las verdades de la Palabra de Dios que necesiten aplicarse en tu vida.

Pero sobre todo, no permitas que éste sea el fin de tu estudio de la Biblia. Nosotros hemos estado orando para que comiences con un sistemático estudio de la Palabra de Dios. Hoy en día hay muchos estudios bíblicos buenos y accesibles para los cristianos. Te sugerimos que elijas alguno que te enseñe cómo profundizar en la Palabra de Dios por ti mismo; para que puedas aprender las destrezas que te permitirán estudiar y discernir la verdad por ti mismo. Sabemos que nos esperan días realmente difíciles, y el pueblo de Dios necesita saber cómo alimentarse por sí mismo. Por supuesto, consideraremos un privilegio el seguir siéndote de ayuda en tu estudio, de forma indirecta, por medio de los Estudios Bíblicos Precepto Sobre Precepto, o por cualquier otro de nuestros formatos de estudio inductivo (*como la Nueva Biblia de Estudio Inductivo*).

Un continuo estudio de la Palabra es crucial como medicina preventiva para las heridas de la vida que sin duda ocurrirán. Si la Palabra de Dios es el bálsamo de Galaad, y definitivamente lo es, ¡no podemos andar sin ella!

"Gracia y paz les sean multiplicadas a ustedes en el conocimiento de Dios y de Jesús nuestro Señor. Pues Su divino poder nos ha concedido todo cuanto concierne a la vida y a la piedad, mediante el verdadero conocimiento de Aquél que nos llamó por Su gloria y excelencia. Por ellas El nos ha concedido Sus preciosas y maravillosas promesas, a fin de que ustedes lleguen a ser partícipes de *la* naturaleza divina, habiendo escapado de la corrupción que hay en el mundo por *causa de los* malos deseos" (2 Pedro 1:2-4).

"Porque viene el día, ardiente como un horno, y todos los soberbios y todos los que hacen el mal serán como paja; y el día que va a venir les prenderá fuego," dice el SEÑOR de los ejércitos "que no les dejará ni raíz ni rama. "Pero para ustedes que temen (reverencian) Mi nombre, se levantará el sol de justicia con la salud en sus alas; y saldrán y saltarán como terneros del establo. "Y ustedes pisotearán a los impíos, pues ellos serán ceniza bajo las plantas de sus pies el día en que Yo actúe," dice el SEÑOR de los ejércitos" (Malaquías 4:1-3).

Nuestro corazón está lleno de Su amor para ti.

VERSÍCULO PARA MEMORIZAR

"Con Cristo he sido crucificado, y ya no soy yo el que vive, sino que Cristo vive en mí; y la *vida* que ahora vivo en la carne, la vivo por la fe en el Hijo de Dios, el cual me amó y se entregó a sí mismo por mí".

GÁLATAS 2:20

Preguntas Para La Discusión En Grupos Pequeños

La décimo segunda semana vimos dos clases de enojo—hacia el hombre y hacia Dios. Hablamos también sobre las razones por las cuales pueden ocurrir esta clase de enojos, y estudiamos pasajes que nos ayudaron a aprender cómo lidiar en santidad con nuestro enojo.

1. ¿Cuál es la clave para tratar con el enojo y la amargura?
2. ¿Cuál es tu definición de mansedumbre?
3. ¿Qué hace que nos amarguemos? ¿Hacia quién se dirige la amargura?
4. Cuando estamos amargados con el hombre, ¿cómo se expresa la amargura? Y si es con Dios, ¿cómo se manifiesta?
5. Según nuestro estudio de Hebreos 12, ¿qué aprendiste que te ayudará en la sanidad de tus heridas, te sanará de tu enojo y amargura, y te protegerá de ser víctima de los eventos de tu vida?
   a. ¿Cómo muestra ese pasaje la relación entre la amargura y la mansedumbre?
   b. ¿Cuál fue la ocasión de escribir Hebreos?
   c. ¿Cuáles eran las circunstancias de las personas a quienes fue escrita esta carta?
   d. ¿Qué estaba involucrado en sus pruebas, según Hebreos 10:32-33?
   e. ¿Cuáles fueron algunas de las cosas que habían sufrido?
   f. ¿Cuál fue el resultado de este sufrimiento?
   g. ¿Cuál era el mensaje y propósito de Hebreos 12?
6. De acuerdo con Hebreos 12:5-7, ¿cómo debemos ver la disciplina del Señor?
7. En medio de las pruebas y tribulaciones puedes descansar seguro de que Él lo sabe todo y que Su gracia es suficiente. ¿Qué aprendiste sobre la gracia de Dios?

8. Vimos que aceptar el amor de Dios resulta vital para la sanidad; y que al aceptar el amor de Dios, permitirás que Él ame a otras personas a través de ti, muriendo a ti mismo, tomando la cruz y siguiéndolo. ¿Qué dice Jesucristo sobre nuestra vida en Marcos 8:35-36?

9. Ya que memorizaste Marcos 8:35-36, di lo que sabes, en base a estos versículos, acerca del amor propio y la autoestima.

10. ¿Qué aprendiste de las Escrituras, sobre la correcta opinión de uno mismo?

11. ¿Cristo murió por ti, porque tú eras digno? ¿Por qué murió por ti? ¿Cuál es el mensaje de la cruz?

12. Otra fuente de heridas es el no haber aceptado a otros.
   a. ¿Por qué es difícil aceptar a otros?
   b. ¿Cómo debemos tratar con esos sentimientos para que puedan sanarse?
   c. ¿Cómo se relaciona la aceptación a otros con la mansedumbre?
   d. ¿Cómo eras tú cuando Dios te amó por primera vez? ¿Tienes alguna razón para no aceptar ni amar a otros?

13. ¿Estás deseoso de perdonar? ¿Cómo te ha confrontado la lección de esta semana y cómo has respondido a ella?

14. Termina este estudio con un tiempo de alabanza, testimonio y adoración alrededor de una mesa servida con algunos alimentos (un almuerzo, cena, o cualquier cosa que sea apropiada para tu grupo). Sería bueno que todas las personas compartan lo que ha significado este estudio para ellas, y cómo desean que el grupo las mantenga en sus oraciones.

LOS ATRIBUTOS DE DIOS

Omnisciente—Dios lo sabe todo. Tiene un perfecto conocimiento de todo lo pasado, presente o futuro. Job 37:16; Salmo 139:1-6.

Omnipotente—Dios posee todo poder. Puede hacer existir cualquier cosa que decida hacer, con o sin el uso de algún medio. Génesis 18:14; Job 42:2; Jeremías 32:27.

Omnipresente—Dios está presente en todas partes, en todo el universo, en todo tiempo, en la totalidad de Su carácter. Proverbios 15:3; Jeremías 23:23-24.

Eterno—Dios no tiene principio ni fin. No está confinado por el tiempo o por el cálculo humano del tiempo. Él es, en realidad, la causa del tiempo. Deuteronomio 32:40; Isaías 57:15.

Inmutable—Dios es siempre el mismo en Su naturaleza, Su carácter y Su voluntad. Él nunca cambia, y no se puede hacer que cambie. Salmo 102:25-27; Malaquías 3:6; Hebreos 13:8.

Incomprensible—Debido a que Dios es Dios, se encuentra más allá del entendimiento del hombre. Sus caminos, Su carácter y Sus hechos son más altos que los nuestros. Sólo entendemos lo que Él escoge revelarnos. Job 11:7; Isaías 55:8-9; Romanos 11:33.

Existe por Sí Mismo—No hay nada de lo cual Dios dependa para Su existencia, excepto Él mismo. La base total de Su existencia está dentro de Él mismo. Hubo un tiempo en el que no había nada excepto Dios mismo. Éxodo 3:14; Juan 5:26.

Autosuficiente—Dentro de Él mismo, Dios puede actuar—realizar Su voluntad sin ninguna ayuda. Aunque puede escoger usar alguna ayuda, es Su elección, y no algo que necesita. Salmo 50:7-12; Hechos 17:24-25.

Infinito—Dios no tiene límites o fronteras de ninguna

clase. 1 Reyes 8:27; Salmo 145:3.

Trascendente—Dios está sobre Su creación, y existiría si no hubiera creación. Su existencia está separada por completo de Sus criaturas o de Su creación. Isaías 43:10; 55:8,9.

Soberano—Dios es total, supremo y preeminentemente soberano sobre toda Su creación. No hay ninguna persona o cosa que no esté bajo Su control y plan conocido de antemano. Daniel 4:35.

Santo—Dios es un ser moralmente excelente y perfecto. Su ser es puro en todo aspecto. Levítico 19:2; Job 34:10; Isaías 47:4; 57:15.

Recto—Dios es siempre bueno. Es esencial a Su carácter. Él siempre hace lo correcto. Ultimadamente como Él es Dios, todo lo que hace es correcto. Él es el absoluto. Sus acciones son siempre consistentes con Su carácter, el cual es amor. Deuteronomio 32:4; Salmo 119:142.

Justo—En todas Sus obras, Dios actúa con justicia. Ya sea que trate con el ser humano, ángeles o demonios, actúa en total equidad; y recompensa la justicia y castiga el pecado. Puesto que Él lo sabe todo, cada decreto es justo en absoluto. Números 14:18; 23:19; Salmo 89:14.

Misericordioso—Dios es un ser activamente compasivo. Él responde de una manera compasiva hacia los que se han opuesto a Su voluntad siguiendo sus propios caminos. Salmo 62:12; 89:14; 116:5; Romanos 9:14-16.

Paciente—La justa ira de Dios es lenta en encenderse contra los que no escuchan Sus advertencias o no obedecen Sus instrucciones. El eterno anhelo del bien más elevado para Sus criaturas retiene Su justicia santa. Números 14:18; 2 Pedro 3:9.

Sabio—Las obras de Dios se basan en Su carácter, lo cual le permite escoger fines rectos y hacer planes adecuados para lograr esos fines. Isaías 40:28; Daniel 2:20.

Amor—Este atributo de Dios hace que se dé a Sí mismo

por otro, hasta el punto de dar Su propia vida. Este atributo hace que desee el bien mayor para otro, sin pensar en absoluto en Él mismo. Este amor no se basa en el valor, la respuesta o el mérito del objeto amado. Jeremías 31:3; Romanos 5:8; 1 Juan 4:8.

Bondadoso—Este atributo de Dios hace que dé a otros sin un motivo específico y no está limitado por lo que merece el que recibe. 2 Crónicas 5:13; Salmo 106:1.

Airado—Dentro de Dios existe un rechazo por todo lo que es injusto, así como también una disposición de castigar toda injusticia. Todo lo que es inconsistente con Él debe ser finalmente consumido. Éxodo 34:6,7;   2 Crónicas 19:2; Romanos 1:18.

Veraz—Todo lo que Dios dice es verdad. Ya sea que el hombre lo crea o no, lo vea como una realidad o no; si lo dice Dios, es cierto. Todo lo que dice se hace realidad. Salmo 31:5; Tito 1:2.

Fiel—Dios es siempre fiel a Sus promesas. No vuelve atrás en Sus promesas de bendición o juicio. Como no puede mentir, es por completo fiel a lo que ha dicho. Deuteronomio 7:9; 2 Timoteo 2:13.

Celoso—Dios no está dispuesto a compartir Su gloria con ninguna otra criatura ni a renunciar a Su pueblo redimido. Éxodo 20:5; 34:14.

HERRAMIENTAS DE ESTUDIO

COMO MARCAR TU BIBLIA

Una de las cosas que enseñamos en Ministerios Precepto Internacional, cuando haces un estudio bíblico inductivo, es encontrar palabras clave en el pasaje que estás estudiando, y a marcarlas de diferentes maneras. Realizar esto constituye un elemento importante y de mucha ayuda en el esencial paso del estudio bíblico, conocido como la observación—descubrir lo que dice exactamente el texto. En muchas ocasiones, se malinterpreta un pasaje de la Escritura debido a no haber hecho un adecuado trabajo de observación. Por lo tanto, para no pasar por alto este paso tan importante, siempre debes recordar marcar las palabras clave.

¿QUÉ SON LAS PALABRAS CLAVE?

Las palabras o frases clave son aquellas que resultan esenciales en el texto; y si se eliminaran, resultaría difícil o imposible el comprender la esencia del pasaje bíblico. Estas palabras, como si fueran llaves, nos "abren" el significado del texto. El reconocerlas te ayudará a descubrir el énfasis y propósito del autor en su mensaje.

Las palabras clave pueden ser sustantivos, palabras descriptivas o palabras de acción. El autor repetirá frecuentemente estas palabras o frases para enfatizar su mensaje. Incluso podrían repetirse a lo largo de todo el libro—como las palabras clave *amor* y *permanecer*, que aparecen a lo largo del libro de 1 Juan; o podrían repetirse sólo en una pequeña sección del texto, como la palabra *comunión* que únicamente se usa cuatro veces en el primer capítulo del libro de 1 Juan (y no vuelve a usarse en todo el libro).

En la serie de estudios bíblicos "Señor", muchas veces se te pedirá que encuentres y marques ciertas palabras o frases clave en el pasaje que estarás estudiando. Quizás desees hacer de este método un hábito en tu estudio personal de la Biblia.

CÓMO MARCAR PALABRAS CLAVE

Las palabras clave pueden marcarse en varias formas.
1. Para resaltar las palabras puedes utilizar diferentes colores, o combinaciones de ellos. Cuando marcamos un pasaje, nos gusta elegir el color que mejor refleje el significado de esa palabra específica. Las referencias a Dios las coloreamos de color amarillo, pues Dios es luz y no hay oscuridad en Él. Las referencias al pecado, las coloreamos de color café; y cualquier referencia al templo, en el Antiguo Testamento, en color azul.
2. También puedes usar una gran variedad de símbolos— simplemente hacer un círculo alrededor de la palabra, subrayarla, o marcarla con un símbolo que tú mismo inventes, parecido a los siguientes:

Cuando usamos símbolos procuramos que describan bien la palabra a la que están señalando. Por ejemplo: Las palabras clave arrepiéntanse y arrepentimiento, en Mateo 3, podrían marcarse con el símbolo ➤; pues en la Escritura, el significado de su raíz representa un cambio de mente que a menudo conduce a un cambio de dirección.

3. También puedes combinar colores y símbolos. Por ejemplo:
   • En 1 Juan 3, la palabra clave amor podría marcarse con un corazón rojo como éste: ♡ Si deseas distinguir el amor de Dios, del amor del hombre, podrías pintar el corazón de Dios en amarillo y el del hombre en rojo.

- Cada referencia al diablo o a espíritus de maldad podría marcarse con un tridente.
- Cada referencia a un pacto podría colorearse en rojo y enmarcarse en amarillo.

UNA PALABRA DE ADVERTENCIA

Al buscar las palabras clave, a veces se tiende a marcar demasiadas palabras. Por eso, marcamos muy pocas veces las referencias a Dios y a Jesucristo, a menos que sea muy necesario para la comprensión del mensaje. Por ejemplo, las frases "en Cristo" y "en Él" son importantes para entender el mensaje de Efesios 1-3. Si marcas toda referencia a Jesús, en algunos de los relatos del evangelio, tu Biblia estaría muy resaltada; así que debes ser muy prudente al hacerlo (siempre marcamos las referencias al Espíritu Santo porque no es muy mencionado, y porque existe mucha confusión acerca de Su persona y Su ministerio).

Recuerda buscar aquellas palabras que se relacionan con el tema fundamental del texto. Puede que una palabra clave no se repita mucho, pero sabrás que es clave porque sin ella no podrías conocer la esencia de lo que el autor está hablando en el pasaje.

ASEGÚRATE DE MARCAR LOS SINÓNIMOS Y PRONOMBRES DE LAS PALABRAS CLAVE

Los sinónimos deben marcarse en igual forma que la palabra clave. Por ejemplo, en Efesios 6:10-18 marcarás las palabras "diablo" y "maligno" de manera exactamente igual.

También asegúrate de marcar los pronombres (yo, tú, él, ella, eso, nosotros, nuestro, etc.) de la misma forma en que marcaste las palabras a las que ellos se refieren. Por ejemplo, en 1 Timoteo 3:1-7 marcarías los pronombres *su* y *sus* en la misma forma que la palabra clave *obispo*.

Para ser consistente al marcar, en una tarjeta podrías realizar una lista de los símbolos y colores clave que has usado para ciertas palabras, y mantenerla dentro de tu Biblia.

IDENTIFICACIÓN INMEDIATA

Cuando en un pasaje has marcado de esta forma las palabras clave, entonces podrás ver el texto y ubicar inmediatamente el uso e importancia de alguna palabra en particular. En el futuro podrás localizar rápidamente los temas clave, e identificar las verdades importantes en cualquier pasaje que hayas estudiado y marcado.

ELABORACIÓN DE LISTAS CON PALABRAS CLAVE

Después de marcar las palabras clave, te será útil hacer una lista de lo que aprendas del texto sobre dichas palabras. Por ejemplo, cuando hayas marcado la palabra *pecado* en 1 Juan 3, harás una lista de lo que el texto te enseña acerca del pecado. Mientras observas cada palabra clave marcada, escribe todo lo que respondería a las preguntas: *¿Quién? ¿Qué? ¿Cómo? ¿Cuándo? ¿Dónde? ¿Por qué?*, acerca del pecado. No sólo te sorprenderás, sino que te gozarás con las verdades que descubrirás con este sencillo proceso de observación.

Para aprender más sobre cómo marcar tu Biblia, y del método de estudio inductivo, comunícate con las oficinas de Ministerios Precepto en tu país.

LINEAMIENTOS PARA USO EN GRUPO

Este libro de estudio, así como todos los de las series "Señor", puede utilizarse con grupos de estudio bíblico en hogares, clases de Escuela Dominical, devocionales familiares, y una gran diversidad de actividades grupales. A continuación encontrarás algunos puntos que deben tomarse en cuenta al usar este estudio para ministrar a otros en grupo, cualquiera sea la situación.

- Con mucha devoción entrégale todo el estudio al Señor, buscando Su dirección en cada paso.
- Y al irse formando tu grupo, anima a cada miembro a comprar una copia individual de este libro.
- Al empezar tu siguiente reunión, lo primero será la discusión respecto a lo que todos han estudiado y aprendido por sí mismos durante la semana anterior. Luego, si así lo deseas, podrías invitar a un maestro para presentar un mensaje más profundo sobre el material que acaban de estudiar.
- Las preguntas para discusión en grupo, que se encuentran al final de cada capítulo en este libro, te ayudarán a guiar la discusión del material de esa semana. Sin embargo, esas preguntas no serán suficientes para guiar una animada y exitosa discusión. Mientras tú conozcas mejor el material, entonces podrás guiar con mayor facilidad a tu grupo. Por lo tanto, sé fiel en tu propio estudio y continúa dependiendo del ministerio del Espíritu Santo; Quien está allí para guiarte y conducirte a toda verdad, y Quien te capacitará para completar la buena obra que Dios ha predestinado para ti (como guía del grupo, lo ideal sería que antes leyeras todo el libro o que lo estudies con algunas semanas de anticipación. De esta forma sabrás hacia dónde vas y podrás comprender mejor la meta del material cubierto en el estudio).
- Cada semana, mientras te preparas para guiar la discusión grupal, ora y pregúntale a tu Padre específicamente qué es lo que tu grupo necesita aprender, y cuál es la mejor forma

en que puedes cubrir ese material. Ora con lápiz en mano, y haz una lista de lo que el Señor te muestre. Luego, elabora tus propias preguntas o escoge aquellas que se encuentran al final de cada capítulo; hazlo para que puedas estimular y guiar a los miembros del grupo en dirección al Señor, durante el tiempo del que dispones.

- Recuerda que los miembros de tu grupo sentirán que han completado mejor la tarea, si tienen oportunidad de discutir lo que ellos estudiaron por sí mismos; así que trata de mantenerte dentro del tema que se está exponiendo, a fin de evitar que el grupo llegue a frustrarse con respecto a un tema desconocido. Asegúrate que las respuestas y enseñanzas provengan de la Palabra de Dios, y que siempre estén de acuerdo con todo el consejo del Señor.

- Esfuérzate por proveerle a tu grupo una atmósfera de amor, seguridad y cuidado. Interésense unos por otros. Lleven los unos las cargas de los otros, y cumplan así la ley de Cristo (el Mesías)—la ley del amor (Gálatas 6:2). Recuérdales siempre que nos necesitamos desesperadamente los unos a los otros.

Queremos que sepas que continuamente agradecemos a nuestro Padre celestial por ti y por tu disposición para asumir este papel clave de confirmar a la gente de Dios en Su Palabra. Sabemos que este proceso redundará en gloria y reverencia para Él. ¡Así que persevera! Él vendrá pronto, y traerá Su reino en toda su gloria, y Su recompensa es con Él para cada uno de nosotros conforme a nuestras obras.

LA SERIE "SEÑOR" UN PANORAMA GENERAL

Nuestra carga—y llamado—es ayudar a los cristianos (o a todos quienes estén interesados o ansiosos, y que lo soliciten), a mirar por sí mismos lo que la Palabra de Dios quiere enseñarles acerca de importantes y relevantes temas para la vida. Mucha gente es inconstante y débil en su cristianismo debido a no haber conocido la verdad por sí mismos; solamente saben lo que otros les han enseñado. Por lo tanto, estos libros están diseñados para involucrarte en la incomparable y enriquecedora experiencia de estudiar diariamente la Palabra de Dios.

Cada uno de estos libros ha sido totalmente examinado y probado, y también ha demostrado su gran impacto en una gran multitud de vidas. Permítenos presentarte a continuación las series completas.

Señor, Quiero Conocerte es un estudio fundamental para los libros "Señor". En este estudio de diecisiete semanas, descubrirás cómo se revela el carácter de Dios a través de Sus nombres; como Creador, Sanador, Protector, Proveedor y muchos más. En los nombres de Dios hallarás fortaleza para tus pruebas más difíciles, consuelo para tu pena más profunda y provisión para la necesidad más grande de tu alma. Y mientras llegas a conocerlo más profundamente—el poder de Su glorioso nombre y la profundidad de Su infinito amor—tu andar con Dios será transformado, a la vez que crecerá tu fe.

Señor, Sana Mis Heridas es, con mucha razón, uno de los estudios más populares de esta serie. Si estás en contacto con el mundo, ya habrás notado que hay mucha gente a tu alrededor viviendo en gran aflicción. Y cuando estamos sufriendo, buscamos alivio en todos los lugares posibles. Algunos acudimos a otras personas; muchos buscan encontrar un escape en las drogas, el trabajo, más educación y en diversos pasatiempos. Pero es en Dios donde puedes encontrar salvación de cualquier situación, de cualquier dolor. En este estudio de trece semanas verás que, sin importar lo que hayas hecho o lo que te hayan hecho, Dios quiere ser tu refugio… Él te ama y te quiere íntegro… Él te ofrece sanidad para tus heridas más profundas.

Los siguientes libros están disponibles sólo en inglés:

Señor, Necesito tu Gracia Para Seguir Adelante te revelará con poder la sorprendente verdad de que la gracia de Dios está a tu disposición en toda situación, sin importar lo difícil o terrible que sea. Recibirás la seguridad de que Dios te usará para Su gloria, mientras Su gracia te capacita para perseverar a pesar de tus necesidades y tus circunstancias, y a pesar de la anterior influencia de tu carne. Verás y sabrás que el Señor y Su gracia suficiente, siempre estarán contigo. Un sobresaliente ejemplo de este curso de nueve semanas, es el estudio del libro de Gálatas y su liberador mensaje sobre nuestra libertad en Cristo.

Señor, Estoy Entre Dos Amos abre tu entendimiento a la clase de vida que verdaderamente agrada a Dios. Si has experimentado el desánimo, porque sentiste que nunca podrías cumplir las normas de Dios, o si alguna vez te has sentido insoportablemente presionado por las prioridades de la vida diaria, este estudio de nueve semanas del Sermón del Monte te guiará hacia una nueva libertad que verdaderamente aclarará tu visión y fortalecerá tu corazón. Entonces te sentirás animado a entrelazar tus pensamientos, esperanzas, sueños y deseos con las cosas celestiales; tu vida será transformada y decidirás buscar primero el reino de Dios y Su justicia.

Señor, Sólo Tú Me Puedes Cambiar es un estudio devocional de ocho semanas enfocado en el carácter; el cual está especialmente basado en las bienaventuranzas de Mateo 5. Si alguna vez te has sentido frustrado por no llegar a ser lo que has querido para el Señor, o si no estás logrando cambiar, en el estudio de esta enseñanza de Cristo encontrarás el camino a la verdadera transformación interior; la cual sólo puede lograrse a través de la obra que el Espíritu Santo hace dentro de ti. Aprenderás que realmente puede alcanzarse una vida santa, y conocerás la realización que ésta puede traerte.

Señor, ¿Dónde Estás Cuando las Cosas Malas Suceden? Es un estudio sumamente importante que te prepara para los tiempos de prueba. En este curso de diez semanas, serás afirmado en el conocimiento y la confianza en la soberanía de Dios, especialmente a través del estudio del libro de Habacuc, y viendo cómo Dios trabaja en y a través de situaciones apremiantes y difíciles. Pero, por sobre todo aprenderás lo que significa vivir por fe… y dejar los demás detalles de tu vida en Sus manos.

Señor, ¿Es Esto Guerra? Enséñame a Estar Firme es un estudio que te entrena para la batalla espiritual. La Palabra de Dios nos dice que "nuestro adversario, el diablo, anda al acecho como león rugiente, buscando a quien devorar" (1 Pedro 5:8). Y muchas veces, o no reconocemos a este enemigo, o nos encontramos asustados por su rugido; entonces, deseamos con ansias que se alejara, pero eso no resulta tan simple. En este estudio de once semanas aprenderás cómo reconocer las tácticas de Satanás y cómo ser liberado de la esclavitud. Al enfocar tu estudio en el libro de Efesios, descubrirás cómo construir una fe indestructible que te permitirá alcanzar la victoria (este es el libro más desafiante de la serie "Señor", y requiere un promedio de dos a dos horas y media semanales para completar las tareas).

Estos libros han sido escritos para que puedas obtener toda la enseñanza de la Palabra de Dios sobre las situaciones importantes de la vida—no sólo para ti mismo, sino también para tu ministerio con otras personas.

Queremos que sepas que estás en nuestro corazón porque eres apreciado por Dios, y anhelamos verte vivir como más que vencedor, cumpliendo el propósito de Dios para tu vida.

Para otros recursos e información de Ministerios Precepto Internacional:
www.precept.org

NOTAS

CAPÍTULO DOS

1. De vez en cuando veremos la definición de una palabra en el hebreo o el griego. Ya que el Antiguo Testamento fue escrito originalmente en hebreo, y el Nuevo Testamento en griego koiné, algunas veces resulta útil volver al idioma original para ver el significado primario de una palabra. Hay disponibles muchas herramientas de estudio para ayudarte si deseas hacer esta clase de investigación. Un excelente libro que te ayudará a entender cómo hacer un estudio más profundo es *Cómo Estudiar tu Biblia*, de Ministerios Precepto.

CAPÍTULO TRES

1. J. D. Douglas, *The New Bible Dictionary* (Grand Rapids, Mich.: Wm. B. Eerdmans Publishing Co., 1962), 469.
2. Marvin R. Vincent, *Word Studies in the New Testament, vol. 4* (Grand Rapids, Mich.: Wm. B. Eerdmans Publishing Company, 1969), 318.
3. Vincent, *Word Studies*, 318.

CAPÍTULO NUEVE

1. Esas son palabras que Dios habló a Jerusalén, la ciudad y hogar de la gente de Su pacto—que es Sion. Si Isaías 49:14-16 es palabra para Jerusalén, entonces es para el pueblo de Israel. Y si es palabra para ellos, también lo es para ti a la luz de la crucifixión y del nuevo pacto de la gracia.

CAPÍTULO DIEZ

1. Te será muy beneficioso que empieces tu propio libro de notas. Mientras lees diariamente la Palabra de Dios, anota los pasajes que se apliquen específicamente a tu posición en Cristo, tus heridas personales, necesidades o tus falsos conceptos acerca de Dios. Vuelve a leer lo que has escrito, hazlo en voz alta, y úsalo con fe. Recuerda personalizar cada versículo, diciendo tu nombre en lugar de cada pronombre que se refiera a los hijos de Dios.

   Tomemos Colosenses 2:9-14 como ejemplo: "Porque toda la plenitud de la Deidad reside corporalmente en Él, y (¡usa tu nombre!) ha sido hecho completo (han alcanzado plenitud) en Él, que es la cabeza sobre todo poder y autoridad... habiendo sido sepultados con Él en el bautismo... también he resucitado con Él por la fe en la acción del poder de Dios... me dio vida juntamente con Él, habiéndome perdonado de todos los delitos. Oh Dios, estoy completo en ti—no necesito nada más. Tengo vida en ti y quiero vivir tu vida al máximo. Todo me ha sido perdonado".
   ¡No te olvides de disfrutar cada gloriosa verdad!

2. Si no sabes cuáles son tus dones espirituales, debes realizar nuestro curso de Estudio Bíblico Precepto sobre Precepto acerca de los dones espirituales. Simplemente escribe a: Ministerios Precepto Internacional; P. O. Box 182218; Chattanooga, TN 37422-7218, llama al (423)892-6814, o comunícate con las oficinas de Ministerios Precepto en tu país.

CAPÍTULO DOCE

1. Al empezar nuestro estudio sobre el enojo, consideramos que te será muy beneficioso el tener una buena comprensión de la palabra *enojo*, y de cómo se traduce en el Antiguo y Nuevo Testamento.

   Algunas de las enseñanzas que deseamos compartir contigo han sido tomadas del útil e instructivo libro de Lawrence Richards, *Expository Dictionary of Bible Words*. Si sabes inglés, deberías obtener este verdadero tesoro.

   En el Antiguo Testamento hay una gran variedad de palabras usadas para referirse al enojo. Las más comunes son el verbo *kaás* y el pronombre *ap*. *Kaás* que se utiliza frecuentemente para describir el enojo de Dios.

   El verbo *Quétset* y el pronombre *catsáf* a menudo son traducidos como "ira"; son los términos más fuertes, usados en el Antiguo Testamento, para referirse al enojo. *Quétset* "centra su atención en el daño causado cuando una parte ha dicho o hecho algo que produce un fuerte enojo o un profundo disgusto". Lawrence O. Richards, *Expository Dictionary of Bible Words*, Regency Reference Library (Grand Rapids, Mich.: Zondervan, 1985), 46.

   Las palabras *kjará* en el Antiguo Testamento significan "encender", y describen al enojo como una "ardiente pasión emocional".

   La palabra *ebrá* significa "un desborde" o "furia". Esta palabra acentúa la furia del enojo. Aplicada al enojo humano, sugiere "un orgullo arrogante expresado como furia implacable" (Richards, *Expository Dictionary*, 46).

   La palabra griega traducida como "*enojo*" en el Nuevo Testamento es la palabra *orgé*, y se entiende en contraste con la palabra *dsumós*, que se traduce como "*ira*". Al estudiar Efesios 4:31—"Sea quitada de ustedes toda amargura, enojo, ira, gritos, insultos, así como toda malicia."—puedes ver cómo se usan juntas ambas palabras (enojo e ira).

W. E. Vine en su *Expository Dictionary of Biblical Words*, dice: "*Dsumós*, ira (no traducido como "enojo"), debe distinguirse de *orgé*, en el aspecto que *dsumós* indica una condición más agitada de los sentimientos, una explosión iracunda de indignación interna, mientras que *orgé* sugiere una condición más tranquila que permanece en la mente, frecuentemente con el objetivo de tomar venganza. *Orgé* es menos repentino en su expresión que *dsumós*, pero su naturaleza es más duradera. *Dsumós* expresa más el sentimiento interior, *orgé* la emoción más activa. *Dsumós* podría terminar en venganza, aunque no necesariamente. Se caracteriza por encenderse rápidamente y apaciguarse también rápidamente, pero no necesariamente sucede igual en cada caso". W. E. Vine, *Expository Dictionary of Biblical Words*, 3d. ed., (Nashville: Thomas Nelson, 1984), 47-48.

Aparentemente, el enojo es una emoción que ocurre debido a algún evento que se lleva a cabo. En otras palabras, el enojo es una emoción interna, evocada por una acción, circunstancia o situación externa. La acción, circunstancia o situación puede ser algo que hacemos o dejamos de hacer, o puede ser algo que otro hace o que se nos hace a nosotros.

CAPÍTULO TRECE

1. El diccionario Vine describe mansedumbre como "una gracia que es parte del alma, y su práctica es primera y principalmente hacia Dios. Es esa templanza de espíritu en que aceptamos como bueno Su trato hacia nosotros, consecuentemente sin discutir ni resistirnos". W. E. Vine, *Expository Dictionary of New Testament Words*, 3d. ed., (Nashville: Thomas Nelson Publishers, 1983), 727.

2. La Nueva Biblia Latinoamericana de Hoy traduce *manso* y *mansedumbre* en el Antiguo Testamento como "humilde" o "afligido".

ACERCA DE MINISTERIOS
PRECEPTO INTERNACIONAL

Ministerios Precepto Internacional es un ministerio que Dios ha levantado con el único propósito de establecer a los pueblos en la Palabra de Dios lo cual produce reverencia a Él y sirve como un brazo de ayuda para la iglesia. Dios ha guiado a Ministerios Precepto Internacional a ministrar a otros, traspasando las barreras denominacionales sin comprometer las verdades indiscutibles de Su Palabra. Creemos que la Palabra de Dios fue inspirada verbalmente y se le dio al hombre como todo lo necesario para que el hombre de Dios sea maduro y este equipado completamente para toda buena obra en la vida. Este ministerio no busca imponer a otros sus doctrinas personales, sino dirigirlos hacia el Maestro mismo; quien es capaz, por el Espíritu Santo, de guiar y conducir a toda verdad a través del estudio sistemático de Su Palabra.

El énfasis puesto en la enseñanza, por Ministerios Precepto Internacional, se manifiesta de diferentes maneras. Con el fin de ministrar a las personas, en todos los ámbitos de la vida, Ministerios Precepto Internacional en EE.UU. ha producido una gran variedad de materiales para la enseñanza. Recursos que van desde conferencias y clases en audio y video, hasta Institutos de Entrenamiento -dirigidos a instruir efectivamente a los asistentes. Las Conferencias y estudios bíblicos semanales de Precepto, tienen lugar en la Sede Principal y en el Centro de Conferencias que se encuentran ubicados estratégicamente en un complejo multifuncional de 32 acres en Chattanooga, Tennessee.

Si deseas más información acerca de los diferentes ministerios de enseñanza o sobre los programas intensivos de entrenamiento, por favor escribe a **Ministerios Precepto Internacional P.O. Box 182218, Chattanooga, Tennessee 37422-7218** o visita nuestra página en Internet www.precept.org. También tenemos a tu disposición la declaración doctrinal de Ministerios Precepto Internacional.

Jack Arthur y su esposa, Kay fundaron Ministerios Precepto Internacional en 1970. Kay Arthur es la autora de varios libros y series de estudios bíblicos. Ella, junto con el equipo de enseñanza, ha desarrollado los estudios bñiblicos inductivos de las series Precepto Sobre Precepto y 40 minutos.

Si deseas más información acerca de los diferentes ministerios de enseñanza o sobre los programas intensivos de entrenamiento, por favor escribe a Ministerios Precepto Internacional P.O. Box 182218, Chattanooga, Tennesse 37422-7218 o visita nuestra pagina en Internet www.precept.org. También tenemos a tu disposición la declaración doctrinal de Ministerios Precepto Internacional.

ACERCA DE MINISTERIOS PRECEPTO INTERNACIONAL

Ministerios Precepto Internacional fue levantado por Dios para el solo propósito de establecer a las personas en la Palabra de Dios para producir reverencia a Él. Sirve como un brazo de la iglesia sin ser parte de una denominación. Dios ha permitido a Precepto alcanzar más allá de las líneas denominacionales sin comprometer las verdades de Su Palabra inerrante. Nosotros creemos que cada palabra de la Biblia fue inspirada y dada al hombre como todo lo que necesita para alcanzar la madurez y estar completamente equipado para toda buena obra de la vida. Este ministerio no busca imponer sus doctrinas en los demás, sino dirigir a las personas al Maestro mismo, Quien guía y lidera mediante Su Espíritu a la verdad a través de un estudio sistemático de Su Palabra. El ministerio produce una variedad de estudios bíblicos e imparte conferencias y Talleres Intensivos de entrenamiento diseñados para establecer a los asistentes en la Palabra a través del Estudio Bíblico Inductivo.

Jack Arthur y su esposa, Kay, fundaron Ministerios Precepto en 1970. Kay y el equipo de escritores del ministerio producen estudios **Precepto sobre Precepto,** Estudios **In & Out**, estudios de la **serie Señor**, estudios de la **Nueva serie de Estudio Inductivo**, estudios **40 Minutos** y **Estudio Inductivo de la Biblia Descubre por ti mismo para niños.** A partir de años de estudio diligente y experiencia enseñando, Kay y el equipo han desarrollado estos cursos inductivos únicos que son utilizados en cerca de 185 países en 70 idiomas.

MOVILIZANDO
Estamos movilizando un grupo de creyentes que "manejan bien la Palabra de Dios" y quieren utilizar sus dones espirituales y talentos para alcanzar 10 millones más de personas con el estudio bíblico inductivo para el año 2015. Si compartes nuestra pasión por establecer a las personas en la Palabra de Dios, te invitamos a leer más. Visita **www.precept.org/Mobilize** para más información detallada.

RESPONDIENDO AL LLAMADO
Ahora que has estudiado y considerado en oración las escrituras, ¿hay algo nuevo que debas creer o hacer, o te movió a hacer algún cambio en tu vida? Es una de las muchas cosas maravillosas y sobrenaturales que

resultan de estar en Su Palabra – Dios nos habla.

En Ministerios Precepto Internacional, creemos que hemos escuchado a Dios hablar acerca de nuestro rol en la Gran Comisión. Él nos ha dicho en Su Palabra que hagamos discípulos enseñando a las personas cómo estudiar Su Palabra. Planeamos alcanzar 10 millones más de personas con el Estudio Bíblico Inductivo para el año 2015.

Si compartes nuestra pasión por establecer a las personas en la Palabra de Dios, ¡te invitamos a que te unas a nosotros! ¿Considerarías en oración aportar mensualmente al ministerio? Si ofrendas en línea en **www.precept. org/ATC**, ahorramos gastos administrativos para que tus dólares alcancen a más gente. Si aportas mensualmente como una ofrenda mensual, menos dólares van a gastos administrativos y más van al ministerio.
Por favor ora acerca de cómo el Señor te podría guiar a responder el llamado.

Compra Con Propósito
Cuando compras libros, estudios, audio y video, por favor cómpralos de Ministerios Precepto a través de nuestra tienda en línea (**http://store.precept.org/**) o en la oficina de Precepto en tu país. Sabemos que podrías encontrar algunos de estos materiales a menor precio en tiendas con fines de lucro, pero cuando compras a través de nosotros, las ganancias apoyan el trabajo que hacemos:

• Desarrollar más estudios bíblicos inductivos
• Traducir más estudios en otros idiomas
• Apoyar los esfuerzos en 185 países
• Alcanzar millones diariamente a través de la radio y televisión
• Entrenar pastores y líderes de estudios bíblicos alrededor del mundo
• Desarrollar estudios inductivos para niños para comenzar su viaje con Dios
• Equipar a las personas de todas las edades con las habilidades es estudio bíblico que transforma vidas

Cuando compras en Precepto, ¡ayudas a establecer a las personas en la Palabra de Dios!

CPSIA information can be obtained
at www.ICGtesting.com
Printed in the USA
BVHW01s1724070218
507513BV00031B/1519/P